新时代法学学术文库

梁慧星 主编

本译著为国家社会科学基金项目“平台经济领域的反垄断与规制研究”（22AFX018）阶段性成果

日本独占禁止法评注

[日]土田和博 [日]栗田诚
[日]东条吉纯 [日]武田邦宣——著
陈丹舟 王威驷 张彪 徐杨——译

法律出版社
LAW PRESS·CHINA
——北京——

条文から学ぶ独占禁止法 第2版
土田和博・栗田誠・東條吉純・武田邦宣

著作权合同登记号
图字：01-2022-6626

作者简介

土田和博　1955年日本兵库县出生，早稻田大学法学学士、硕士及博士修了，1985年任静冈大学副教授，1997年任早稻田大学法学学术院教授。曾任日本司法考试考查委员、日本经济法学会常务理事等,2023年任日本经济法学会理事长。1986年获横田正俊纪念奖等奖项。著有《独占禁止法の国際的執行：グローバル時代の域外適用のあり方》（2012年日本評論社）、《政府規制と経済法》（2006年日本評論社），《現代経済法の課題と理論》（2022年弘文堂）等。

执笔章节：序章 第一章 第二章第三节 第五章第二节三1、2

栗 田 诚　1977年3月东京大学法学部毕业，取得法学学士学位。1977年至2000年间任职于日本公平交易委员会，2001年至2017年任职于千叶大学，2018年4月起至今任白鸥大学法学部教授。主要著作有《競争法－実務研究》（2004年商事法務）、《解説独占禁止法》（2015年青林书院）、《独占禁止法の手続きと実務》（2015年中央経済社）等。

执笔章节：第四章 第六章 第八章 第九章

东条吉纯　1966年生，东京大学法学硕士。1995年起入职立教大学，历任立教大学法学部国际/比较法学科专任讲师、助教授，2006年4月任立教大学法学部国际商务法学科与法学研究科教授。主要研究领域为竞争法与国际经济法，参与编著《WTO協定違反勧告の履行における法規範の正当性－FSC税制を巡る米欧紛争を題材として－》（2005年三省堂），《緊急輸入制限と地域貿易協定－域内不適用を巡る法的問題－》（2004年東洋経済新報社）等著作。

执笔章节：第二章第一节、第四节 第五章第一节、第二节一、二、三3、四、六、第三节一、二1、2

武田邦宣　1971年出生于日本兵库县，神户大学本硕博毕业，历任神户市外国语大学副教授、现为大阪大学法学研究科教授以及副研究科长、大阪大学副理事。曾获日本横田正俊纪念奖，现任日本经济法学会理事、日本司法考试考察委员等。著有《ケースブック独占禁止法》（2019年弘文堂）、《エネルギー産業の法・政策・実務》（2019年弘文堂）、《電力改革と独占禁止法・競争政策》（2014年有斐閣）等。

执笔章节：第二章第二节、第五节 第三章

译者简介

陈丹舟　1977年出生于湖南省祁东县。2000年至2012年间留学日本，于静冈大学获法学学士，于早稻田大学法学研究科获法学硕士及法学博士学位。2012年12月任对外经济贸易大学法学院助理教授，2019年任北京理工大学珠海学院民商法律学院副教授，2023年任日本神奈川大学法学部教授。在《早稲田法学会誌》《公正取引》等刊物上发表日文论文多篇。著有《中国独占禁止法:法体系とカルテル規制の研究》（2015年早稲田大学出版部，入选早稻田大学学术丛书）等日文著作两部，合著两部。

翻译章节：序章、第一章、第二章第一节至第二节、第五章第二节六、第五章第三节、第六章、第七章第一节,并负责本译著的整体编辑、校译及相关文字修改等

王威驷　1990年生。2014年至2019年于早稻田大学法学研究科就读，专攻经济法并先后获得法学硕士与法学博士学位。现为日本株式会社KDDI综合研究所研究人员，主要研究方向为竞争法、国际经济法、网络平台治理。承担2020～2023年度日本学术振兴会青年课题“数字平台单独反竞争行为的规制路径”，并在中日期刊发表相关论文若干。

翻译章节：第二章第三节至第五节、第三章

张　彪　1984年出生于山西省阳泉市。2017年毕业于早稻田大学法学研究科，取得法学博士学位。先后于中国机械制造企业从事风险控制工作，于律师事务所从事诉讼和非诉工作，现任职于日资企业并从事法律实务工作。曾在《日本法研究》《中国竞争法律与政策研究报告2020年》等发表反垄断法相关论文。

翻译章节：第四章、第五章第一节、第五章第二节一至五

徐　杨　1986年出生于北京市延庆县。清华大学法学学士、清华大学公共政策学硕士、早稻田大学法学博士，现为日本渥美坂井律师事务所律师，主要负责日本企业对华投资、海外竞争法、数据保护相关法律的适用和应对。在《公平交易》《知产管理》《金融商事法务》等日本学术期刊上发表论文若干，目前为日本经济法学会、日本欧盟学会会员。

翻译章节：第七章第二节、第三节、第八章、第九章

总　序

我于1988年起担任中国社会科学院法学研究所民法研究室主任，开始考虑学术发展和人才培养问题。在20世纪90年代，中国正遭遇学术著作出版难，尤其未成名的年轻学者的学术著作出版更难。我于是仿照王泽鉴先生担任台大法律系主任时编辑出版《台大法学丛书》的办法，编辑出版《中国民商法专题研究丛书》。自从1994年出版第一本以来，用了20年的时间，按照计划出版了100本。

回首这20年的时间，中国的民商法学快速发展，我相信这套丛书也起到了重要的作用。丛书中的大部分作者，都是在这套丛书中出版了他们的处女作。他们中许多人现在都成了著名学者，而在这套丛书中出版的处女作，则是他们学术生涯的起点。《中国民商法专题研究丛书》当时的编辑宗旨是，从中国改革开放和发展现代化的市场经济的实际出发，广泛参考发达国家和地区民商事立法的成功经验和最新判例学说，深入研究民商法的基本理论和实践中的重大法律问题，为中国民商事立法的现代化和民商事审判实务的科学化提供科学的法理基础，提升民商法理论水平，推出民商法理论研究人才，使中国民商法理论研究尽快赶上发达国家和地区的水平。我想，最初的想法应该是实现了。《中国民商法专题研究丛书》为我国的民商法理论做出了积累，为民商事立法提供了参考，为民商事司法也提供了借鉴。

2020 年 5 月 28 日，举世瞩目的《中华人民共和国民法典》颁布了。可以说，这是中国几代民法学人的梦想。民法典的颁布，与民商法的学术积累是分不开的。除了编辑出版这套丛书，我还主编了民商法的学术性论文集《民商法论丛》，目前该论丛已经出版了 70 卷，并入选中文社会科学引文来源期刊（CSSCI）。为了更好地借鉴国外最新的立法成果与学术研究，我又于 2013 年组织翻译了《欧洲民法典草案》（十卷本），并已经出版。2014 年，我还主编了《中国民法典建议稿附理由》（八卷本），该书出版后我还将其转送给相关立法部门。《中国民商法专题研究丛书》《欧洲民法典草案》《中国民法典建议稿附理由》分别入选国家“十一五”“十二五”“十三五”重点图书出版规划。

2014 年，《中国民商法专题研究丛书》的第 100 本出版后，我就决定不再继续编辑出版了。同年，我来到北京理工大学珠海学院民商法律学院做名誉院长。2015 年以来，《中国民商法专题研究丛书》第 51 到 100 本书的责任编辑刘文科先生不时找到我，希望我能够把编辑丛书的工作继续下去。由于我年龄大了，精力确实有限，几番推辞。后来学术界的许多朋友也来找我，希望我能够继续编辑丛书。我终于下定决心,将编辑丛书的工作继续下去。

二十几年前,我国民商事立法处于起步阶段,学术著作也多以立法论为主。而伴随着民法典的颁布与实施,解释论的研究会逐渐多起来。这也是我编辑新丛书时的最初想法。当然,继续深入研究发达国家和地区的立法与司法经验,依然十分重要。新的丛书,我希望能够秉持上面所说的两项宗旨。丛书的出版,不限于民商法学科,包括所有法学学科的专题研究著作和博士论文。鉴于中国的法学研究与法律实践正处在一个除旧革新、朝气蓬勃的新时代,我和出版社商量,将这套新的丛书定名为《新时代法学学术文库》。

是为序。

2018 年 7 月

中文版序言

独占禁止法作为经济与产业的基本法律，以促进公平且自由的竞争，在确保一般消费者利益的同时，促进国民经济民主而健康的发展为目的。因此，在日本独占禁止法也被称为“经济宪法”。

正因为独占禁止法发挥着如此重要的作用，作为基础概述书的本书能被译成中文在中国出版，原作者们由衷地感到欣喜异常。与此同时，在考察中国反垄断法的特色时，本书如能成为比较参照之对象则倍感荣幸。

日本独占禁止法于 1947 年由在联合国军占领之下的最后帝国议会制定，其范本为美国反托拉斯法(antitrust laws)及相关判例法，但在制定及实施超过 75 年之后，日本独占禁止法也发展出具有自身特色的一面。例如，在 1953 年修法时,作为不公平的交易方法的类型之一导入了禁止滥用相对优势地位的行为。这是当时的西德在制定其《反限制竞争法》时正讨论增加禁止滥用市场支配地位的条款。日本也关注到了此点,但是并没有导入市场支配地位,而是将滥用相对优势地位的行为作为不公平的交易方法的类型加以禁止。

此外,自由竞争减损型的不公平的交易方法原本是以市场支配力及市场支配地位为要件的单独行为规制的补充,相当于美国联邦贸易委员会法第 5 条和克莱顿法第 2 条、第 3 条的定位,但作为起源地的美国从 20 世纪 80 年代开始放弃了这一制度安排,而在日本反而维持并发展了这一制度。

在程序方面,公平交易委员会的审判制度也是效仿了美国联邦贸易委员会(Federal Trade Commission)的程序,但该制度在 2013 年的修订中被废除。取而代之的是与欧盟竞争法行政程序相近的制度,即通过听证官(hearing officer)的口头听证(oral hearing),由欧盟委员会发布排除措施命令及处以罚款。

因此,可以认为战后继承美国反托拉斯法而制定的日本独占禁止法,部分实现了独自发展,以使其适应于日本经济社会。虽然中国反垄断法中有行政垄断等特有的规定而日本独占禁止法中没有,但除此之外的共同行为、单独行为、企业并购等实体规定以及相关的判例、审决例,是可以与中国反垄断法等进行比较研究的。如本书能够为两国反垄断法或经济法的相互理解作出贡献,对作者们来说乃是莫大的荣幸。

在日本独占禁止法研究领域具有深厚学术造诣的四位译者:陈丹舟(日本神奈川大学法学部教授)、王威驷(KDDI 综合研究所研究员)、张虓[捷恩智(上海)企业管理有限公司法务室副室长]、徐杨(渥美坂井律师事务所律师)将本书翻译成中文出版。如果没有他们的无私奉献，本书恐怕无法在中国得以出版，在此向各位译者以及法律出版社致以诚挚的谢意。

于2022年中日两国恢复邦交50周年的盛夏

本书全体作者

初版序

本书主要是作为大学（本科）独占禁止法课程的教科书而执笔写作的。其特点是按照条文，同时结合解说、判例及审决例等以简明扼要的形式来表达。解说的内容也并不以作者自身的观点为优先，而是注重以判例与审决例、指南、多数说为中心标准。虽然免不了有部分内容体现了作者们的观点，但并非中心内容。因此，法学研究生也可将本书当成自习用书，或在阅读更详细的教材之前，通过本书可更有效地把握要点，此种使用方法也是很有裨益的。

独占禁止法是一部看起来比较简单，实则很深奥的法律，与其他部门法有着各种交集及关联性。例如，公平交易委员会负责执法，在提起抗告诉讼时与行政法有很大的关联性；价格卡特尔、串通投标会受到刑事处罚，此时与刑事法律有很大的关联;因独占禁止法违法行为的受害者可以提起损害赔偿与请求停止侵害,此时与民法具有很大的关联;经营者集中的规定与公司法具有很大的关联;关系到知识产权的独占禁止法适用案例时与知识产权法具有很大的关联;独占禁止法的域外适用与国际法的关联等都具有很大的交集点与关联性。另外,在对各行为类型的违法性进行判断时,从经济学领域的分析也是非常有必要的。

如此,对独占禁止法了解深入一些,就会发现需要对其他领域最低限度掌握的知识支线繁多,实在是要费很大工夫才能学好。深奥在另一方面来说则意味着非常值得认真研学。本书如能给独占禁止法初学者以正确的指引,于作者们来说幸甚至哉。

将目光投向独占禁止法的最新动向,2013 年 12 月进行了一次重大的修改,自原始独占禁止法立法以来一直维持至今的公平交易委员会的审判制度遭到废止。该新的行政程序是公平交易委员会的指定职员经过意见听取手续即可发出排除措施命令与缴纳课征金命令。对此的司法审查也改为东京地方法院的第一审专属管辖,实质性证据法则也被废除。此类程序法上的变化会对实体规定的解释及公平交易委员会的执法运用带来怎样的影响,备受关注。

本书作者之间关于本书的准备开始于东日本大地震冲击尚未平息的 2011 年 8 月,可由于作者 4 人分别在 2012 年度、2013 年度担任日本经济法学会年度大会的报告人,要分心准备,因此本书的定稿超过了预定的时间。如前所述,这期间独占禁止法的修改也是本书延期出版的原因之一。其间,负责本书的有斐阁书籍编辑第一部的青山氏、伊丹亚纪氏、大原正树氏、栗原真由子氏四位编辑。在市面上已出版有众多独占禁止法的体系书、注解书、教科书、参考书等情况下，仍然力推本书的出版，并且耐心等待本书的完稿，在此衷心地感谢各位编辑！

2014 年 9 月

著者同敬

第二版序

自 2014 年 10 月本书第一版出版以来,已经过去 4 年半。在此期间,独占禁止法进行了修订,导入了确约程序;对与不公平的交易方法的欺瞒引诱顾客行为相关的《景品表示法》也引入了课征金制度;并对《分销·交易惯行指南》等进行了修订。第一版出版之后,也出现了很多重要案例,例如,JASRAC 私人垄断的最高法院判决、福井县经济连私人垄断案排除措施命令、显像管国际卡特尔事件最高法院的判决、新泻出租车案东京高等法院的判决、玩具反斗城滥用优势地位案审判审决、福冈金融集团/十八银行案、神铁出租车请求停止侵害案最高法院的判决等。这些动向表明本书修订的时机已经成熟。

另外,独占禁止法在 2017 年迎来了制定、实施 70 周年。尽管独占禁止法已年过古稀,但它通过排除措施命令、缴纳课征金命令、刑事处罚和民事救济等展现其不仅具有严正维持健全的市场经济的稳健性,同时还具有广泛适用于任何新行业与经营者的灵活性。最近,数字平台,能源,人才、体育,农业等被作为竞争政策上实施的重点领域,就是其佐证。

四位作者有感于独占禁止法正变得越来越重要,因此努力地想把上述法的修改、指南的修订、重要案件与事例等内容纳入新版书中。在该过程中得到了有斐阁法律编辑局书籍编辑部的小野美由纪编辑的大力支持。有斐阁素来以其对稿件校对的详细程度而闻名,小野编辑的校对更是周全而细致,不仅指出了执笔者没有注意到的失误,还站在便于读者容易理解的角度对文字叙述提出很多建设性的提议,让我们再次深刻体会到一本好书的出版发行与编辑踏踏实实的工作密不可分。在此表示深深的感谢。

2019 年 2 月

著　者

凡　例

1. 法令等的略称

法律等的名称除原则上按照有斐阁刊印的《六法全书》卷尾的“法令名略称”外,也采用以下略称。

(1)政令、规则、告示

意见听取规则	公平交易委员会的意见听取相关规则(平 27.1.21 公取委规 1 号)
确约规则	公平交易委员会的确约手续相关规则(平 29.1.25 公取委规 1 号)
减免规则	课征金减免相关报告及资料提交相关规则(平 17.10.19 公取委规 7 号)

审查官指定政令	关于禁止私人垄断及确保公平交易之法律第47条第2款的审查官指定相关政令(昭28.9.1政264号)
审查规则	公平交易委员会的审查相关规则(平17.10.19公取委规5号)
申报规则	关于禁止私人垄断及确保公平交易之法律第9条至第16条的规定项下的认可的申请、报告及申报等相关规则(昭28.9.1公取委规1号)
犯则调查规则	公平交易委员会的犯则事件调查相关规则(平17.10.19公取委规6号)
一般指定	不公平的交易方法(昭57.6.18公取委告15号)
旧一般指定	不公平的交易方法(同上,平21.10.28公取委告18号修改前的内容)
昭和28年一般指定	不公平的交易方法(昭28.9.1公取委告11号)

(2)公平交易委员会指南

企业合并指南	关于企业合并审查独占禁止法的运用指针(平16.5.31)
企业合并手续方针	关于企业合并审查手续的应对方针(平23.6.14)
共同研究开发指南	关于共同研究开发的独占禁止法上的指针(平5.4.20)
刑事告发·犯则调查方针	关于对违反独占禁止法的刑事告发及犯则事件调查的公平交易委员会的方针(平17.10.7)

经营者团体指南	关于经营者团体活动的独占禁止法上的指针(平7.10.30)
知识产权指南	关于知识产权使用的独占禁止法上的指针(平19.9.28)
排除型私人垄断指南	关于排除型私人垄断的独占禁止法上的指针(平21.10.28)
不当倾销指南	关于不当倾销的独占禁止法上的考量(平21.12.18)
优势指南	关于滥用优势地位的独占禁止法上的考量方法(平22.11.30)
流通交易惯行指南	关于流通交易惯行的独占禁止法上的指针(公平交易委员会事务局,平3.7.11)

2. 判决、审决等的略记方法

(1)事件名、出处的表示

关于判决、审决等,有通用事件名的用该通用事件名,按以下方式表示。表示出处时,引用的页数是通用标记页数。另外,金井贵嗣、泉水文雄、武田邦宣编《经济法判例、审决百选(第2版)》(有斐阁,2017)中收录的判决、审决等,末尾标注【百】,标识其项目编号。

此外,关于最高裁判所的法庭名称,大法庭判决(决定)表示为"最大判(决)",小法庭仅表示为"最判(决)"。

最大判昭32.11.27刑集11卷12号3113页

日本电报电话公司(NTT)东日本事件=最判平22.12.17民集64卷8号2067页【百7】

雪印乳业·农林中金事件=审判审决昭31.7.28审决集8卷12页【百9】

(2)出处的略记示例

民集	最高裁判所民事判例集
刑集	最高裁判所刑事判例集
审决集	公平交易委员会审决集
排除命令集	公平交易委员会排除命令集
行集	行政事件裁判例集
高民	高等裁判所民事判例集
高刑	高等裁判所刑事判例集
下民	下级裁判所民事判例集
下刑	下级裁判所刑事判例集
刑月	刑事裁判月报
判时	判例时报
判 Ta	判例 Times

(3)咨询案件等

平成年度案例	即指公平交易委员会公布的《平成年度主要企业结合案件》中介绍的案例
平成年度咨询案例	即指公平交易委员会公布的《独占禁止法相关咨询案例集(平成某某年度)》。但是,平 16.6 公布的案例集名称为《独占禁止法相关咨询案例集(平成 14 年度 1 月 ~ 平成 16 年度 3 月)》;平成 14.4 公布的案例集名称为《平成 13 年咨询案例集》。

3. 条文、判决文等的引用

引用条文、判决文等时,原则上应引用原文原本的表示方法,但是以下情况进行变更。另外,「　」内的〔　〕符号表示作者的注。

- 汉字的数字除成语或固有名词等外改为算数数字。
- 汉字的旧体字改为新体字。

- 表示促音、拗音的平假名无论原文如何均改为小写。
- 用片假名标识的没有用浊音、句读点的判决文、条文，有时会改为平假名或辅助了浊音、句读点的内容。
- 为使条文内容明了，基本遵从前述《六法全书》，附加了小标题。

目录

序章　《独占禁止法》之全体像

《独占禁止法》全称《关于禁止私人垄断及确保公平交易之法律》(昭和22法54号),该法自1947年颁布以来历经几次重要修改(以下简称《独占禁止法》)。本书序章主要结构如下:(1)首先介绍作为《独占禁止法》维护对象的市场以及市场竞争;(2)《独占禁止法》的实体规定;(3)对于违法行为的惩罚措施(排除措施、课征金[①]、公权力实施的刑事惩罚以及赔偿损失、停止侵害等民事救济);(4)概述案件端绪到实施惩处措施,再到之后司法审查的一系列程序。

---

① 广义上课征金是指国家基于行政权、司法权向国民征收的,除税金以外的金钱负担。《独占禁止法》上的课征金是公平交易委员会向违反《独占禁止法》的经营者所征收的金钱负担,而且是基于固定的计算方法来征收,没有裁量性(参考《法律学小辞典》第5版　有斐阁)。关于《独占禁止法》的课征金的详细介绍可参考本书第二章第五节之内容。——译者注

1.《独占禁止法》与市场机制

“市场”(marketplace)一词不仅指交易进行之场所,也指在该场所进行的竞争(也称为“市场竞争”)以及在此之上成立的市场机制(价格机制等的市场自动调节机能)。

作为后者意义上的市场,也就是市场竞争与市场机制,其由个体的卖方与买方的竞争行动的集合构成。卖方 A 提供自己的商品及服务寻求买方交易。卖方 B 也同样提供类似的商品及服务寻求买方交易,并强调自己给出的商品价格与品质更具有魅力。与此同时,卖方 C、D、E 也在重复同样的行为,由此在卖方之间产生了竞争(竞合)。另外,买方 a 对卖方 A、B、C、D、E 的商品或服务给出比其他买方更具有吸引力的购入条件,以促使交易成立。

买方 a、b、c、d、e 也在进行同样的竞争行为,买方之间也产生了竞争(竞合)。如此这般,在交易场所(市场)里,竞争作为卖方与买方交易成立行为之集合得以产生,“看不见的手”(市场机制)发生作用,没有人能够恣意地决定价格、生产及销售数量(有无数的卖方与买方,所有的市场参与者都拥有相关商品、服务的相关信息,此种情况被称为完全竞争状态。虽然现实中的市场与此相比仍有不少差距,但是,《独占禁止法》的目标是尽可能地接近及维持此理想状态)。

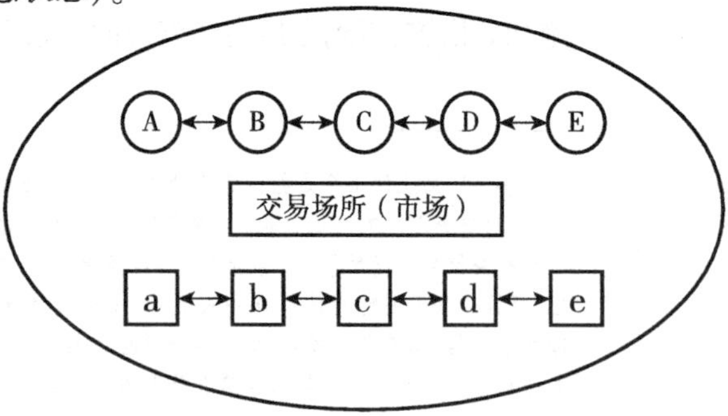

《独占禁止法》禁止通过操控市场竞争，在一定程度上可以自由地左右交易条件来形成、维持、强化所谓市场支配力或者地位。例如，竞争者之间就价格竞争达成"停战协议"（卖方 A、B、C、D、E 等缔结价格卡特尔）；特定的经营者不正当地排除竞争者（卖方 A 通过低于成本的价格销售商品，把无力对抗的 B、C、D、E 赶出市场）以获得市场支配地位。如此这般，一旦市场支配力得以形成，与以前存在竞争相比，买方只能被迫接受更为不利的价格、质量等不利条件进行交易。竞争者无法基于自己的能力以价格或其他条件来争取交易对象，最终被驱逐出市场，同时创新技术也难以产生。因此，《独占禁止法》禁止通过此类形式形成、维持、强化市场支配力。

另外，有时虽然还未达到形成市场支配力的情形，但由于卖方或买方的行为，竞争也会受到一定影响，竞争被扭曲。例如，生产商 A 和 B 共同拒绝给低价格销售的 e 供货，而仅对其他的零售业者 a、b、c、d 供货；卖方 C 用虚假表示欺骗消费者 a、b、c、d、e，谎称毛衣是山羊绒的，实际上根本就没有山羊绒。（虽然没形成市场支配力）由于这些行为会给竞争带来消极影响，因此也是《独占禁止法》所禁止的行为。

2.《独占禁止法》的实体规定

《独占禁止法》的实体规定大致可以用包含或者不包含"（违反公共利益）实质性地限制相关市场的竞争"以及"实质性地限制相关市场的竞争"的要件来进行区分。"实质性地限制相关市场的竞争"是指上述市场支配力的形成、维持、强化之含义。以此要件为着眼点来看，《独占禁止法》的实体规定可以分为以下三类。

（1）以市场支配力的形成、维持、强化为要件的种类

私人垄断（第 2 条第 5 款）、不正当的交易限制（第 2 条第 6 款）、经营者团体的限制竞争行为（第 8 条第 1 项）、企业结合中的市场集中（第 10 条、第 13 条、第 14 条、第 15 条、第 15 条之 2、第 15 条之

3、第16条)属于此种类型。这些条文中包含"(违反公共利益)实质性地限制(或可能限制)相关市场的竞争"(如表0-1、表0-2所示)。

表0-1　《独占禁止法》主要违法行为的要件

违法行为	禁止对象	行为要件	效果要件
私人垄断	经营者(第3条)	排除或支配其他经营者的经营活动(第2条第5款)	违反公共利益,实质性地限制相关市场的竞争(第2条第5款)
不正当的交易限制	经营者(第3条)	共同行为(相互约束或共同实行,第2条第6款)	违反公共利益,实质性地限制相关市场的竞争(第2条第6款)
不公平的交易方法	经营者(第19条)	法定类型(第2条第9款) 第1项　共同拒绝供给;第2项　差别对价;第3项　不当廉卖;第4项　维持转售价格行为;第5项　滥用优势地位	有阻害公平竞争之虞(第2条第9款)①
		指定类型(第2条第9款第6项) 如下类型中,公平交易委员会指定行为(一般指定,特殊指定):(1)不当地差别对待;(2)不当对价交易;(3)不当地引诱顾客·强制交易;(4)附加不当约束条件的交易;(5)交易地位的不当利用;(6)对竞争者的交易阻碍·公司的内部干涉	

① 第2条第9款第1~5项中的"没有正当理由""不正当""违背正常的商业习惯而不正当"与第6项的"有阻害公平竞争之虞"被解释为同样的意思。

续表

<table>
<tr><th>违法行为</th><th>禁止对象</th><th>行为要件</th><th>效果要件</th></tr>
<tr><td rowspan="5">经营者团体的限制竞争行为</td><td rowspan="5">经营者团体（第8条）</td><td>第1项 无限定</td><td>实质性地限制相关市场的竞争</td></tr>
<tr><td>第2项 为第6条所规定的国际协议、契约</td><td rowspan="4">未达到“实质性地限制相关市场的竞争”也可构成违法①</td></tr>
<tr><td>第3项 限制一定经营领域现在或将来的经营者数量</td></tr>
<tr><td>第4项 不当地限制成员经营者的功能、活动</td></tr>
<tr><td>第5项 要求经营者从事构成不公平的交易方法的行为</td></tr>
</table>

表0-2 企业结合的各类型违法要件

	禁止对象	行为要件	效果要件
第9条	公司	取得、保有其他国内公司的股份	行业支配力的过度集中
第10条	公司	取得、保有其他公司的股份	将实质性地限制相关市场的竞争
第11条	经营银行业、保险业的公司	取得、保有其他国内公司有表决权股份超过5%（保险公司为10%）	无特殊规定

① 但是，第8条第2项规定的属于不正当的交易限制的国际协议、契约则需要满足实质性地限制相关市场的竞争的违法要件。

续表

	禁止对象	行为要件	效果要件
第 13 条	公司的役员①、从业人员	兼任其他公司役员	将实质性地限制相关市场的竞争
第 14 条	公司以外	取得、保有公司的股份	同上
第 15 条	公司	合并	同上
第 15 条之 2	公司	共同新设分割、吸收分割	同上
第 15 条之 3	公司	共同转让股份	同上
第 16 条	公司	转让经营部门	同上

这些行为都以市场支配力的形成、维持、强化之市场效果为要件，但相关行为要件却不同。私人垄断是指因某经营者或经营者集团排除或支配其他经营者的经营活动；不正当的交易限制是经营者集团通过（相互拘束其经营活动或共同实施经营活动）的行为来形成市场支配力的。与此相对，第 8 条第 1 项中规定的经营者团体的限制竞争行为没有限定特定的行为要件，而是广义地解释为经营者团体成员的经营者通过回避相互竞争，排除其他经营者的经营活动，从而形成市场支配力的行为。在特定市场中形成、维持、强化支配力的市场集中又被称为企业结合，其以保有股份、役员兼任、公司合并、共同新设拆分·吸收拆分、共同转让股份、转让经营部门等为行为要件。

---

① 译者注：日语原文为“役員”，在《独占禁止法》上的定义见法条“第 2 条【役员的定义】③在本法中，‘役员’是指理事、董事、执行官、执行业务的公司员工、监察员或监事或其等同者、经理或者总部或分支机构的业务负责人”。除上述法律定义以外，“役員”在日本的有些机构中有干部或高管之意，例如，特定法人的“役員”；生协的“役員”；公团的“役員”；等等。因“役员”一词的定义多样，在中文中无特定对应词汇，因此本书译者们决定直接采用日语原词以避免歧义。

0-1 甲市有A、B、C、D、E 5家店向消费者销售面包，市场份额占该市的80%（另有一些未加入此协议的小规模面包店）。该5家店协议次月共同将面包价格提高10%。该5家面包店违反《独占禁止法》吗？（假设没有新的竞争者加入）

该5家店就共同提价达成协议，因此，判断该5家店是否拥有市场支配力，要根据参加卡特尔的成员的市场占有率（见第7条之2第3款，以下亦称市场份额）等市场状况而定。由于未加入的面包店都是小店，即便该价格卡特尔带来价格上涨，而未加入的小店不涨价，但毕竟供应量的增加有限，因此该卡特尔具有市场支配力。也就是说，该5家店在甲市面包的相关市场实质性地限制了竞争，属于第2条第6款（不正当的交易限制），违反第3条后段规定。

如上所述，经营者的市场占有率是市场支配力的重要替代指标（proxy）而被经常利用。但究竟要达到百分之多少才算是形成了市场支配力并不明确，只能个案分析[《排除型私人垄断指南》（平21.10.28）中提道：行为开始后，该行为者所提供的商品市场份额超过50%的案件，会被认为对国民生活带来很大影响，将会优先调查。由此可推出市场占有率标准是50%左右]。其他也应考虑除市场份额之外的要素（例如，竞争对手的牵制力、交易方的议价交涉能力、有无新的竞争者加入以及进口等）。

（2）不以形成、维持、强化市场支配力为要件的

另外，大部分不公平的交易方法（第2条第9款第1～6项）、经营者团体的限制竞争行为（第8条第2～5项）并不以形成、维持、强化市场支配力为要件。

①不公平的交易方法

不公平的交易方法都具有“阻害公平竞争之虞”(第2条第9款第6项柱书)的行为(第2条第9款第1~5项的“没有正当理由”“不正当”“违背正常的商业习惯而不正当”与此意思相同)。阻害公平竞争之危险性(以下称为公平竞争阻害性)正如“阻害”及“之虞”的语句所示,其制约市场竞争的程度比“实质性地限制相关市场的竞争”更小即可,不需要实际产生阻害竞争效果或具有高度盖然性。另外,不公平的交易方法把不公正的竞争手段、限制交易主体基于自由且自主判断而进行交易等的侵害作为公平竞争阻害性的内容(欺瞒顾客、利用不正当利益引诱顾客、滥用优势地位等)。这些内容不把形成市场支配力等作为必要条件。因此,禁止不公平的交易方法有着预防或补充私人垄断及不正当的交易限制的作用。

②经营者团体的大多数限制性行为

第8条所规定的经营者团体的禁止行为中,以符合第6条规定的不公平的交易方法事项为内容的国际性协定、契约(第2项),限制一定经营领域中现在或将来经营者的数量(第3项),不正当地限制成员经营者的功能或活动(第4项),迫使经营者采取不公平的交易方法(第5项)等情形并不需要市场支配力作为要件。与“实质性地限制相关市场的竞争”相比,以上内容在反竞争效果较低的阶段即被禁止。

0-2 如 0-1 所示案例,假设之后卡特尔破裂,占市场份额30%的A以远低于进货价出售面包。竞争对手B、C、D和E受到影响,销售额显著下降,但尚未达到破产的程度。A的行为是否违反竞争法?

以大幅度低于采购成本的价格销售商品,是一种卖得越多损失(赤字)越多的销售方法,这种以牺牲短期利润为代价试图在中长期内抢占市场的行为,即使它暂时对消费者有利,也可能会被认为存在竞争法上的问题。虽然A的市场占有率为30%,对市场的影响不大,不满足“实质上限制相关市场的竞争”的要件,A的行为也有“阻害公平竞争”的可能,有可能构成不公平的交易方法上的不当倾销(第2条第9款第3项)。

(3)其他

另外,一般集中限制和对垄断状态的规制难以分类至上述(1)和(2)。所谓一般集中,是指《独占禁止法》企业结合的规定中,第9条和第11条所禁止的对象内容。其目的不是针对类似于面包、电脑、汽车等特定市场形成市场支配力,而是防止跨产业形成特定的企业集团——经济实力集中于少数特定的人和集团,从而控制整个日本经济。第9条旨在防止事业支配力过度集中于特定的企业集团。第11条旨在防止金融公司(银行、保险公司)通过持有股份而支配其他公司(制造商、流通和服务行业等)。不同于上述(1)和(2),它们的规制出发点不是对相关市场竞争影响的考察。

对垄断状态的规制措施,是指在有满足第2条第7款规定的市场结构和市场弊害要件的经营者存在时,公平交易委员会可以为了恢复竞争而根据第8条第4项的规定采取对该企业进行拆分等必要的措施。与(1)或(2)不同,垄断状态的规制,是指即使某个经营者并没有排除、支配其他的经营者,也未实施与其他经营者的共同行为等类似的反竞争行为,但只要构成一定的限制竞争状态,公平交易委员会就可以命令其采取恢复竞争的措施(不过,1977年修法中导入的该措施从未动用过,因此本书不做详细介绍。也有观点认为,该措施在促使满足结构要件的企业进行“自我限制”,尽量避免满足市场弊害要件方面起到了一定作用)。

(4)正当化事由

不论以上类型是否以市场支配力的形成为要件,其都面临一个问题,就是正当化理由(比如,为了保护生命、健康、安全、环境维护等诸如此类的社会公共利益而限制、排除或阻碍竞争的行为是否违反《独占禁止法》? 该如何评价此类行为?)。关于这一点,学界有诸多见解。有意见认为正当化理由应包含生命、健康、安全、环境等非经济性价值,也有认为只有促进竞争的经济性事由才是正当化理由。为了达到目的而采取的手段,是否应只限于限制性手段中限制竞争程度最轻的手段? 或者如要将实质性限制竞争对相关市场竞争影响与正当化理由做比较衡量,那么该如何进行衡量? 对此,学术界并无定见。

总之,关于这一问题,在“违反公共利益、实质性地限制相关市场的竞争”(第2条第9款第5项、第6项)、“具有阻害公平竞争之虞”(第2条第9款第6项)、“实质性地限制相关市场的竞争”(第8条第1项)等语句的解释说明上,如果确有值得探讨的正当理由,则不得不对其进行考虑,判断是否满足效果要件。

0-3　Y1、Y2、Y3、Y4、Y5、Y6是制造及销售住宅建筑材料α(隔热器材等)的经营者,占国内供应量的80%。建筑材料α中含有会对臭氧层产生破坏的氟利昂,因此该6家经营者被要求尽可能减少其制造及销售。作为α的替代品,新型建筑材料β不含任何导致全球变暖的物质。于是,Y1等6家经营者达成协议决定停止供应α,转而制造及销售β。α的生产量已达到极限,如生产β可以供应超过α的量。然而,如计

算 β 的生产成本和变更物流的成本，预计 β 的价格比 α 增加一成。因此，Y1 等 6 家经营者共同决定 β 的价格要比 α 高 10%。Y1 等 6 家经营者的行为在《独占禁止法》上该如何判断呢？

Y1 等 6 家厂家占国内 α 供应量 80%，它们共同决定停止 α 的生产销售，转而提供 β，该行为有可能构成不正当的交易限制（第 2 条第 9 款第 6 项）。0－3 案例中最主要问题是，该行为是否满足"违反公共利益""实质性地限制相关市场的竞争"的要件。"违反公共利益"从原则上来说是指侵害自由竞争的经济秩序，在例外情况下，也会将该行为所维护的利益与维护自由竞争秩序进行比较衡量，在不违背"保护一般消费者利益的同时，促进国民经济得以民主健全地发展"这一《独占禁止法》的终极目的时，该行为可以排除适用不正当的交易限制（石油价格协定刑事案件＝最判昭 59.2.24 刑集 38 卷 4 号 1287 页【百 5】2－28）。Y1 等 6 家经营者之间的协议目的在于，放弃生产和销售含有氟利昂类的建筑用材，为防止全球变暖做出贡献，因此其行为并不违背《独占禁止法》的最终目的。即便是站在主张应将正当理由限定在促进竞争的经济理由的意见的立场来分析，Y1 至 Y6 的行为虽然减少了有环境问题的建筑材料 α 的市场竞争，却增加了对环境友好的新材料 β 的市场竞争，因此可以认为该协议是为了应对"市场的失败"（仅靠市场无法应对环境问题，替换新商品以促进竞争），属于促进竞争的经济性正当化理由。

但是，为了达到这一目的而采取的手段中包括关于 α 的替代品 β 的价格协定。一般认为，在采用价格协定等反竞争效果较大的手段时，该手段（价格协定）应是为了达到目的所必不可少的，且也应是最小限度的行为。在0－3案例中，尽管β的生产和流通成本预计比α增加一成左右，但也不能说不达成价格协议就不能向市场供应β（非达成目的之不可欠缺）。因此，关于Y1至Y6的关于β的价格协议，满足“违反公共利益”“实质性地限制相关市场的竞争”的要件，属于第2条第9款第6项规制之行为。

一般而言，将安全性等的正当化理由本身与对一定市场竞争的限制从正面来比较衡量，使反竞争行为正当化的（不违反《独占禁止法》的）案例几乎没有。标榜安全性等“社会公共利益”的经营者和经营者团体的主张应慎重考量（否则，卡特尔等就会被纵容）。

（5）适用除外

原则上，《独占禁止法》作为“经济宪法”适用于所有行业的所有行为，如上所述，当满足行为要件和效果要件时，即构成违法。但是，《独占禁止法》第21～23条规定，基于某些理由，在一些例外情况下不适用《独占禁止法》（例如《道路运输法》第18条等若干法规也有类似的规定）。

第21条是根据知识产权法被确认为行使知识产权的行为，第22条是满足条件的组合（合作社）的行为，第23条是公平交易委员会指定的商品以及著作物维持转售价格，以上内容不适用《独占禁止法》。这些适用除外条款用于确认某些行为没有违反《独占禁止法》（第21条和第22条），或从不同于独占禁止政策（竞争政策）的其他政策角度创设性地规定不违反《独占禁止法》（第23条）。

3. 对违反《独占禁止法》的处罚等

如上所述，经营者在实施了满足《独占禁止法》的行为要件和效果要件的行为时,将会被采取各种措施(如表0－3所示)。如果违反《独占禁止法》,不仅有国家命令其停止行为、防止再犯而对其进行处罚,而且个人也能请求损害赔偿和停止侵害。接下来我们将探讨国家或者个人针对违反《独占禁止法》的行为(私人垄断、不正当的交易限制、不公平的交易方法、经营者团体的限制竞争行为)恢复及维持竞争秩序、抑制违反行为和填补损害的措施。

表0－3 对违反《独占禁止法》主要行为的处罚等[注1]

<table>
<tr><th colspan="2"></th><th>排除措施</th><th>课征金</th><th>刑事惩罚</th><th>损害赔偿</th><th>停止请求</th></tr>
<tr><td rowspan="2">私人垄断</td><td>排除型</td><td rowspan="2">◎(第7条第1款、第2款)</td><td>○(第7条之2第4款)[注2]</td><td rowspan="2">○(第89条第1款第1项,第95条第1款第1项,第95条之2)</td><td rowspan="2">◎(第25条)</td><td rowspan="2">△(第24条)</td></tr>
<tr><td>支配型</td><td>○(第7条之2第2款)[注3]</td></tr>
<tr><td colspan="2">不正当的交易限制</td><td>◎(第7条第1款、第2款)</td><td>◎(第7条之2第1款)[注3]</td><td>◎(第89条第1款第1项,第95条第1款第1项)
○(第95条之2)</td><td>◎(第25条)</td><td>△(第24条)</td></tr>
<tr><td rowspan="3">不公平的交易方法</td><td rowspan="2">法定类型</td><td rowspan="3">◎(第20条第1款、第2款)</td><td>○(第20条之2至第20条之5)</td><td rowspan="3">无</td><td rowspan="3">◎(第25条)</td><td rowspan="3">◎(第24条)</td></tr>
<tr><td>◎(第20条之6)</td></tr>
<tr><td>指定类型</td><td>无</td></tr>
</table>

续表

		排除措施	课征金	刑事惩罚	损害赔偿	停止请求
经营者团体的限制竞争的行为	第8条第1项	◎	◎(第8条之3)	◎(第89条第1款第2项,第95条第1款第1项,第95条第2款第1项) ○(第95条之3)	◎(第25条)	(第24条)
	第8条第2项	○(第8条之2第1款至第3款)	○(第8条之3)	○(第90条第1项,第95条第1款第3项,第95条第2款第3项,第95条之3)		△(第24条)
	第8条第3项、第4项	◎	无	○(第90条第2项,第95条第1款第3项,第95条第2款第3项,第95条之3)		△(第24条)
	第8条第5项	◎	无	无		◎(第24条)

(注1)表0－3中,◎表示该措施实际处罚过一次以上(第24条、第25条是指被提起过诉讼),而○则表示该处罚措施一次也没有使用过,△表示私人垄断、不正当的交易限制的部分行为如果作为不公平的交易方法再构成违法的情形下可以请求停止侵害。

(注2)如果在10年以内有重犯,则加重课征金的处罚额度(第7条之2第7款)。

(注3)基于课征金减免制度可以申请减免(第7条之2第10款至第12款)。另外,早期脱离卡特尔的情形也可根据第7条之2第6款减少课征金处罚额度,反过来,在累犯或者卡特尔主谋的情形下,根据第7条之2第7款、第8款加重课征金处罚额度。同一经营者如果被同时处刑事罚金与课征金时,从课征金中减去相当于罚金一半的金额(第7条之2第19款、第63条第1款)。

(1)排除措施

首先,对于此类行为类型,公平交易委员会可以作出排除该违法行为所需要措施的命令(排除措施)。关于命令的内容,除了停止侵害、企业部门的部分转让、合同条款的删除、经营者团体的解散等依据各规定(第 7 条第 1 款、第 8 条之 2 第 1 款、第 20 条第 2 款)所列之外,公平交易委员会还可以命令禁止将来再犯同样的违法行为。即使违法行为已经消失,但在消失之日起 5 年内公平交易委员会“认为有特别必要时”,可对已消失违法行为采取周知措施的命令(第 7 条第 2 款、第 8 条之 2 第 2 款、第 20 条第 2 款)。

(2)课征金

1977 年修法针对不正当限制交易和经营者团体的限制竞争行为第一次导入了课征金制度。其后课征对象被扩大,罚款额度也被提高,现已经成为包括课征金减免在内的可调节增减处罚额度的课征金制度。目前,课征金对象范围包括排除型私人垄断、与价格相关的支配型私人垄断和不正当限制交易、法定的不公平的交易方法、违反第 8 条第 1 项和第 2 项的经营者团体的相当于不正当的交易限制的行为(如表 0 - 3 所示。但是,有违反一次就处以课征金的滥用优势地位的行为和其他的 10 年内再违反则处以课征金的两种类型的区别)。实际上,迄今为止,公平交易委员会仅对不正当的交易限制、滥用优势地位和经营者团体的第 8 条第 1 项的违法行为发出过课征金缴纳命令。在认定这些违法行为之后,公平交易委员会对课征金缴纳的额度无权裁量,其必须按法律规定的方法计算课征金罚款额度,向违法经营者(经营者团体时为构成经营者)发出缴纳罚款的命令。

(3)刑事处罚

关于刑事处罚(徒刑、罚金),表 0 - 3 对相当范围内对象的行为进行了规定。实际上,刑事检举并提起公诉的案件只限于不正当的交易限制(价格卡特尔和串通投标)以及经营者团体的限制竞争行为(第 8 条第 1 项,除了经营者团体的生产调整案件以外,公平交易委员会只对实际行为人以及基于两罚规定的法人作出过有罪判决)。第 89 条至第 91 条所规定的罪,是公平交易委员会的专属检举(第 96 条)对象。公平交易委员会在《有关对违反〈独占禁止法〉的刑事检举及违法行为调查的公平交易委员会方针》(平 17.10.7 最终改正 21.10.23)中指出,“价格卡特尔、供给量限制卡特尔、市场分割协定、串通投标、联合抵制、私人垄断等其他违法行为,对国民生活造成广泛影响的重大恶性案件”将成为检举对象,今后被追究刑事责任的行为预料在此限定范围内。

(4)民事救济

除此之外,对于违反《独占禁止法》的行为,私人也可以请求损害赔偿及停止损害。这些也都是基本的民事救济手段。请求损害赔偿及停止损害在抑制违反《独占禁止法》行为方面有助于公益的实现。

首先,进行私人垄断、不正当限制交易和不公平的交易方法的经营者,以及第 8 条所规定限制竞争行为的经营者团体,根据第 25 条规定,其应对被害人承担无过失赔偿责任。如受害者要依据第 25 条提起损害赔偿诉讼,除需要有已确定的排除措施命令(第 26 条第 1 款)之外,一审法院也限定于东京地方法院(第 85 条之 2)。在没有排除措施命令或课征金缴纳命令的案件中,受害人如考虑到向对自己比较便利的地方法院提起诉讼,可依据《民法》第 709 条(译者注:侵权责任)提起损害赔偿请求。

另外,私人(经营者、消费者)提出对违反《独占禁止法》行为的停止侵害的请求,在法律条文上仅限于经营者的不公平的交易方法或者经营者团体要求经营者进行不公平的交易方法案件(第

24 条)。但是,由于私人垄断(例如市场份额较大的经营者的倾销)、不正当的交易限制(例如多数经营者进行共同抵制)、经营者团体违反第 8 条第 1 项的行为(例如经营者团体要求会员抵制新进入者)等行为有时也属于不公平的交易方法,私人可主张其为不公平的交易方法并提出停止侵害的请求。

4. 违反《独占禁止法》案件的规制程序

最后,本书对符合上述要件被认定为违法的行为采取制裁的程序进行分析(如图 0-1 所示)。

(1)行政程序与犯则调查

关于公平交易委员会命令排除措施以及缴纳课征金的程序,2013 年修法后的内容如下所述。公平交易委员会获知被疑违法行为的渠道主要来自公众和受害人的举报(第 45 条第 1 款)、依职权进行的调查(第 45 条第 4 款)、中小企业厅等的请求(《中小企业厅设置法》第 4 条第 7 款等)以及课征金减免制度的申告(见第 7 条之 2 第 10 款至第 14 款)。公平交易委员会必要时会进行现场检查(第 47 条第 1 款第 4 项),或者为了调查第 89 条至第 91 条涉及犯罪的案件(犯则案件),必要时可要求当事人到公平交易委员会接受调查、询问、检查、留存(第 101 条第 1 款),在有法院许可令状的情况下可进行临检、搜查、扣押(第 102 条第 1 款)。在对调查过程中留存资料进行检讨后,如要发出排除措施命令/缴纳课征金的命令,公平交易委员会应通知该命令对象可在合理的期间对公平交易委员会所认定的事实的证据进行阅览与复制(仅限于自己公司资料)(第 49 条至第 52 条);指定职员(参与调查的审查官等职员需除外)主持意见听取的程序(第 53 条)。在听取程序中,审查官对排除措施命令的内容、认定的事实、主要证据以及法律的适用进行说明。当事方(命令对象的经营者及经营者团体等)可以陈

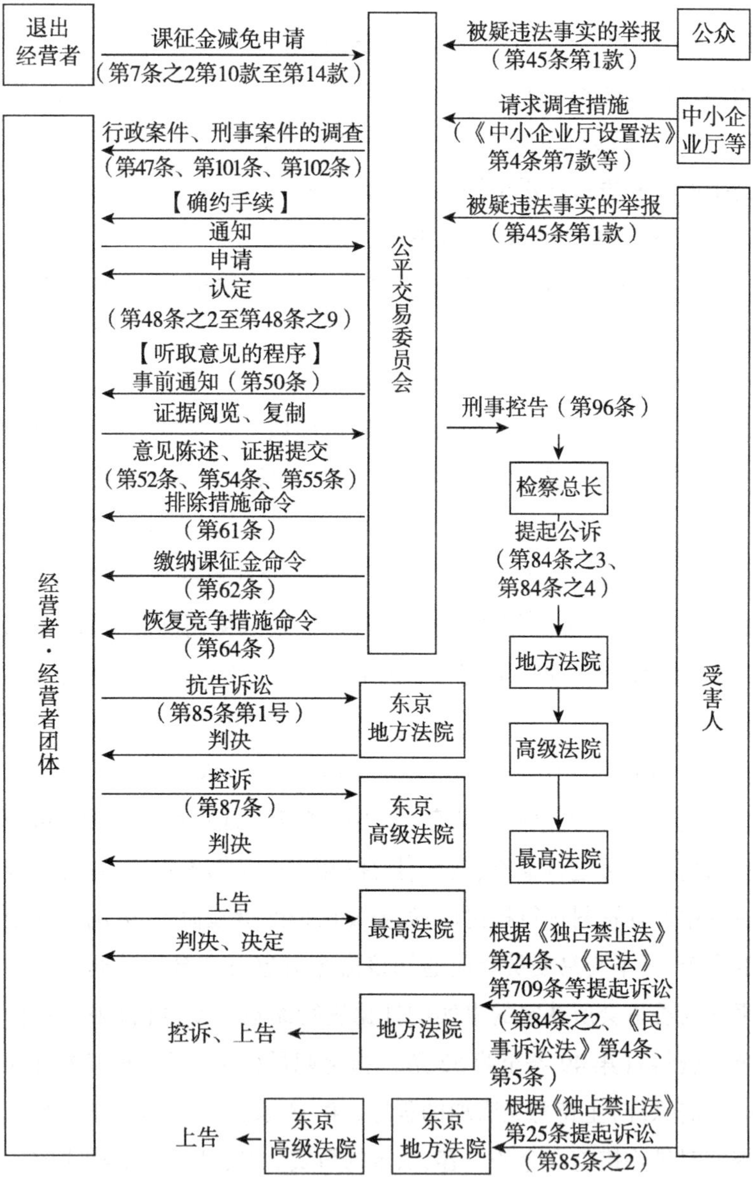

图0－1　2016年改后之程序

述意见、提交证据并在指定职员允许下向审查官提问(第54条第1款和第2款)。听取程序完成后,指定职员必须整理该案件的争论点,向公平交易委员会(委员长和4名委员)提交报告书(第58条第4款)。公平交易委员会对该报告进行详尽分析(第60条),之后发布记载了排除违法行为所必要的措施、公平交易委员会认定的事实、法律适用的排除措施命令书(第61条第1款)。缴纳课征金命令也是同样的程序(第62条第1款、第4款)。不服该命令的当事人可向东京地方法院提起抗告诉讼(第85条第1项)。

另外,2016年《独占禁止法》的修改,导入了所谓的确约制度[从第48条之2至第48条之9,自《关于环太平洋伙伴关系的一揽子先进协定》(以下简称TPP11协定)生效的2018年12月30日实施]。除垄断状态(第2条第7款)外,公平交易委员会在认为可能存在违反《独占禁止法》的行为时,在被疑行为的当事人提出并制订一定的改正计划后,公平交易委员会无须对违反行为进行认定,可以灵活迅速地据此采取一定的措施。

虽然在规定上没有限制,但是根据公平交易委员会《关于确约程序的应对方针》、《关于企业结合审查手续的应对方针》(2018年9月26日),属于课征金处罚对象的核心卡特尔等不属于确约制度的对象。确约程序以私人垄断、不公平的交易方法(特别是优势地位的滥用)、企业结合等为对象。该制度的主要目标在于促使经营者按照确约的排除措施计划(第48条之3)或排除措施保障计划(第48条之7)来实施排除措施以及排除保障措施。如果这些计划被公平交易委员会认定,则其不会发出排除措施命令和课征金缴纳命令(第48条之4、第48条之8)。如经营者们不按照约定实施计划措施,公平交易委员会可取消认定,重启排除措施命令和课征金缴纳命令程序(第48条之4但书、第48条之8但书)。

(2)刑事案件程序

在犯则案件调查的结果取得犯则心证之后,公平交易委员会必须向检察总长举报(第74条第1款)。第89条至第91条规定的犯罪(不正当的交易限制罪),公平交易委员会的举报是提起公诉的条件(第96条第1款)。这些案件的第一审的裁判管辖权属于地方法院(第84条之3、第84条之4)。

(3)民事程序

违反《独占禁止法》的行为的受害者,除了向公平交易委员会报告,也可以向地方法院提起停止不公平的交易方法的行为的请求(第24条),并根据民法请求赔偿损失。另外,如果违反《独占禁止法》的行为的排除措施命令生效,则受害者可根据第25条向东京地方法院提起无过失损害赔偿诉讼。经营者和消费者的私人执行在恢复被侵害的权利的同时,也可补充公平交易委员会执法,这具有重要的意义,其充分运用被寄予厚望。

本书频繁出现"审判"和"审决"等术语,此处对2013年修法前的程序进行概要说明。在对调查过程中留存资料进行检讨后,如要发出排除措施命令/课征金缴纳命令,公平交易委员会应给予命令当事人事先表达意见、提交证据的机会(旧法第49条第3款,旧法第50条第6款)。排除措施命令应通过记载为排除违反行为所需的必要措施、公平交易委员会认定的事实、法律适用的文书来发布。缴纳课征金的命令文书应记载缴纳金额、计算的基础、违反行为以及缴纳期限。

不服命令的当事人可在命令书副本送达日起60日内向公平交易委员会提起审判请求(旧法第49条第6款,旧法第50条第4款)。审判通常由被指定的审判官主持(旧法第56条第2款)。在审判中,审查官根据证据主张原处分的排除措施命令或课征金缴纳命令为合法(旧法第58条第1款)。被审人(请求审判的经营者、经营者团体)提出证明资料并主张原处分不合法(旧法第59条第1款)。在公开审判中(旧法第61条),根据证据进行事实认定(旧法第68条),判断被认定的事实是否满足要件。之后,审判官作成一份关于驳回或废止审判请求、取消或变更原处分的全部或一部分的审判底案,提交给公平交易委员会(委员长和委员),委员长和委员采取合议方式进行审决(旧法第66条,旧法第69条第1款)。在旧法制度中,提起取消审决之诉的人自审决生效30日内(旧法第77条第1款)向东京高裁提起抗告诉讼(旧法第85条第1项)。在东京高裁的审理中,如果公平交易委员会认定事实有实质性证据则可约束法院,此谓实质性证据法则(旧法第80条),且新证据的提出也受到限制(旧法第81条)。

第一章　总则

> 第1条　【目的】本法通过禁止私人垄断、不正当的交易限制与不公平的交易方法，防止事业支配力的过度集中，排除以结合、协议等方法，对生产、销售、价格、技术等的不当限制以及其他一切对经营活动的不当约束，促进公平而自由的竞争，发挥经营者的创意，繁荣经营活动，提高雇用以及国民实际所得水平，据此，在确保一般消费者的利益的同时，促进国民经济民主而健康地发展为目的。

1. 第1条的构成及内容

此处将规定了《独占禁止法》立法目的的第1条条文做如下拆分解释：

<第1段>

本法①“通过禁止私人垄断、不正当的交易限制与不公平的交易方法，防止事业支配力

的过度集中”,②“排除以结合、协议等方法,对生产、销售、价格、技术等的不当限制以及其他一切对经营活动的不当约束”。

<第 2 段>

③“促进公平而自由的竞争”,④“发挥经营者的创意,繁荣经营活动,提高雇用以及国民实际所得水平”,据此

<第 3 段>

⑤在“确保一般消费者的利益”的同时,⑥以“促进国民经济民主而健康地发展”为目的。

第 1 段明确了达成立法目的的手段,①列举了《独占禁止法》主要禁止行为对象,如私人垄断、不正当的交易限制与不公平的交易方法,同时为了防止事业支配力的过度集中,本法也对应规定对垄断状态(第 2 条第 7 款及第 8 条之 4)以及事业支配力的过度集中进行规制(第 9 条)。②从限制约束的形式出发,更加具体地陈述了规制对象。“结合”“不当限制”“对经营活动的不当约束”等词句稍显模糊,其内涵及外延并不明确,究其原因,只能说《独占禁止法》第 1 条自最初制定以来就包含了很多抽象的词句,且从未进行实质性的修改。

第 2 段阐明了通过①的手段来维持、促进③“公平而自由的竞争”为本法的直接目的。与其他的经济立法相比,《独占禁止法》的特征在于,为了达到第 3 段所规定的终极目的,行政机关不是直接对经营者的生产数量、销售价格、营业开始与废休业等通过许可或认可等方式进行干涉与介入,而是通过间接规制的方法进行。也就是说,经营者的经营活动原则上自由,只是在该经营活动违反实体法规定时才被禁止,从而充分发挥市场机制的作用(见序章),抑制经营者的限制竞争行为。就这点来说,③规定的是《独占禁止法》固有的目的。与此相对,④只叙述了维持促进公平而自

由的竞争的经济性成果,其法律性质意义不大。

第3段规定了终极目的,也就是⑤确保一般消费者利益(不包含作为买方的经营者,而仅指为了生活消费而购买商品及服务的个人)以及与之统合为一体不可欠缺的⑥“国民经济民主而健康地发展”。“二战”前后有观点曾认为,包括一般消费者利益和生产者利益的国民经济整体利益乃终极目的,当一般消费者利益与国民经济整体利益相对立时,前者应让位于后者,但这种观点在今日基本上已经被否定。⑤一般消费者利益是⑥国民经济民主而健康地发展的不可或缺的本质性构成要素,二者是表里一体不可分割的关系。并且值得注意的是,经济立法中只有《独占禁止法》的立法目的里规定了国民经济“民主”而健康地发展。此词语反映了作为战后改革的一环而制定的《独占禁止法》担负着推进并巩固经济机构民主化的历史作用(拆分财阀、排除经济力过度集中以及对小规模经营者与中产阶级的培育),避免放任市场支配力或经济力向少数特定的经营者或经营者团体集中,维护分权、分散、多样性经济主体构成的经济制度及机构。但是构成⑥的农林渔业经营者和小规模工商经营者的利益与⑤一般消费者利益从短期、静态性的视野来看也可能产生对立。关于此点,首先应将⑤和⑥作统合性理解,在农林渔业经营者和小规模工商经营者之间有限制竞争的共同行为时,如果该行为在中长期动态的视野下不能提高生产力、改善效率,使消费者享受到降低价格的好处,则侵害⑤的反竞争行为也不可以基于⑥的观点加以肯定。

总之,通过第1段规定的手段,维持、促进第2段的公平而自由的竞争,以确保第3段的将一般消费者利益作为不可欠缺要素的国民经济民主而健康的发展,这就是《独占禁止法》的目的。

2. 本条的实体规定

如果采用第1段的手段,应该能维持、促进第2段公平而自由的竞争。与此相对,第2段的维持、促进公平而自由的竞争原则上来说应该也会达成第3段的将一般消费者利益作为不可欠缺要素的国民经济民主而健康地发展的目的,但也不能否定存在例外的情形。以某种形式容忍对竞争加以限制,是确保达成第3段终极目的所必要的(参考[0-3]或第二章第二节6)。一般这种情况是《独占禁止法》适用除外规定,但也并不绝对。在没有明文的适用除外规定的情况下,根据解释,这样的行为不适用《独占禁止法》;如果从第1条的终极目的来判断行为是否违反《独占禁止法》,取决于该行为实质上是否符合终极目的,而且其实施是否也在必要范围之内。

该问题从实体法规定来看,可以说影响私人垄断、不正当的交易限制、不公平的交易方法、经营者团体的限制竞争行为等成立的正当理由是从《独占禁止法》目的的观点角度来进行评价的(例如,在日本玩具枪协会组合案中,这个成为讨论焦点,参考东京地判决平9.4.9号审决集44卷635页【百6.43】[3-3]等)。换言之,"违反公共利益,实质上限制相关市场的竞争"(第2条第5款、第6款),"有妨碍公平竞争之虞"(第2条第9款第6项),"实质上限制相关市场的竞争"(第8条第1项)等实体规定要件的条文解释,将禁止限制相关市场竞争所带来的利益与该行为所维护的利益进行比较衡量。"由该行为所维护的利益"能否被视为真正值得保护的利益,则要在《独占禁止法》第1条终极目的之下来进行判断。

在判例中,第2条第6款所指违反公共利益的行为原则上是指违反《独占禁止法》直接保护的法益：自由竞争经济秩序。将由该行为所维护的利益与此法益进行衡量，如果没有实质性违反“确保一般消费者的利益的同时，促进国民经济民主而健康地发展”的终极目的，那么在例外情况下，该行为可以从不正当的交易限制中除外（石油价格协议刑事案件 = 最判昭 59.2.24 刑集 38 卷 4 号 1287 页【百 5】2-28）。

但是，将安全性等正当理由与限制市场竞争正面地来做比较衡量，使反竞争行为得到正当化认可的判例几近为零。因为正如序章所述，对于标榜安全性公共利益的经营者、经营者团体的主张必须要慎重地加以讨论。

> 第 2 条　【经营者的定义】①本法所称经营者，是指从事商业、工业、金融业或其他行业者。为了经营者利益而行为之役员、从业员、代理人以及其他人员，在下一款及第三章的规定适用时，视为经营者。

1. 经营者的意义

本款第 1 句规定了本法中经营者的定义。虽然在本法中，经营者是第 3 条（私人垄断、禁止不正当的交易限制）、第 19 条（禁止不公平的交易方法）等的违反主体（禁止的对象）。但是除此之外，其也有作为排除和支配的客体（例如，第 2 条第 5 款“任何”之后的“其他经营者”；第 2 条第 9 款第 1 项 a[①] 的“某个经营者”），或者作为排除行为的工具登场的情形（第 2 条第 9 款第 1 项 b[②] 的“其他经营者”）。

---

① 译者注：日语原文为“イ”，此处用“a”标注。

② 译者注：日语原文为“ロ”，此处用“b”标注。

判例中，考虑到作为违反主体的经营者，第2条第1款所称“经营”是指“对应于某种经济利益的供给而反复持续地接受反向给付，不论其主体法律上的性质”（⇨1－1）。因此，以营利为目的或产生超过成本的利益等并非“营利”的必要条件，可以把有偿活动理解为“经营”的本质要素。无偿供给的主体是否是《独占禁止法》中所说的“经营者”，作为违反主体的经营者与排除或支配行为的客体，即作为排除工具的经营者的范围是否相同，接受商品·服务供给的主体（例如作为建设服务的购买方的国家或自治体等）的经营者性、劳动法（特别是工会法）上的劳动者是否同时成为《独占禁止法》上的经营者（伊奈维护案＝最判平23.4.12 判时2117号139页等）等问题，将来可能会被再次提起。

1－1 都营芝浦屠宰场案（最判平元12.14 民集43卷12号2078页【百1】＝5－2）

本法所指“经营”一词是指“对应于某种经济利益的供给而反复持续地接受反向给付，不论其主体法律上的性质”。

1－2 附压岁红包贺年卡案（大阪高判平6.10.14 判时1548号63页）

只要邮政明信片的发行及销售不属于国家垄断行业，则国家作为该经营活动的主体，应当属于《独占禁止法》上的经营者，与民间制造及销售邮政明信片的经营者处于竞争关系。

1－3 町营福祉巴士案（山口地下关支判平18.1.16 审决集52卷918页）

低票价运营福祉巴士的地方公共团体也属于经营者，即使有无偿期间，也可视为有偿运营的准备期间。

2. 经营者、经营的具体例

(1)公法人的经济活动

附压岁红包贺年卡案中，有偿发行和出售明信片的国家是《独占禁止法》上的“经营者”(⇨1－2)。

在人口稀少地区以低票价运营福祉巴士的地方公共团体也是经营者(在低票价运营之前有一段免费运营的时间，也被视为有偿运营的准备期。⇨1－3)。如此，当国家或地方政府自身进行经济活动时，其即使并非以营利为目的，也被认定属于《独占禁止法》上的“经营”。

公法人自身并没有进行经济活动，而是委托给经营者团体时，该公法人的业务是否等于“经营”？作为例子有：将自治体业务狂犬病预防注射作为公共事务委托给市兽医师会，由于有对价，因此也属于经营(福冈地判平元3.7审决集35卷129页，福冈高判平2.8.29审决集222页)。也有判例虽立足于1－1中所示“经营”者的定义，但由于县(译者注：日本的行政单位，相当于中国的“省”)把狂犬病的集中注射委托给县兽医师会，县只进行指导、宣传等行政措施，因此作出该案中的县不属于经营者的判决(广岛高冈山支判平5.2.25审决集40卷805页)。

(2)专业性行业提供的服务

提供一定的服务及反复持续地接受反向给付的医生、律师、会计师、建筑师、辩理士、不动产鉴定士等，也属于《独占禁止法》上的经营者(观音寺市三丰郡医师会案＝东京高判平13.2.16审决集47卷545页【百37】，茨城县不动产鉴定士协会案＝东京地八王子支判平 13.9.6 判夕1116 号 273 页,日本建筑家协会案 = 审判审决昭 54.9.19 审决集 26 卷 25 页,三重县社会保险劳务士会案 = 劝告审决平 16.7.12 审决集 51 卷 468 页【百 40】)。关于此点现在学术上几乎没有异议。

(3)教育活动、公益活动、社会福利活动、宗教活动等

不以营利为目的的学校、公益法人、社会福利法人、宗教法人等,除了作为主体业务开展教育活动、公益活动、社会福利活动、宗教活动等以外,有时还可以附带开展收益业务。从附带作为收益业务进行的行为(如经营停车场)的角度来看,它们属于经营者。

它们的主体业务只要符合1-1判例的标准,就不能被否定适用《独占禁止法》。例如,曾有过这样的判决,关于包含在各种学校(学教第 134 条第 1 款)内的驾校,由于"汽车培训班行业也是行业经营,这是非常明确的",学校法人所达成的不在周边设立驾校的协议属于第 2 条第 6 款,因此无效(名古屋高金泽支决昭 53.7.11 判时 923 号 90 页)。

即便是只有国家、地方公共团体以及属于私立学校法中的学校法人才能设立的学校的教育活动(学校教育法规定的幼儿园、小学校、中学校、高等学校、中等教育学校、特别支援学校、大学、高等专门学校、专修学校以及各种学校),如果这些学校共同决定了入学金、学费等,则该行为也会被视为经营者的行为而被审查是否构成不正当的交易限制。

对医疗食品的营养成分值等进行检查同时收取对价的财团法人也属于经营者(日本医疗协会案 = 劝告审决平 8.5.8 审决集 43 卷 209 页【百 14】2-8)。共同决定自身所供应产品的销售价格的财团法人也属于经营者(化学及血清治疗法研究所等 9 名案 =

劝告审决昭 50.10.27 审决集 22 卷 73 页)。

而关于宗教活动方面,曾经有判决认为因奈良县、东大寺、兴福寺等“都明显不属于《独占禁止法》第 2 条中规定的经营者”,所以对于他们之间达成的将奈良公园和周围寺庙内的景区照片拍摄业务限定给特定业者的行为并不违反《独占禁止法》(大阪高判昭 33.7.18 下民卷 7 号 1311 页)。但是该判决仍有疑问之处,将景区内拍摄照片业务限定给特定业者并不是宗教活动,而且这些寺庙也从指定业者处每年收取了 3 万日元的对价,因此不应否认其经营者属性。

(4)职业运动员、艺人

1－1 中的最高法院判决所示“经营(者)”的定义是以当事人并不从属于他人的雇用关系,接受其指挥命令,而是以经济性的独立主体为前提的。从这个意义上来说,职业运动员和艺人的经营者特性,会根据情景和行为而不同。作为一个独立的主体,运动员或者艺人在接受对价后让他人将自己的肖像使用在日历上,或者出演电视广告,此时应被认定为经营者。另外,为提高劳动和业务的报酬,同类的选手或艺人与其他选手或者艺人共同拒绝比赛或出演节目,那么该行为应被视为作为经营者的共同拒绝交易行为,还是被视为劳动者的罢工?应该根据选手或艺人实际的合同条款,以及内容是否有从属性(指挥命令、支配从属关系的有无或程度)来判断解析,一般情况下这种行为不会被认为是经营者的行为。

(5)其他

进行欺诈性营利活动的人,无论其主观目的是什么,只要其与顾客之间进行经济利益交换,该经济活动对竞争秩序产生影响，其就应当视为《独占禁止法》和《景品表示法》* 所规制对象的“经营者”（丰田商事案＝大阪高判平 10.1.29 判决集 44 卷 555 页）。

3. 公法人、专门职业家等的行为和要件该当性

即使上述的主体属于“经营者”，只要该行为人的问题行为不满足《独占禁止法》所规定的要件，就不违反该法。这种情况下，特别是关于公法人、医生、律师等的行为，可以在效果要件（参照表 0－1）的解释上考虑其意图、目的以及与顾客（消费者）之间的信息不对称性、差距等（都营芝浦屠宰场案＝1－1）。

4. 视作经营者

经营者团体是以成员经营者构成的团体，其为了规避法律对行业团体的规制，让役员、雇员、代理人等成为成员。或者虽不是此目的，但该类人员自身是役员、雇员、代理人等的经营者而成为团体的构成成员。此类团体也应该适用本法关于经营者团体的规制。为了应对这种情形本款第 2 句规定了“为了经营者的利益而行为的役员、雇员、代理人等”也将被视作经营者（例如，A 企业的役员加入某行会成为会员，只要是为了 A 企业的利益而加入，那么该役员就应当被视为经营者，而某行会也应当是经营者团体规制的对象）。

---

* 《景品表示法》全称为《不当景品类及不当表示防止法》，作为《独占禁止法》的特例法于 1962 年制定，主要通过禁止经营者利用不正当悬赏及不正当广告来误导消费者，从而保护消费者自主且合理地选择商品及服务。2009 年起该法从日本公平交易委员会移交至日本消费者厅来负责执法。（参考《法律学小辞典》第 5 版　有斐阁）——译者注

> 第2条 【竞争的定义】④本法所称竞争，是指两个或两个以上的经营者在其通常的经营活动范围内，且在不对该经营活动的设施或样态方面进行重要变更的情况下，采取以下行为或处于以下可行为状态。
>
> 一 向同一消费者提供同种或相似的商品或服务。
>
> 二 从同一供应者处接受同种或相似的商品或服务。

1. 第2条第4款的意义

本款从《独占禁止法》上明确了竞争是包括供给方（≈卖方）之间的竞争和需求方（≈买方）之间的竞争、显在竞争和潜在竞争（不久的将来会实际发生的竞争），以及两个以上经营者竞合关系（竞争关系）的范围。“同种或类似的商品或服务”包括信息、技术等成为交易客体之物。此处的“竞争”必须是值得法律保护之客体，因此，毒品等违反公序良俗的交易客体不包含在内。

2. 本款之沿革

最初的《独占禁止法》并没有对“竞争”的定义有特别规定，只在第2条第2款中规定“本法所称竞争或竞争者包括潜在的竞争或竞争者”。1949年修法才第一次规定了“竞争”的定义（旧法第2条第2款）。导入该规定的原因是，关系到一定公司间的企业并购是根据有无竞争关系来判断是否禁止的（旧法第10条第2款禁止持有“在国内与自己处于竞争关系的其他国内公司的股份或公司债券”，其他如旧法第11条第1款和旧法第13条等），因此有必要明确竞争关系的范围。但是，1953年修法之后，与企业并购的禁止和是否处于竞争相关联的规定消失殆尽，从这个方面来说本款的意义就变得无关紧要了。

3. 本款的界限

本文中，如上述对相关沿革的批判，本款仅仅定义了竞争关系，并没有就"限制相关市场的竞争"以及"有阻害公平竞争之虞"的竞争（市场全体的竞争）给出定义，对于以此为要件的私人垄断、不正当的交易限制、不正当的交易方法、企业结合等的解释并无太大作用。"市场全体的竞争"中所指的"竞争"，是指自动调节价格和生产量的市场机能（市场机制、价格机制），并非仅指竞争关系。比如，在 10 个买家和 10 个卖家组成的商品市场中，共同作为卖家的 A 公司和 B 公司之间存在竞争关系，而"竞争 = 市场机制"是指在所有卖家这 10 个公司之间（买家的 10 个公司亦同）起作用的机制，两者内容明显不同。因此关于市场整体的竞争，只能以本款为线索。

4. 定义竞争关系有意义的情形

本款定义了竞争关系，以下规定对规制的范围进行了确定，有着将其明确化的意义。①第 2 条第 9 款第 1 项：竞争者共同拒绝供应的定义。②第 13 条第 2 款：禁止通过不正当的交易方法兼任与自己有竞争关系公司的役员。③一般指定第 1 款：与有竞争关系的其他经营者共同拒绝接受的定义。④一般指定第 14 款：对与自己等有竞争关系的其他经营者的交易进行不正当妨害的定义。⑤一般指定第 15 款：对与自己有竞争关系的公司进行内部干涉的定义。⑥一般指定第 8 款之欺瞒顾客的定义：以优良及有利的误导对竞争者的顾客进行不正当的诱引。⑦一般指定第 9 款之以不正当利益诱引顾客的定义：以不正当利益对竞争者的顾客进行不正当的诱引。⑧一般指定第 11 款之排他性条件交易的定义：以不与竞争者进行交易作为条件与对方进行交易。（关于一般指定见

第五章第一节 2 “不公平的交易方法的定义”。)

以下各条款参考本书如下章节：

第 2 条②【经营者团体的定义】→第三章

第 2 条③【役员的定义】→第四章

第 2 条⑤【私人垄断的定义】→第二章

第 2 条⑥【不正当的交易限制的定义】→第二章

第 2 条⑦【垄断状态的定义】→省略

第 2 条⑧【垄断状态的定义】→省略

第 2 条⑨【不公平的交易方法的定义】→第五章

第二章　禁止私人垄断/禁止不正当的交易限制

> 第3条　【禁止私人垄断/禁止不正当的交易限制】
>
> 禁止经营者进行私人垄断或不正当的交易限制。

本条是关于私人垄断(第2条第5款)及不正当的交易限制(第2条第6款)的禁止规定。私人垄断和不正当的交易限制,是《独占禁止法》主要规制的行为,另加上不公平的交易方法和企业结合规制,合称“四大支柱”。

违反本条行为的制裁有公平交易委员会的排除措施命令(第7条)、课征金(第7条第2款)以及刑事处罚(第89条)。另外,民事救济措施方面有排除措施命令确定后的与损害赔偿请求相关联的无过失损害赔偿责任(第25条、第26条)以及侵权责任(《民法》第709条)(参照第七章)。

第一节　禁止私人垄断

第2条　【私人垄断的定义】⑤本法所称私人垄断,是指经营者单独或者联合其他经营者,抑或与其他经营者通谋及其他任何方法,排除、支配其他经营者的经营活动,违反公共利益,实质性地限制相关市场竞争的行为。

1. 本款的宗旨

私人垄断是指经营者通过排除、支配其他经营者的经营活动的手段,从而实质性地限制相关市场竞争的行为(=形成、维持、强化市场支配力)。根据第3条前段,禁止这种行为。

要理解私人垄断规制,首先要抓住如下要点:私人垄断规制并不是单纯禁止某经营者垄断市场,也不是禁止垄断经营者给自己商品设定高价格,而是禁止经营者通过不正当的手段来形成、维持、强化市场支配力的行为。对市场处于垄断状态的规制是通过其他恢复竞争措施的规定来实现的(第8条之4)。

私人垄断的违法要件分为行为要件和效果要件。其中,作为效果要件的“相关市场”(=市场)的“实质性限制竞争”,与不正当的交易限制和企业结合规制是共通的,都是将对市场产生反竞争效果要件化。相对于此,行为要件中规定的“排除”“支配”概念,包括经营者的广泛活动,因为与对竞争影响紧密相关,所以在其判断上有必要对对象行为与实质性限制竞争是否关联进行规范性评价。这意味着要明确区分行为要件和效果要件实际上是比较困难的。即便是外在看来属于同一类型行为，一方是正当的竞争手段，而另一方因产生了反竞争效果而被判断为不正当的竞争手段。该点在日本电报电话公司(NTT)东日本案最高法院判决(=2-6)中得到体现。该判决对相关对象行为是否属于排除行为做出了如下论述："应该从形成、维持、强化其自身市场支配力的观点来考察，该行为是否具有超越了正常的竞争手段范围的人为性，是否使其竞业者……进入市场明显变得困难等效果来判断。"以下将"排除""支配"的私人垄断，分别称为"排除型私人垄断"和"支配型私人垄断"。

2."经营者单独或者联合其他经营者，抑或与其他经营者通谋及其他任何方法"

违反行为的主体满足经营者要件即可(⇨参考第一章第2条第1款)，该行为者是否拥有市场支配力并非构成要件。实际上，绝大多数情形是在某一市场上已经拥有市场支配力的经营者使用不当的手段，为了维持、强化其市场支配地位，或者利用该地位在其他市场形成新的市场支配力。没有任何市场支配地位的经营者在另一新的市场形成支配力的情况是非常少见的。公平交易委员会公布的关于排除型私人垄断的运用方针(排除型私人垄断的指南)也基于同样的立场，即关于排除型私人垄断，对于行为开始后该行为人的市场份额大约超过1/2的案件将优先进行审查。

正如法律条文所规定的，违反行为除了单个经营者的行为情形之外，还有可能是复数的经营者的情形(弹子机制造专利池案=2-7)。同时，复数经营者通过"联合""通谋"等，从通过股票交易和兼任要职等企业组织上的手段形成稳固的结合方式，到经营者之间通过意思联络形成这样的松散的结合，具有各种各样的形式。因此，私人垄断所规制的行为对象也有可能同时满足企业结合规制或者不正当的交易限制的违法要件。

3. 与不公平的交易方法的关系

在对与“排除”“支配”概念相关的具体行为类型进行细化的时候，不公平的交易方法所定型化规定下来的各行为类型提供了非常有力的参照。被评判为不公平的交易方法的不正当竞争行为是将长久以来有可能产生反竞争效果排除及支配行为进行类型化的规定，大多数情形下也能被评判为私人垄断的“排除”“支配”行为。同时，由于不公平的交易方法的效果要件（＝公平竞争阻害性）的举证门槛比较低，而公平交易委员会一直以来偏重命令停止违法行为（排除措施）。因此，公平交易委员会更多的是使用作为私人垄断的替代规制手段，即不公平的交易方法来执法。由于在修法以前对这两类违反行为都不会处以课征金，如果用更容易举证违反要件的不公平的交易方法就能排除违法行为的影响，就没有必要使用私人垄断了。

在《排除型私人垄断指南》中，列举出了低价（低于成本价）销售、排他性交易、搭售、拒绝交易·歧视待遇4种类型，同时也给出了在判断各种类型是否属于排除行为时的分析框架及判断要素。这4种类型都是不公平的交易方法的典型例子。该指南中关于各行为类型的具体描述基本上沿袭了迄今为止对不公平的交易方法的讨论及研究结果。

4. “排除”

（1）“排除”的不正当性识别标准

“排除”意味着使其他经营者难以继续其经营活动，或者难以新加入某市场。

这里需要注意的是,即使在正常的竞争过程中,也总是伴随着排除竞争对手。也就是说,如果效率高的经营者以较低的价格提供对消费者有吸引力的商品,其他经营者的业务活动将难以继续,新加入也将变得困难。但是对于这样的行为,不能说它是一种不正当的排除行为,其当然合法。

因此,在认定“排除”要件时,要设立识别标准,将通过正常竞争手段排除竞争对手的排除行为与不正当的排除行为区别开来。在以往的学术讨论中,学者们一直致力于对“人为性反竞争行为”“人为的排除”“应谴责的手段”等排除概念进行某种限定。但如果从设定能够经受争讼程序等法律实践考验的基准来看,应当细化及明确“人为性”和“可谴责性”的具体内容[前述日本电报电话公司(NTT)东日本案 = 2 -6、日本音乐著作权协会(JASRAC)案 = 2 -5]。

在这一点上,目前最有力的见解是,以“非基于效率性的排除”为出发点,将不正当的排除分为①提高竞争者成本的行为和②掠夺性行为这两个类型来尝试进行理论性的说明。这里的“效率性”是指提供物美价廉商品的经营者的能力。“非基于效率性的排除”是指通过不被认可为提供物美价廉商品进行竞争(= 效率竞争)的手段,使竞争者的业务活动变得困难的行为。不过,两者说到底都只是为了明确对象行为反竞争的不正当性在理论上的说明方法,对于某一特定行为,其可以从理论上识别不正当的人为性,仅此而已,其本身并没有提供具体的违法性判断基准。

①提高竞争对手成本行为的着眼点

提高竞争对手成本的行为是以降低竞争对手的竞争能力和效率为目的的战略。例如,经营者与某个产品的原材料供应商(群)

签订了一个合同,规定对方只能与自己进行交易,或者与顾客(群)签订合同,规定其进货必须全部从自己这里购买(排他交易),在此情形下,竞争者的原材料和顾客的交易渠道变得困难。另外,作为提供经营活动所需融资的条件,让对方购买商品(搭售),竞争对手很难找到供应对象来提供竞争商品。

但是,如果因经营者正常的经营活动的单纯反映而造成竞争者的成本上升的,则没有问题。例如,某个经营者事先确保自己生产活动所需原材料等投入要素的行为,该经营者的市场占有率越高,对其他竞争者的影响也就越大,那么对该行为本身不应加以谴责。与此相对,经营者的目的是使竞争对手陷入困境,远超自己使用范围进行原材料等的囤积时,该行为作为提高竞争对手成本战略的一环将被认为存在问题。

②掠夺性行为的着眼点

如果着眼于通过形成、维持、强化市场支配力的行为没有获益,则对于行为者来说,该行为没有经济性意义这一行为特性。换言之,该行为旨在减缓、消除其他竞争对手或新加入者的竞争牵制,形成、维持、强化市场支配力,除此之外对行为者没有其他益处的,则该行为不能被视为合理行为。

因此,下调价格和设备投资等乍一看是正常的竞争行为,但如果以牺牲短期利益来获得将来的垄断利润为目标,则该行为会被视为不正当的掠夺行为。另外,如果把以低价销售等价格手段作为掠夺行为适用该基准的话,理论上与后述的低价格销售行为所涉及的“不供应商品就不会产生的成本”基准不同,要以减去将来可能的垄断利润部分的机会成本作为基准。但是,在实际的法律运用中,认定机会成本会有很大的困难,若判断错误则会导致过度规制的风险。考虑到过度规制对正常的价格竞争带来萎缩效果等风险，作为法律基准，只有低于自身成本的低价销售行为才符合不正当人为性条件（参见第五章第二节二1）。

(2)主观证据的活用

在对外在看来正常的竞争行为基于形成、维持、强化市场支配力的观点进行规范性评价时，需要对需求等将来市场状况进行预测，并对行为者个别的经营决策进行定性分析，因此客观认定不正当性或人为性并不容易。在这种情况下，显示排除意图的主观性证据也可能作为推定排除行为的参考资料而具有一定价值。但一般来说，不应将主观证据作为要件证明的决定性条件。另外，《排除型私人垄断指南》指出，“作为主观要素的排除意图，可以成为认定被调查行为是否属于排除行为的重要事实”（《排除型私人垄断指南》第2条第1款第1项）。

(3)更具体的判断基准

接下来，我们将以《排除型私人垄断指南》所列的4种行为类型为中心，更加具体地考虑排除行为的判断标准。

如前所述，一些典型的排除行为如附排他条件交易和搭售等行为的不当性与不公平的交易方法各行为类型中的不当性基本相同。两者的区别在于对市场不利影响的不同。在私人垄断的情况下，效果要件被规定为实质性地限制竞争，在不公平的交易方法的情况下，效果要件被规定为公平竞争阻害性。因此，在学习可能属于不公平的交易方法的典型行为类型时，应当考虑其与私人垄断效果要件的不同，同时对二者进行相互参照。

①低价销售

一般来说，企业努力进行降价的竞争，是竞争法所要维护和促进的效率竞争的核心，因此对低价销售的限制性干预应该控制在最小限度，为了能够最大限度地避免相关限制带来的“寒蝉效应”

和过度限制的风险，应该要求有充分的谦抑性的违法判断标准。

公平交易委员会基于上述考虑，公布了《排除型私人垄断指南》及《不当倾销指南》（最终修订于 2017 年 6 月 16 日），试图明确低价销售的违法性判断基准。这些指南指出，如果经营者不计成本地以低价格来争夺顾客，排除与自己同等或更有效率的竞争对手，则有必要介入规制。

《排除型私人垄断指南》提出了“不提供商品就不会产生的成本”标准作为更具体的违法性判断基准，即如果设定了低于此标准的价格，随着该商品的供给增加损失也会扩大，除非有特殊情况，否则这样的行为就没有经济合理性可言。这样的定价设定不仅没有反映企业的经营努力或正常的竞争过程，有时还会使与自己同等或更高效的竞争者的经营活动变得困难。该观点曾被关于歧视价格的判例采用（LP 煤气——日煤气案 = 东高判平成 17.5.31 审决集第 52 卷第 818 页【百 56.2】5-13）。《不当倾销指南》中也对涉及第 2 条第 9 款第 3 项的“显著低于供给所需成本的价格”给出了同样的解释。

“不提供商品就不会产生的成本”中的“成本”具体是指什么成本？《排除型私人垄断指南》和《不当倾销指南》指出，会根据实际情况，在考虑合理的期间内，该成本是否是根据商品供应量的变化而增减的成本，以及是否是与商品供应有密切关联性的成本来进行判断。此外，关于是否具有经济合理性，概念上，是判断设定的价格是否能收回平均可避免成本（行为者停止追加供给商品时可避免产生的商品固有的固定成本及可变成本的合计成本除以追加供给量，可得每一个商品单位的成本），但在实务中还是使用“不供应商品就不会产生的成本”的标准。

另外,对于高于总销售原价的价格(进货成本价或在生产成本上加上销售成本及一般管理成本),考虑到上述过度规制以及经营者“寒蝉效应”的风险,学说及指南基本认为其不属于《独占禁止法》规制对象。

有一关键问题:对低于供应商品所需的成本(=总销售原价)且高于“不供应商品就不会产生的成本”之上的价格该如何判断?《排除型私人垄断指南》指出,除非对象商品有长期且大量进行廉价销售等特殊情况,否则这种情况被认定为排他行为的可能性很低。《不当倾销指南》则指出,应基于目标商品的特性、行为者的意图与目的、倾销的效果以及整体市场情况来进行判断。虽然在美国关于这种价格应该推定为合法的观点为有力学说,但也应该综合考虑诸如主观性证据和行为方式等附加要素,从而为不正当性的个例判断留出余地。因为从长远来看,包括设备投资成本在内的所有成本都具有可变性,即使低于平均总成本的价格,依行为方式的不同,也可能会排除与行为者同等或更高效的经营者。例如,由于固定成本的负担而阻碍新的竞争者进入市场或对竞争对手的设备投资等决策产生不利影响等。《排除型私人垄断指南》还会考虑以下四个方面:(1)与商品相关的市场整体状况(商品的特性、规模经济、商品差别化的程度、流通路径、市场动向、市场进入的困难程度等);(2)行为者与竞争者在市场中的地位(行为者与竞争者的商品份额、排位、品牌影响力、供应余力、经营规模、商品在其所有业务中所占比例等);(3)行为持续的时间和商品交易金额/数量;(4)行为的样态(行为者的意图和目的、广告和宣传的情况等)(《排除型私人垄断指南》第2之2ア~エ)。

关于行为要件的详细信息,请参考第五章第二节二1的“不当倾销”部分。

2-1 有线宽带网络公司案(劝告审决平16.10.13审决集51卷518页【百11】)

在有线电信音乐发行服务领域拥有68%市场份额的有线宽带网络公司(有线broad-networks公司),与从事该服务的提供合同中介等相关业务的日本网络视觉有限公司一道,为了使竞争对手A公司的音乐广播业务难以继续经营,从而达到收购该公司的相关业务部门的目的,专门针对A公司的客户仅收取较低价格或长期免费。该行为被认定为合谋排除A公司的音乐广播经营业务。

该案中,并没有认定价格是否低于"不提供商品就不会产生的成本"或"供给商品所需成本"(=总销售原价)的事实。《排除型私人垄断指南》将该案作为具体案例,指出特意在竞争者的销售地区或者仅针对竞争对手顾客而进行的价格战被认定为排除行为。如前所述,企业努力进行降价的竞争,是竞争法所要维护和促进的效率竞争的核心,因此对低价销售的规制应该秉持谦抑的原则。如果站在这一原则的立场下,可能会有批评意见认为因该案价格还没有低于成本价格,所以不应该认定为属于私人垄断的排除行为。关于此点,本案中对于有线宽带网络公司具体哪种行为方式具有不正当性被认定为排除行为,并没有明确。但是,在本案审决之后,A公司提起的民事请求损害赔偿诉讼中明确指出了有线宽带网络公司同时结合多种行为(例如,实施对竞争对手公司员工大量的挖墙脚、跳槽),因此判断有线宽带网络公司的排除战略的意图非常明显[优先(USEN)请求损害赔偿诉讼案=东京地判平20.12.10审决集55卷1029页]。

②排他性的交易

经营者禁止或限制交易方与竞争对手进行交易,该行为本身并不会立即成为一个法律问题。但如果该行为使得竞争者难以继续进行经营活动,对市场竞争产生不利影响,就会被视为排他性行为。

例如,制造和销售某种产品所必需的原材料的供应被某经营者垄断。该经营者要求交易相对方(原材料需求者)签订合同约定该交易方所需的全部原材料必须从该经营者处购入(全量购买合同条款)。该行为具有将有竞争关系的其他供应商排除在原材料交易市场之外的效果(M·D·S·诺迪恩案)。或者当经营者作为原材料需求方要求交易相对方(原材料供应商)仅与自己进行交易,也同样会使其竞争对手很难从供应商那里购买到所需原材料(雪印乳业·农林中金案=[2-3])。这种对市场竞争的不利影响被称为"市场封锁效果"。《排除型私人垄断指南》将"排他性交易"之类的行为类型化,并认为"当竞争者不能容易找到可替代的交易对象时"会造成恶劣影响,属于排他性行为。要想将市场封锁到竞争者无法容易找到替代者的程度,排他性交易必须占市场很大一部分,实际上只有那些市场份额相当大的经营者才能够有效实施这样的排他性交易行为。《流通·交易惯行指南》中详细说明了市场封锁效果以及复数经营者的平行行为所带来的累积效果[《流通·交易惯行指南》第1部分3(2)a],具体请参阅第五章第二节四3的用语解说2。

只要产生市场封锁效果,无须全面禁止与竞争对手的交易,部分禁止就满足(与竞争对手的交易受到限制),也无须将只与自己进行交易(或禁止与自己的竞争对手进行交易)作为明确的合同内容,只要禁止与竞争者进行交易成为实质上的交易条件等以确保能有效排除竞争对手即可。例如,在与自己进行交易时以达成一定的交易数量为条件,且将该交易数量设定为接近该经营者所需数量的极限水平,此时可以认定实质性地禁止了与竞争者进行交易的条件成立。此外,对不遵守排他性交易条件的交易方停止提供经营必需的原料的,则该拒绝交易行为构成确保排他性交易有效性的手段(东洋制罐案 = 劝告审决昭 47. 9. 18 审决集 19 卷 87 页【百 16】;尼普洛案 = 审判审决平 18. 6. 5 审决集 53 卷 195 页)。另外,在法律上,这种行为也可能构成搭售行为,即将作为投入要素的必须商品与排他性交易客体商品一起搭售。如后述的搭售中所介绍的,被搭售商品市场中的竞争者是否能容易地找到替代交易对象应成为是否构成"排除"行为的判断标准[《排除型私人垄断指南》第 2 之 4(2)]。这是由于实质上同一的行为,因法律构成的不同,是否合法在判断上确实有些困难。

2-2 M·D·S·诺迪恩案(劝告审决平 10. 9. 3 审决集 45 卷 148 页【百 88】)

位于加拿大安大略省的诺迪恩公司,与日本的两家公司签订了以 10 年内长期全量购买放射性医药品原材料钼(以下简称 M99)为条件的合同。由此排除了其他制造销售 M99 的经营者。

在日本国内购入 M99 的经营者只有上述两家公司,日本的 M99 交易市场由于本案全量购入合同而封锁的市场份额是 100%。在世界范围里诺迪恩公司生产 M99 的数量过半,也占有了销售量的大部分。因此,推定日本的两家公司,虽然不希望被课以全量购入的义务，但为了确保所需要的数量，必然要维持与诺迪恩公司的交易关系。本案是典型的抬高竞争者成本的行为。其他制造销售 M99 的经营者如果想参与市场，不仅要支付解除全量购买合同有关的违约金等，同时还要提供交易对象所需求的全部必要数量，否则无法进入市场。这种行为提高了新经营者进入市场的成本，阻碍其参与竞争。

2－3 雪印乳业·农林中金案（审判审决昭 31.7.28 审决集 8 卷 12 页【百 9】＝ 5－11）

雪印乳业和北海道黄油，大约占据北海道地区集乳量的 80%。两家公司一起，在向奶农提供奶牛的导入资金的道内唯一的金融机构农林中央金库（以下简称农林中金）和为奶农做融资担保的北海道信用农业协同组合联合会（以下简称北信连）知晓的情况下，实施了只对专向两家公司提供生牛奶的奶农提供奶牛导入资金的计划。另外，作为融资条件，农林中金和北信连按照该计划限定奶农向两家公司提供生牛奶，并拒绝向与其他乳业者交易的农协单位和其他组合成员融资，同时暗示对其他营农资金的融资也会做不利的处理。这些行为排除了其他乳业者收购牛奶的经营活动。

因本案排他性交易而导致市场封锁的份额是多少并没有得到明确认定，据推测，约占集乳量 80% 的支配性份额的大部分相关交易都进行了排他性交易。对于奶农而言，奶牛导入资金是经营活动的重要投入要素。资金的供给作为确保排他性交易的实效性的手段有效地发挥了作用。

另外，两个金融机构的行为被认为构成不公平的交易方法（不正当地拒绝交易以及附限制条件交易）（审判审决昭 31.7.28 审决集 8 卷 12 页【百 9】= 5－11）。此案中形成、维持、强化市场支配力之外的经营者（两金融机关），虽只是起确保排他性交易的实效性的作用，但这些经营者共同实施的违法行为本身并不影响雪印乳业和北海道黄油的行为满足私人垄断的违法要件。与本案类似的案例有埼玉银行 · 丸佐生丝案（同意审决昭 25.7.13 审决集 2 卷 74 页），该案中，金融机关利用自己相对于交易对象的优势地位，排除与自己关联经营者的竞争者。

此外，返利（rebate）是基于促进销售和调整成交价格等目的而经常使用的实质上降价销售行为，有通过降价促进竞争的效果，因此返利本身并不会直接被认定为排除行为。但是，在一些特定情况下返利可能会被认定为排除行为。例如：以购买自己商品的所占比例等为条件而提供的返利（占有率返利）行为中，所提供的返利基准被设定得显著过高的情形；根据交易数量等而设定的累进递增的返利（累进制返利）的累进基准很高的情形；一旦交易量等超过提供返利的基准，则提供包括之前所有交易量等整体上的返利（追溯性返利）的情形；等等。这些情形对竞争商品的限制效果会增大，可能会实质上形成与排他性交易具有相同的排除竞争的效果。这样的返利行为被称为“排他性折扣”［《排除型私人垄断指南》第 2 之 3(3)］。

2－4 英特尔公司案（劝告审决平 17.4.13 审决集 52 卷 341 页【百 12】）

英特尔公司在电脑用 CPU 的制造销售领域占据支配性

份额(约89%),拥有强大的品牌实力。英特尔公司与5家客户电脑公司(合计占国内电脑总销量约77%)约定:以在其生产的电脑上使用90%到100%的英特尔产CPU,不使用竞争对手的商品等为条件提供返利。该行为大大压缩了竞争对手的市场份额,被认定为排除行为。

因本案行为具有降价销售来扩大市场份额的一面,所以有观点认为竞争者也应通过相应的降价竞争来对抗。如果基于这样的观点,只要包含返利在内的实质价格高于总销售成本,那么该行为就没有问题。

在认定排除行为时是否应该强调提高竞争者成本的效果面,对此存在不同观点,这是一个难题。可是也有意见认为大可不必对作为约束交易方的手段的价格竞争行为也给予特别考虑。本案行为借助于英特尔公司强大的品牌实力及支配性的市场份额,其他公司必须从英特尔公司处购买必要数量商品,在此情形下形成回溯返利。因此在除去必要数量部分的可竞争领域中,价格被实质性地降低到了同等效率竞争者无法抗衡的低水准,该案被认为具有很强的排除竞争者效果。

2-5 日本音乐著作权协会案(最判平27.4.28民集69卷3号518页【百8】)

日本音乐著作权协会(JASRAC)是日本音乐作品传播利用等经营许可领域里基本处于垄断地位的集体管理经营者。几乎所有的音乐传播经营者都与其签订了其管理下的乐曲使用许可合同。这些合同采用的收费方式是根据各传播经营者的经营收入的固定比率来进行征收("一揽子"征收方式)的，而不是根据其是否利用了乐曲或者利用次数来进行征收。另外，该协会对个别征收的单项使用费则设定高昂的使用费，由此，音乐传播经营者为了规避费用的增加而尽量避免使用该协会竞争者(其他的音乐作品集体管理者)的管理乐曲，从而排除了相关竞争。

本案最初，公平交易委员会通过调查"一揽子"征收方式的使用许可合同，判定其为排除型私人垄断，发出了排除措施命令(平21.2.27机构集55卷712页)。但在审判判决中却否定其排除效果，该排除措施命令被取消。之后，竞争对手中的某一管理经营者提出了取消该审决的行政诉讼，本案为此行政诉讼之判决。

在该取消审决行政诉讼中，排除措施命令对象外的竞争者是否具有取消审决行政诉讼的原告资格也存在争议(参见第九章第三节一)。东京高等法院既认可了原告资格也认定了排除效果，撤销了审决[东京高判平25.11.1，审决集60卷(2)22页【百111】]。对此，公平交易委员会提起上诉。最高法院在认定本案行为的排除效果的同时，裁定本案行为"具有超越了正常的竞争手段范围的人为性"，驳回上诉。其后，日本音乐著作权协会撤回审判请求，本排除措施命令确定生效。

关于排除效果，虽然现实情况中音乐著作权管理行业本身是高度垄断的，但还是存在可竞争的领域。通过对个别征收的单项使用费设定高昂的使用费来迫使竞争对手的经营陷入困境的行为，人为性地故意提高了客户使用其竞争对手服务的代价，与全量购入契约(排他性交易)具有类似的反竞争效果。

③搭售

搭售是指“在供给商品(主商品)同时强行要求购入被搭售的商品(从商品)”的行为。《排除型私人垄断指南》着眼于被搭售商品市场的市场闭锁效果所带来的对市场竞争的恶劣影响(《排除型私人垄断指南》第2之4)。但是,在关于搭售的法律规制中,还没有适用排除型私人垄断规定的案例,主要还是适用不公平的交易方法来规制。关于搭售的行为要件及参考事例可参照第五章第二节三。

搭售的排除行为该当性与排他性交易相同,在被搭售商品的市场上,竞争者无法容易地找到能够替代的交易方,依据是否具有市场闭锁效果来判断搭售行为[《排除型私人垄断指南》第2之4(2)]。

此外,在很多情况下,搭售也可以被视为关于主商品的拒绝交易,相关参考事例可参照下个部分(④拒绝交易·歧视待遇)。

④拒绝交易·歧视待遇

与谁以何种条件进行交易,基本上是经营者的自由。经营者作为独立的经营主体,对交易对象的选择以及交易条件的决定原则上不属于排除行为。但是,如当经营者处于商品生产投入要素供给一方的上游市场时(与此相对的是下游市场),经营者超过合理范围拒绝供给或者限制供给数量以及内容、歧视性对待交易对象等,通过此类行为使交易者在上游市场难以找到可替代供给者,从而给下游市场的竞争带来不利影响的,这种例外的情形可能会被认定为排除行为。

判断该行为在经营活动中是否有必要,主要从以下观点出发:看该商品是否是其他商品无法替代的必要商品,经营者通过自己投资、技术开发等手段来制造同类商品是否存在现实中的困难[《排除型私人垄断指南》第2之5(1)]。

关于是否超过合理的范围,则要具体考虑交易内容、实际交易情况、地域需求关系差异。例如,针对某一特定交易对象,采取价格等交易条件上的不合理差别对待,就会被认为是超过了合理范围[《排除型私人垄断指南》第2之5(1)]。

迄今为止,为了避免公权力过多地介入自由经营活动,对于经营者单独的拒绝交易、差别待遇的行为的规制,基本上采取非常谨慎的态度。另外,如果复数的经营者采取了拒绝交易的行为,则该行为具有正当理由可能性较小,或者会被判断为不正当的交易限制行为(共同抵制交易)。

2－6 日本电报电话公司(NTT)东日本案(最判平22.12.17民集64卷8号2067页【百7】)

经营者如要提供光纤通信服务就必须要接入光纤设备。在东日本地区,日本电报电话公司(NTT)东日本公司占据了用户光纤以及独栋民宅光纤通信服务市场的极大份额。日本电报电话公司(NTT)东日本公司在其自身所提供的光纤通信服务中设定了很低的末端(零售)价格,比经销商的接续价格(批发价格)更低。如果经销商采取对抗措施,就会出现"价格倒挂"(卖价低于买价),在价格竞争中处于不利的地位,出现大幅度赤字,从而给经销商在独栋民宅光纤通信服务市场的进入与经营带来实质性的显著困难,日本电报电话公司(NTT)东日本公司的行为被认定为排除行为。

2－7 弹子机制造专利池案(劝告审决平9.8.6审决集44卷238页【百10】＝6－4)

10家弹子机制造公司将其拥有的弹子机相关专利、实用新型的实施许可事务等管理运营业务,全部委托给日本游技机专利运营联盟(日特联)。10家公司共持有其半数以上的股份并占据了董事会成员的相当数量。这10家公司及日特联共同采取排除新竞争对手的方针,通过日特联对专利的拥有和管理运营,拒绝许可新的专利使用,将准备新进入市场的弹子机制造经营者排除在外。

⑤其他

在已列举的以上4种行为之外,还有一些行为不能很好地归类,比如,利用相关政府规制排除竞争对手。例如,日本医疗食品协会案(=2-8)中,作为该领域唯一医疗保险适用对象的医疗食品的检查、登录机关,是国家指定的财团法人——日本医疗食品协会。该协会不当利用其特权地位,排除其他从事制造、销售医疗食品的经营主体。此外,八乐梦医疗用病床案(=2-9)中,八乐梦公司几乎包揽了所有公共机关的医疗用病床的制造和销售招标订单。该公司在东京都采购医疗用病床项目的指定竞标中,采取不当操作将标书型号修改成只有自己公司产品符合,从而将其他医疗用病床制造经营者排除在外。

另外,复数的行为被认定为一连串且一体的排除行为。北海道报社案(=2-10)中,该案的排除行为也是非列举类型的排除行为。

2-8 日本医疗食品协会案(劝告审决平8.5.8审决集43卷209页【百14】)

日本医疗食品协会作为垄断医疗食品官方检查业务的财

团法人，与在医疗食品一级批发的领域占有垄断地位的日清医疗食品公司进行串通，通过实施医疗食品登录制度、制造工厂认证制度及销售者认证制度等，从商品登录种类、认证制造商数及认证销售者数量方面设置限制，将其他欲从事医疗食品制造及销售的经营者排除在外。

另外，日本医疗食品协会还针对医疗食品制造经营者的销售对象、二级批发商的进货与销售渠道、销售价格、销售区域及销售活动进行限制，从而支配这些经营者的经营活动。

2－9 八乐梦医疗用病床案（劝告审决平10.3.31审决集44卷362页【百15】）

基本上垄断了国家和地方团体采购的医疗用病床的八乐梦公司在东京都政府采购医疗用病床指定竞争招标中，隐瞒自己公司拥有实用新型权的事实，以不正当方式诱使投标负责人将包含该实用新型的构造规格纳入招标规格要求书中等，造成只有自己公司的医疗用病床才符合招标规格要求，排除了其他的医疗用病床的制造公司。

另外，八乐梦公司不仅可以决定中标预定者以及中标价格，而且为了能中标，指使其他参与投标的销售业者以预先设定的价格进行投标，支配了这些销售商的经营活动。

2－10 北海道报社案（同意审决平12.2.28审决集第46卷144页）

占据函馆地区报纸发行量大部分的北海道报社，为了阻止函馆报社进入该市场而进行了下列行为：(1)抢注了函馆报社可能会使用的多个报纸名称的商标登录;(2)要求通信社不提供给函馆报社新闻报道;(3)对函馆报社的广告客户提供低于广告成本的大幅优惠价格等;(4)要求电视台不播放函馆报社的电视广告等。该一系列行为,被认定构成了排除。

5."支配"

"支配",是指制约或者约束其他经营者的自由意思决定,使其服从自己的意思要求进行经营活动(野田酱油案=2-12)。关于是否需要"违背意愿"约束相对方,有不同的学说。有观点认为强制要素是必要的,但另有观点认为,通过施加经济性不利或提供经济利益来促使他们按自己的意愿来行事的情形也应该包括在内。问题在于,在某一附约束条件交易中,该行为应当被认定为行为者的单方面行为而构成支配型私人垄断,还是说该行为构成了包含行为者以及交易方两者在内的不正当的交易限制(译者注:共同行为)?该认定也取决于如何解释不正当的交易限制中"相互拘束"的要件。如果强制因素足够大,则直观上很容易将该行为认定为单方面的支配,而如果相对方是被经济利益强烈吸引而主动加入该交易行为,违法行为主体的范围是否应该包含该相对方,此点存疑。

2-11福井县经济农业协同组合联合会(福井县经济联)案(排除措施命令平27.1.16审决集61卷142页【百17】)

福井县经济联作为福井县农协经营领域的上部组织,在各农协采购谷物干燥设施等的制造承包工程中担任了事主代行人。在该工程的招标中，指定投标内定者指示投标方按其指定价格投标，构成了对施工企业的经营活动的支配。

该案中，福井县经济联的行为构成支配行为，虽然施工业者之间的意思联络未认定，但有观点认为本案以福井县经济联为轴心，构成了所谓的轴辐型协定，因此应该判定包含施工业者在内的不正当的交易限制行为成立。与此相关，本案涉及的同一批施工业者们，在福井县以外的全国范围，针对同类工程也进行了串通投标，该行为被查明（排除措施命令平 27.3.26 审决集 61 卷 156 页以及同平 28.2.10 审决集 62 卷 344 页）。

支配相对方经营活动的行为类型主要有两种：约束个别具体的相对方的意思决定并进行干涉的行为（日本医疗食品协会案 = 2－8、八乐梦医疗用病床案 = 2－9），以及通过取得股份或兼任董事等企业结合的手段来获得可干预对方意思决定的地位之行为（前述东洋制罐案）。以企业结合进行支配的行为，如企业结合的事前规制能有效地发挥作用，在多数情况下，在可能产生反竞争效果的初级阶段，进行事前规制就够了，没有必要依靠事后发动的私人垄断规制。不过，也有各种新型的企业合作形式出现，可能在现行企业合并规制下无法有效规制，因此两者实际上可以起到互补作用。

“支配”的类型与其所引发的反竞争效果的剧本是多种多样的，大致可以分为以下两种情况。

“支配”的一个典型形态是通过支配复数交易相对方的经营者，使这些客户经营者回避竞争，或者支配自己的竞争者的经营活动,促使该竞争者采取规避竞争的行为[八乐梦医疗用病床案=2-9、福井县经济农业协同组合联合会(福井县经济联)案=2-11]。此类行为类似于卡特尔,因此其他大多数国家将其作为共同行为进行规制。但是在日本,不正当的交易限制的行为要件的法律解释被局限得很窄,该行为在有交易关系的经营者之间很难被认为构成共同行为或相互约束,因此该行为被排除在规制范围之外。现行支配型私人垄断规制对此起到了一定的补充作用。出于这些原因,《独占禁止法》于2005年进行了修正,此次修改对支配型私人垄断的违法行为的课征金提高至与不正当的交易限制违法行为的课征金相同水平。

"支配"的另一个典型形态是,通过支配其他经营者以排除竞争者。例如,通过对经销商进行附排他性条件交易,以排除竞争对手等情况就属于此类(日本医疗食品协会案=2-8)。这样的行为,乍一看"支配"或"排除"都有可能,但在效果要件的判断(实质性限制竞争)上,归根结底还是着眼于对竞争对手的排除效果。

除此之外,像通过取得股份等手段使相对方丧失意思决定的独立性,如此类程度的强力结合的形成使得独立竞争单位减少,便产生了与企业结合同样的反竞争效果。

在考虑"支配"的具体行为类型时,还是参考由不公平的交易方法所列举的行为类型为上。上述两个支配的形态在不公平的交易方法的行为类型中,分别对应回避型竞争(附条件交易、限制转售价格等)和排除型竞争(搭售、间接性拒绝交易、附排他性条件交易等)。另外,作为行为要件,关于私人垄断的"支配"和不公平的交易方法中的"拘束"的关系需要考虑。如果采用前述"支配"需要违背交易相对方的意志进行约束的观点,虽然感觉"支配"在强制的程度上更强，实质上二者几乎就是同义词。

另外，作为稍微特殊的“支配”的例子，曾有利用市场客观条件制约其他经营者之经营活动的间接支配的案例。一个价格领导者提价，而其他经营者不得不跟随其提价，仅凭此点是不足以被认定为支配行为的。一家价格领导公司指令转售价格导致其他的公司不得不追随其价格，并且其以停止供货来确保定价实际效果而被认定为具有人为性的限制竞争的支配行为，这是早期的案件（野田酱油案 = 2-12）。这里应该注意的一点是，关于间接支配的讨论局限在特殊客观市场条件的例外情形，而并不是将一般的寡占企业间的默契协同行为作为支配来规制。

2-12 野田酱油案（审判审决昭 30.12.27 审决集 7 卷 108 页，东京高判昭 32.12.25 高民 10 卷 12 号 743 页）

在酱油生产销售中占压倒性地位的野田酱油，从酱油的信誉、品质和价格的一体关系的客观条件来看，在其提高自家商品的价格后，竞争对手也不得不跟随提价的客观情形下，野田酱油维持商品的转售价格，其他 3 家酱油公司也跟随同样实施了提价和维持转售价格。野田酱油的转售价格维持行为，被认定为支配了其他酱油生产商的价格。

类似本案这种情况，也可以这样分析，即以野田酱油为首的 4 家主导企业平行地实施维持其商品转售价格，是为了保障默契性协同行为的有效进行，其累积效果产生了实质性的限制竞争效果。如果是这样认为的话，其他 3 家企业的维持转售价格行为也应被认定为支配行为，这 4 家公司都应被认定为支配型私人垄断的行为人。

6. “违反公共利益，实质性地限制相关市场的竞争”

私人垄断的效果要件与不正当的交易限制（第2条第6款和第3条后段）及经营者团体的禁止行为（第8条第1项）共通，并且也同样适用于企业合并规制，在反垄断法上是最为重要的法律概念之一。

“违反公共利益”之要件，主要是在关于不正当的交易限制的成立与否讨论中逐渐累积而来（参照第二章第二节“不正当的交易限制的禁止”）。关于该要件，虽然最高法院认为“原则上是指违反了该法直接保护的自由竞争的经济秩序之法益”，但也承认将自由竞争的利益与限制竞争行为而获得的利益进行比较衡量，在限制竞争行为没有实质性违反《独占禁止法》终极目的的情形下，其作为不违反公共利益之不正当的交易限制也就被认定不成立（石油价格协定刑事案 = 2－28，该判例在私人垄断的情形下也应适用）。另外，从条文解释角度来分析，在存在公益目的等的正当化事由（例如，确保安全性）时，也可在“实质性限制竞争”这一要件中进行考量，作为例外可得出并不满足该要件的解释[《排除型私人垄断指南》第3之2(2)オ]，如此就可得出与上述最高法院判决实质上相同的结论。综上所述，在私人垄断关于对象行为（排除、支配）的不当性或者如何超出了正常范围的竞争的判定中，经常会就包含公益目的等正当化理由进行规范性判断。

“相关市场”是指供给者群和需求者群围绕一定的商品服务互相竞争的场所的“市场”。《排除型私人垄断指南》认为相关市场成立的范围，应根据具体行为以及交易对象、地域、状态等进行相应的判定。与不正当的交易限制一样，研究与具体行为相关的交易以及受影响的范围时，原则上也应根据这样的方法来划定竞争被实质性限制的范围。但是该指南同时也表述了另一种观点，即根据需要，对需求者或供给者来说，与交易对象的商品具有替代性的商品范围或者地理范围的程度如何也应该纳入考量，此后的具体记述与《企业结合指南》中关于市场划分的记述大致相同。

上述指南原则上将对象行为的影响范围作为相关市场来划定，关于此点存有疑问，因为将对市场的不良影响密切关联起来分析排除、支配的不正当性，以及在设定判断排除的不正当性基准时，将伴随很大的困难等。因此还有必要基于需求及供给的替代性来划定市场。在以往的案例中，相关市场成为争论的焦点之一，这揭示了划分市场的重要性（日本电报电话公司（NTT）东日本案＝2－6，前引尼普洛案）。

另外，"实质性限制竞争"是指市场支配力的形成、维持、强化，更具体地说就是"竞争本身的减少，特定的经营者或经营者团体根据其意愿，在某种程度上自由地左右价格、品质、数量等其他各种条件，从而形成、维持、强化其能支配市场之状态"（日本电报电话公司（NTT）东日本案＝东京高院平成21年5.29民事集64卷8号2118页）。

《排除型私人垄断指南》指出，在判断实质性限制竞争时，要综合考虑以下各事项：（1）行为者的地位以及竞争者的状况；（2）潜在的竞争压力；（3）需求者的对抗交涉能力；（4）效率性；（5）有关确保消费者利益的特殊情况。［《排除型私人垄断指南》第3之2（2）］

在私人垄断的先例中，实质性限制竞争的认定相对容易，因为几乎所有的私人垄断的适用事例都是已经具有市场支配力的经营者维持或者强化其市场支配力的事例。这样,具有市场支配力的经营者在该市场上有排除或支配行为时,通常会被认为实质性限制了竞争。

与之相对的是,形成市场支配力的事例在其认定上存在困难。有意见指出,由于缺乏先例,除多个经营者通谋的情形以外,新的市场支配地位得以形成的案例通常被认为是非常难认定的。作为“形成”的设想事例,多数情形是在某个市场具有市场支配力的经营者,利用该地位在另外的市场获得新的市场支配力,即所谓的“垄断的杠杆”的情况。但是,这种情况下,在其他市场的竞争中,经营者也仅仅是相对于其他竞争者处在优势地位,从而产生消极影响,如在该市场中存在一定的竞争具有抑制作用,则无法预测市场支配地位在将来可能形成的话,充其量也只是阻害公平竞争的问题。

无论如何,关于市场支配力的形成的认定,由于要基于上述各事项的综合考虑来进行判断,因此很难明确地给出定量阈值。

第二节　不正当的交易限制的禁止

> 第2条　【不正当的交易限制的定义】⑥本法所称“不正当的交易限制”,是指经营者使用合同、协定或以其他任何名义,与其他经营者共同决定、维持或者提高价格,或是对数量、技术、制品、设备以及交易相对方进行限制等,相互约束或实施其经营活动,违反公共利益,实质性地限制相关市场的竞争的行为。

1. 本款的宗旨

本款定义了不正当的交易限制。不正当的交易限制是复数经营者的共同行为。共同行为大致可分为两种类型,即卡特尔和联合抵制。卡特尔的典型事例是竞争者之间提高价格的合意。联合抵制的典型事例是竞争者之间达成拒绝与廉价店进行交易的协议。前者为回避竞争的共同行为,后者为排除竞争者的共同行为。

另外,在学术上卡特尔可以被分为"核心卡特尔"和"非核心卡特尔"两类。核心卡特尔是除限制竞争以外无其他目的和效果的共同行为。例如,价格卡特尔、数量限制卡特尔、客户限制卡特尔、市场分割卡特尔、串通投标。非核心卡特尔是除核心卡特尔以外的共同行为,包括共同研究开发或共同生产的合意、以保护环境或保护安全为目的的合意。

作为核心卡特尔之一,串通投标由基本合意和个别调整组成。基本合意是指在投标中中标人分配的一个基本的大规则。个别调整是指按照该基本规则来决定某具体工程的中标者。例如,关于A市招标的下水道工程,事先已有由离工地距离近的施工单位中标的基本合意,在具体的招标工程中,根据个别调整来决定实际中标者。如果根据拘束的相互性以及相关市场划分的观点,在基本合意的基础上,仅涉及一次的串通投标的个别调整行为是否构成不正当的交易限制,尚有学术争议。

2."经营者"和"其他经营者"

(1)独立的经营者

本项的"经营者"以及"其他经营者"必须首先满足第2条第1款的要件。另外,"其他经营者",并不是单单指法人资格不同的经营者,而是指有独立意思决定的经营者。《独占禁止法》很关注市场上竞争者数量减少的问题。因此,在不具有独立意思决定的母子公司和兄弟公司之间,不正当的交易限制是不成立的。如后所述,第7条之2第13款认可母公司与子公司等共同申请课征金的减免也是基于上述理由。

另外,这种想法不局限于不正当的交易限制,其还贯穿了整个《独占禁止法》。例如,公平交易委员会认为同一企业集团内的企业合并、实质上属于同一企业内部行为的违反不公平的交易方法的行为也不适用《独占禁止法》[关于后者,参考《流通·交易惯例指南》(付)中的母子公司、兄弟公司间的交易]。

此外,意思决定的独立性仍然有例外,即使在母子公司和兄弟公司之间,如果是基于自己的意思参加投标,因此可能产生竞争,则该投标者应视为独立的经营者,这种情形下其可视为不正当的交易限制的当事者[东京瓦斯生态站案 = 排除措施命令平19.5.11 审决集54卷461页(认定4家完全子公司之间存在不正当的交易限制事例)]。

(2)竞争者性要件

在独立经营者之外,判例还要求必须满足"相互之间具有竞争关系的经营者"。其原因有二:①共同行为的本质性;②旧法第4条对共同行为,不论是横向的竞争关系还是纵向的交易关系都是加以规制的。旧法第4条对提高价格、限制生产、限制顾客、限制设备的4种特定的共同行为采取一律禁止(同条第1款)的原则,除了对相关市场竞争的影响可忽略的行为以外(同条第2款)。由于该条过于严苛,为了缓和旧法第4条,判例对包括不正当的交易限制在内的共同行为的适用范围只规制存在竞争关系的共同行为。

2-13 报纸贩路协定案(东京高判昭28.3.9 高民6卷9号435页【百18】)

法律上虽无明文规定,但经营者是指存在相互竞争关系的独立经营者。共同行为是在相关经营者共同加以一定的相互限制、限制彼此的自由经营活动而成立的，其本质是参加者从事相关经营活动时皆需遵守的共同约束。

然而，如果将无明文规定的竞争者性要件从形式上进行解读，可能会损害禁止不正当的交易限制之规定的实效性。另外，由于旧法第 4 条已被删除，因此也无必要从形式上解释竞争者性要件了。于是，目前判例有扩张解释该要件的倾向。也就是说，实际判例倾向于解释为如果没有当事人的同意，共同行为则不能成立的关系，则可以认定有“实质性的竞争关系”（贴纸串通投标刑事案件 = 东京高判平 5.12.14 高刑 46 卷 3 号 322 页【百 19】）。例如，在指名竞争投标中，即使是形式上不存在竞争关系的非指名经营者，从其积极参与的外在性来看，也可以认定为其是实质性的竞争者。相反，虽然参与了共同行为但不能被认定为实质性竞争对手的经营者，也仅算是助力者[海上船用软管市场分割协定案 = 2－30（中标预定者是协调人来分配的，但该协调人并没有成为排除措施命令的行政处罚对象的事例）]。

虽然已做了实质性且扩大的理解[防卫厅轮胎案：劝告审决平 17.1.31 审决集第 51 卷 548 页、554 页（由于某经销商参与了基本合意和个别调整且处于投标代理人的地位，因此该经销商与制造商一起被列为违反不正当交易的限制的当事人）]，却还是没有达到无须竞争者性要件的程度。因此，关于维持转售价格以及附排他条件的交易等垂直限制的规制，就不是由禁止不正当交易的限制（第 3 条后段）来规制的，而是由禁止私人垄断（第 3 条前段）和不公平的交易方法（第 19 条）来规制的（关于禁止不公平的交易方法和垂直限制的规制，参照第五章第二节四）。

3．“共同”

（1）意思的联络

不正当交易的限制要求必须有共同性。根据判例，经营者之间必须存在相互的“意思联络”。其典型情形在第2条第6款中进行了列举的基于合同、协定。不过意思的联络并不需要明示的合意，只需要相互认知到其他经营者的行为并默示认同即可（2－14），也称为默示的意思联络或者默示的合意。其内容上为大致会带来实质性限制竞争的认识程度即可2－15。另外，也有案例将意思联络定义为事实上相互约束了其行为（大石组案＝东京高判平18.12.15审决集53卷1000页）。

另外，在寡头市场中，经营者基于各自的意思决定的行为有时也会形成外观看起来一致的行为。这被称为“意识性平行行为”以区别于上述的默示的意思联络。作为意识性平行行为的例子，比如，一方认识到或认同另一方的提价行为并跟随提价，也即竞争者跟随先行提价者而提价的价格领导者的现象。另外，在寡头市场中还存在经营者之间没有事前的联络或接触，通过相互依存的市场关系使价格统一化或者分级化的情形。为了区别意识性平行行为与默示的意思联络，在对意思联络进行举证时应重视经营者之间的直接联络与交涉行为。

2－14东芝化学案（东京高判平7.9.25审决集42卷393页【百21】）

关于意思联络，不需要各经营者明确表示相互约束并达成合意，只要相互认识到其他经营者的行为，在默契中互相认同即为满足要求。

2－15 元诘种子卡特尔案(东京高判平 20.4.4 审决集 55 卷 791 页【百 25】＝ 2－19)

复数的经营者之间,相互认识到以及预测彼此会按照讨论研究会所确定的基准价格设定价格表价格与销售价格,并有采取与此同步行为的意愿即可构成意思的联络。在存在较多的经营者的市场中,一定程度的大致的认知即足够,无须明确认识到有着该意愿的经营者的具体范围。

(2)意思联络的举证

对于意思的联络,该如何举证?随着课征金减免制度的导入(第 7 条之 2 第 10 款以下),公平交易委员会可获得证明合意存在的书面资料与供述等直接证据的机会变多。但是,也要认识到有很多的卡特尔与串通投标的经营者是不会申请课征金减免的,因此通过间接证据(状况证据)来证明合意的存在也是重要课题。提高通过间接证据来证明合意的存在的能力也是促进课征金减免制度有效运作的前提。东芝化学案判决(＝ 2－14)就是通过间接证据来证明合意存在的典型案例。

东芝化学案判决中,根据事前的联络交涉、交涉内容以及事后行为的一致性推定了意思联络。这些事实能整体显示意思联络的存在即可。因为不是认定明示的合意,而是认定默示的合意,所以事前联络交涉的时间、地点、内容并不需要特定及具体(元诘种子卡特尔案＝ 2－15 ,判示对于形成意思联络的经过及动机并不需要特定与具体)。

根据东芝化学案判决,如果经营者能够证明事后行为的一致与其他经营者的行为没有关联性,而是为了适应市场的价格竞争的个体判断的“特殊情况”,则不会推定意思联络成立。事前联络交涉及其内容越是明确和具体,“特殊情况”被认可的余地就越小。截至目前,判决与审决的案例中还没有过认可的先例。

东芝化学案判决所确立的举证方法有助于认定卡特尔。对于串通投标,可以将个别调整的累积作为间接事实来证明基本合意的存在[协和艾克希欧课征金事件 = 东京高判平 8. 3. 29 判时 1581 号 37 页(从个别调整行为的实施状况证明基本合意存在的事例)]。此种举证方法无须明确举出与基本合意有关的事前联络交涉的事实。由个别调整的存在来证明“与本来的竞争投标规则不相容的其他规则”的存在即可(上述大石组案)。只要个别调整的事实足以证明存在基本合意即可,不需要对所有个别调整的事实进行证明。

与上述两案所采用的举证方法不同,在需要服从招标者意向的官方主导串通招投标案中,对复占的市场构造、经营者为探明招标者意向的操作、不自然的中标率、行政调查后中标率的降低等进行综合考虑之后,从而认定意思联络的案例(邮件分拣机串通招投标审决取消请求案件发回重审案 = 东京高判平 20. 12. 19 审决集 55 卷 974 页【百 23】),在寡占同质型商品市场的、存在协调促进性市场构造情形下,要对当事人之间的意思联络之存在的必要事前联络交涉等当事人之间的接触举证,间接的、微弱的情形也足够。今后期待在存在协调促进性市场构造及不自然的中标率的经济证据能得到更充分积极地利用。但是,迄今为止,多数案例还是比较支持、重视当事人之间的直接联络、交涉的举证方法(⇨2－16)。

2－16 聚丙烯案[东京高判平21 9.25 判决集56 卷(2)326 页＝2－18]

经营者只要避免有关提价的信息交换这一不明朗行为，就不会被推定存在有意思的联络。

(3)不正当的交易限制的成立、消灭、脱离

不正当的交易限制在意思联络，即合意达成时成立，无须考虑合意的启动、实施以及实施期的到来(石油价格协定刑事案件＝最判昭59.2.24 刑集38 卷4 号1287 页【百29】)。只要发现限制竞争的合意，公平交易委员会就可以进行规制。不正当的交易限制终结时期为合意的消灭时期。合意的消灭有如下两种情况：①经营者之间取消合意；②虽然该合意没有被取消但基于合意的相互约束已形同虚设的特殊情况[调节剂卡特尔案＝东京高判平22.12.10 审判决集第57 卷(2)222 页]。第二种情况中，合意的实效性可能因公平交易委员会的行政调查而消灭[日本聚丙烯等课征金案件＝审判判决平19.6.19 判决集第54 卷78 页【百103】(在认定实施期间计算课征金时，认可了合意实效性消灭的案例)]。

关于不正当的交易限制，脱离也是一个问题。要认定是否脱离，与意思联络的成立一样，竞争者之间也必须对于脱离的事实相互认知及认同。因此，仅在内心决意脱离是不充分的，必须具有脱离意思被明确认知程度的意思表明或行动的外部表征2－17。在公平交易委员会开始调查前、经营者申请课征金减免时，即使没有

外部表征，经营者也会被认为停止了违法行为（脱离了违法行为）。这是因为，如果需要脱离的外部表征的话，会给其他参加者以毁灭证据的机会，从而给公平交易委员会调查取证带来困难。

2－17 冈崎管工案（东京高判平15.3.7 审决集49卷624页【百30】）

要认定脱离，虽不要求脱离者明确地传达脱离的意思，但脱离者仅在自己内心决意脱离是不充分的，至少需要存在能让其他参加者从该脱离者的行动等察觉到脱离者已脱离的充分事实。

(4)雇员行为与公司的意思决定

经营者为法人时，作为卡特尔的具体实施行为的事前联络交涉，一般是由其雇员自然完成的。具有价格决策权的雇员之间达成的合意作为法人间的合意，当然不会有问题。即便是不具有价格决策权的雇员达成合意，如果该合意实质影响到法人的价格决策，那么也可视为公司法人间的合意 2－18 。

2－18 聚丙烯案（＝ 2－16 ）

只要被授命出席会议的雇员就提价进行信息交换达成共识，并将该会议结果带回公司，即便其对提价并无决定权限，但该结果仍然可以认定为公司间的意思联络。

另外，关于脱离，通常是法人内部由上至下来决定的。脱离需要外部表征，仅仅是违法行为的经营领导层做出脱离的意思表明或行动还不充分,必须要实施违反行为的从业人员等也有同样的意思表明或行动[钢桥上部工程串通招标案 = 审判审决平 21.9.16 审决集 56 卷(1)192 页]。

4."相互约束"与"共同遂行"

(1)相互约束

报纸贩路协定案判决认为,关于相互约束,必须要具备约束的共通性与约束的相互性(⇨2 - 13)。

同判决认为,关于"约束的共通性","在涉及不同种类及不同交易阶段的经营者时……共同行为只在经营活动受共通约束的经营者中成立"。但是,在 2(2)所述随着竞争者性要件的缓和,目前只要共同行为的目的为共通,则约束的共通性就被认定。如按照目的共通性的观点,实质性竞争者之间存在合意,当然也就认为有约束的共通性。

对于"约束的相互性",现在并没有作严格的解释,具有明示或默示的互相遵守合意之关系的,则认为约束具有相互性。在四国道路服务案(劝告审决平 14.12.4 审决集 49 卷 243 页)中,其他的参加者合作使共同行为者中的特定一家中标的合意为合法。如从基于有互相遵守合意之关系即充分构成的观点来看,如举证了明示或默示的合意,认定约束的相互性就理所当然了(⇨2 - 19 2 - 20)。为确保合意的实效性的处罚措施并不需要(后述石油价格协定刑事案最判亦同)。

另外,在串通投标案互相遵守合意之关系的背景里,偶尔也有当事人间存在利益交换的关系。例如,这次的工程投标我协助竞标者中标,那么下次的工程投标也希望你协助我中标。现在虽没有能力投标或者没有意图投标,但是现在的协助与确保将来的中标机会的利益使得当事人之间形成利益交换的关系(协和艾克希欧课征金事件=审判审决平6.3.30审决集40卷49页【百24】)。有学说认为,这样的利益交换呈现双务性,因此约束的相互性成立。按照该学说,上述四国道路服务案在划定的相关市场里若不存在利益交换,则不正当的交易限制不成立,应该是支配型的私人垄断的问题。因此,如上所述,该学说在判例、实务中并没有得到采纳,当事人有互相遵守合意之关系便足以构成约束的相互性了。

2-19 元诘种子卡特尔案(东京高判平20.4.4审决集55卷791页【百25】=2-15)

如该合意内容会减少或回避价格设定的风险,则可以认为削弱了经营者间的价格设定,足以认定约束的相互性。

2-20 多摩串通投标案(最判平24.2.20民集66卷2号796页【百20】=2-21 2-25 2-33)

基本合意成立且事实上明确约束了各公司的经营活动,即满足第2条第6款里的"约束其经营活动"之要件。另外,基本合意成立,则意思联络形成,即第6款里的"共同……互相"之要件也得以满足。

(2)共同遂行

判例、通说都认为,共同遂行仅仅显示了相互约束的实施样态,并无独立意义。但是在串通投标案中,对"共同遂行"给出了独立的意义。

关于串通投标的不正当限制交易罪是属于状态犯还是继续犯存在争议。如采状态犯之说,在基本合意成立时犯罪已既遂而终止,则个别调整行为成为不可罚的事后行为。但是,这从共犯的成立、时效问题来看都存有问题。另外,刑法上首先将自然人的行为当成首要考虑对象,在长期的串通投标中,个别调整行为的自然人会发生替换,如果在此种情形下将其视为继续犯会产生疑问。为了回避时效及共犯的问题,有判例把不正当限制交易罪视为继续犯,在此之上将基本合意视为相互约束,个别调整视为遂行行为(共同遂行),分别构成不同的实行行为(钢桥上部工程串通招标刑事案 = 东京高判平 19.9.21 审决集 54 卷 773 页【百 125】)。

5."实质性地限制相关市场的竞争"

(1)相关市场的划分

多摩串通投标案中,最高法院判决认定实质性地限制相关市场的竞争是指损害市场所具有的竞争机能(⇨2-21)。该观点与涉及第 2 条第 5 款的日本电报电话公司(NTT)东日本案(=2-6)最高法院所述的"市场支配力的形成、维持、强化"同义。

2-21 多摩串通投标案(=【百 3】2-20 2-25 2-33)

实质性地限制相关市场的竞争是指损害市场所具有的竞争机能。基于基本合意串通投标以限制竞争时,带来当事人的经营者们可以一定程度自由地决定中标者或左右中标价格之状态。

相关市场是指竞争发挥机能的市场,是经济学上的市场。划分市场是判断行为是否实质性限制竞争的前提。划定方法分为两种:一种是确认已经实施的核心卡特尔违反行为对市场的影响;另一种是通过事前商谈或事前调查来确定非核心卡特尔对将来市场的影响。

首先,在核心卡特尔的既往案例中,考察共同行为的对象交易以及受到影响的范围,将竞争被实质性限制的范围作为相关市场(前述贴纸串通投标刑事案、空气分离气体卡特尔案 = 2-22)。按照该划定方法,只要合意具有实效性,则该实效性的范围为相关市场。这与预测将来的市场效果的企业结合规制不同,该种规制以合意所具有的实际限制竞争效果作为前提来考察相关市场。其次,在合意实施前等情形下,即便不能确认合意具有实际效果,也可以了解市场的当事人的认知来考察相关市场。

如果考虑到基于合意的约束的内容、程度、持续期间等长期来看竞争状态能够成立的话,即便是潜在的交易,也应当将其包含在内划定相关市场(⇨2-23)。因此,非显性的竞争者、潜在的竞争者都满足竞争者要件。

2-22 空气分离气体卡特尔案(东京高判平 28.5.25 审决集 63 卷 304 页)

价格卡特尔等共同行为以实质性限制竞争为其目的及内容,对共同行为对象外或对象内的商品服务的替代性进行严密考察验证,缺乏实际意义。因此只要对共同行为对象的交易或者受影响的范围进行考察以确定相关市场就足够了。

2－23 旭矿末案（东京高判昭61.6.13行集37卷765页【百27】）

合意是否制约竞争状态成立可能性？需将未来社会性经济性情势变动的可能性也纳入考虑范围进行长期预测与展望。相关市场也是如此，在长期性预测与展望下，合理考虑竞争状态得以成立的范围以划定相关市场。

此外，针对公共项目的串通招标，依招标方的不同而形成相关市场。有观点认为，将单一买方作为对象认定市场不局限于公共项目招标，在民营企业采购中也应当认定此类市场。公共项目招标从原则上来说应当采用一般性竞争招标（会计第29条之3第1款、自治第234条第2款）。有观点认为，与法律规定构成的公共项目招标市场不同，民营企业采购中并无此义务，民营企业采取招标的方法是交易方法的问题，不应当按照交易方法来调整相关市场。但是，民营企业的招标也是依需求者而形成的市场，参加者基于自身意愿参加竞争性市场，则其就应当符合期待而进行竞争，如果违反那么就应当承担违反《独占禁止法》的责任。公平交易委员会认为单一民营企业为买方的情况下，相关市场也得以成立。（⇨2－24）

2－24 任天堂DS案［审判审决平25.7.29审决集60卷（1）144页【百22】］

即便需求者仅为民间的一个经营者，复数的供给者对该需求者提供同类或类似的商品及服务而进行交易的话，那么与该需求者进行交易的供给者之间存在竞争关系，在该市场上具有应保护的竞争机能状态之公共利益。

在非核心卡特尔的情形下，特别是关于共同的研究开发及共同生产的协定，经常会采取与企业结合规制同样的方法来划定相关市场。在一些事前商谈的案例中，大型及中型巴士的相互OEM（对方品版的生产委托）供给中，在考察基于用途之需求替代性、基于制造技术及制造设备之供给替代性之后，有案例提出可以划定包括小型巴士在内的广义的巴士制造销售的相关市场（巴士制造领域的业务合作＝平成18年度基于事前商谈制度的商谈）。

在如上划定相关市场之后，再进行实质性限制竞争的判断分析。该判断根据核心卡特尔、非核心卡特尔、共同拒绝交易的分类大致如下。

（2）核心卡特尔的分析方法

①价格卡特尔

在核心卡特尔中，价格卡特尔和数量限制卡特尔等是在划定了相关市场、确定了参加经营者的市场份额的大小之后来认定实质性限制竞争效果的［元诘种子卡特尔案＝2－15（由于市场份额超过九成的卡特尔参加者之间就重要的竞争手段的价格达成了合意，可以认定对市场的竞争机能产生了充分的影响的案例）］。以合意为基础划定市场，很多情况下能够确定很高的市场份额。在此之外，确认非参加者的供给力的大小或者非参加者追随提价的可能性，从而判断卡特尔参加者提价以及减产的可能性［中央食品案＝劝告审决昭11.29审决集15卷135页（非参加者是以家庭作坊为主的小规模经营者，难以积极地扩张其制造销售规模的案例）；氯乙烯管案＝审判审决平28.2.24审决集62卷222页（非参加者的业务规模及市场份额较小,且应大企业的要求,中小企业有追随提价的情形被指出来的案例)]。

另外,还有观点认为,关于核心卡特尔不需要计算其市场份额,只要合意具有实效性就能够认定实质性限制竞争。价格卡特尔成功提高价格行为本身就说明了市场支配力的形成及行使。

②串通投标

串通投标中,需要认定基本合意带来了实质性限制竞争效果。在此,基本合意是否能成功地进行个别调整是关键(⇨2-25)。因此,公平交易委员会确认在投标参与者当中加入串通投标的比率、非参加者的数目等之上,再指出中标率较高的事实。此处的中标率是指实际中标价格与招标预定价格的比率,该比率的高低显示了是否存在个别调整,甚至是基本合意是否存在及其实效性的强弱。

2-25 多摩串通投标案(【百3】=2-20 2-21 2-33)

基本合意在相关市场的招标市场中相当具有事实上的约束力,其有效运作实现了很高的中标率。由此可见,基本合意实质性地限制了相关市场的竞争。

(3)非核心卡特尔的分析方法

①共同销售、共同生产、竞争的余地

非核心卡特尔的实质性限制竞争效果该如何认定呢?非核心卡特尔可以分为基于经营统合目的及社会公共目的的非核心卡特尔两类。其实质性限制竞争效果的认定分别如下所述。

首先,经营统合型的非核心卡特尔有共同销售、共同生产、共同购买、共同研究开发等当事人公司的经营活动的一部分统合。此类的经营统合型的非核心卡特尔能够使参加经营者进行单独无法实现的经营活动，增加市场的竞争单位；有可能达成经营活动上的效率性。但是，经营活动的统合随着共同研究开发、共同生产、共同销售的推进，有可能使得市场上的竞争单位减少，因此有必要对非核心卡特尔是否会实质性限制竞争进行慎重审查。

其中，共同销售有时会作为确保价格卡特尔实效性的手段加以利用。该种情形下应当将其作为核心卡特尔对其实质性限制竞争进行认定。共同生产、共同研究开发的共同经营通过共同出资公司实施时，可以考虑将共同经营的协议适用第2条第6款，或者适用第10条作为设立共同出资公司持有股份来进行适用规制。共同生产有时会因其规模经济性或范围经济性而具有促进市场竞争的效果。但是，如果生产成本占总成本的比例过大，成本削减的空间有限，则在销售阶段的竞争余地变小。另外，共同生产存在生产阶段的协调向销售阶段的协调延伸的危险性，后者会涉及竞争诱因减少的问题，也就是所谓的“溢出效应”。生产部门与销售部门之间的信息阻断的安排因有助于解决“溢出效应”，可作积极性评价。

OEM协议是共同生产的一种。OEM协议是否会限制销售阶段的竞争，除取决于生产成本占总成本的比例以外，还取决于OEM生产量占当事人的总生产量比例。该比例越小，当事人之间的竞争余地也就越大（⇨2－26）。

2－26 建筑器材生产商间相互OEM供给的案例（平成13年商谈事例8【百33】）

两家公司计划互相进行OEM供给，由于在很多地域两家公司的生产成本共通化、生产成本占总成本的很大一部分、两家公司的市场份额约占90%,销售阶段的竞争可能会受到削弱;且两家公司会获知包括生产成本等在内的重要信息,从两家公司的市场份额来看,对竞争的影响较大,因此判断会实质性限制竞争。

②共同购买

共同购买可以减少交易成本或者实现规模经济性,可带来促进市场竞争的效果。但是如果在购买市场中参加经营者的市场份额较大,则其在购买市场中形成市场支配力的可能性也大。而且,仅以限制购买市场的竞争为目的的合意属于核心卡特尔。溶融金属串通投标案(排除措施命令·课征金缴付命令平20.10.17 审决集55卷692页、754页)就是一起判定为防止购买价格的上升而达成的卡特尔违法,公平交易委员会发出了排除措施命令以及课征金缴付命令。

在购入市场拥有市场支配力的,被称为"买方市场支配力",具有能够使购买价格低于竞争水平以下的价格的力量。其力量的形成、维持、强化在竞争市场下使得生产·供给的生产者(卖方)的生产·供给成为不可能。该类买方市场支配力的替代性购买者的考察与卖方市场支配力的替代性供给者的考察为平行。

共同购买不仅影响购买市场,同样影响销售市场。以完成品α的复数生产商就零件β进行共同购买的情形为例。首先考虑的问题是,在β的购买市场是否存在买方市场支配力。还有前面考察的除了α的生产以外β是否还有其他用途等,考察β的替代性购买者是否存在。其次的问题是,α的供给端市场中卖方市场支配力的问题。共同购买零件β带来的成本的共通化是否会压缩或减少商品α的销售阶段的竞争空间,这点与共同生产的分析具有共通性。

③共同研究开发·附随性限制

共同研究开发可以避免双重投资、分散风险、技术互补等,一般被认为有促进竞争的效果。但是,随着基础研究、应用研究、开发研究的进行,有时会产生与共同生产类似的限制竞争效果。《公平交易委员会〈独占禁止法〉共同研究开发指南》(平5.4.20。以下简称《共同研究开发指南》)中指出:关于共同研究开发,在考虑其促进竞争效果的同时,也要就商品市场、技术市场(技术交易市场)中的实质性限制竞争进行分析,要从参加者的数量、市场份额、研究性质、共同化的必要性、对象范围·期间等观点或角度进行综合性考察。

关于成品市场中竞争者就成品的改良或替代品开发的共同研究开发行为,如果参加者的市场份额低于20%,《共同研究开发指南》认为通常不会对市场带来实际影响。实际案例有:两家从事系统开发的公司就信息系统进行共同开发时,由于该共同研究开发是为了改良商品,两家公司的市场份额合计大约为15%,仅排市场第3位,且共同开发的计划内容没有包含限制竞争的内容,因此,两家公司的行为在《独占禁止法》上没有问题(销售对象为金融机构的信息系统共同开发=平成15年度商谈事例5)。

关于技术市场,《共同研究开发指南》认为如果在该技术市场有相当多的研究开发主体的话,则不会对技术市场造成实质影响。在此以研究开发主体减少作为基准的理由在于,技术交易市场的市场份额无法具体化。

在对产品市场与技术市场的竞争影响之上,《共同研究开发指南》也对共同研究开发的实施所伴随的安排进行了分析评价。该指南主要通过两个方面来进行反垄断分析，即共同研究开发的实施所必需的合理范围以及是否为对竞争影响较小的方法这两个基准（⇨2－27），也称为“附随性限制分析”。《共同研究开发指南》指出，产品市场中的竞争关系经营者的共同研究开发如果对产品的价格、数量进行限制，会适用于不正当的交易限制。该类的数量、价格的限制不属于共同研究开发的附随性限制。

附随性限制的分析，不限于共同研究开发，其在经营统合型的非核心卡特尔全体中也是必要的。与共同经营的审查一样，共同研究开发、共同生产、共同销售的推进，有必要对附随性限制进行严格审查。

2－27 伴随共同研究开发的限制购买的案例（平成16年度商谈案例5）

建筑材料生产商与该产品用户的建设业者在进行施工方法的共同开发时①该建设业者在用该施工方法时所使用的材料只能由该建筑材料生产商来供应；②即使该条件比其他的建设业者更有利，但如果局限在该共同开发的成果在当事人间的分配合理且必要的范围的话，则不会立即违反《独占禁止法》。

④以安全、环境保护为目的的共同行为

以安全、环境保护的社会公共目的进行的共同行为，首先要确认这些所谓的社会公共目的是否仅是名义上的［广岛县石油商业组合案＝审判审决平8.6.13审决集43卷32页（该案认为交通安全的确保仅仅是次要目的，其决定性动机是回避组合成员间的竞争,因此认定其违反第8条第4项)]。如果该共同行为的确是为了社会公共目的的话,①共同行为本身就不是以限制竞争为目的;或者②即使是限制了竞争也有可能不会被判断违反《独占禁止法》。其中,①的观点在公平交易委员会的《关于再生资源回收等的共同合作的〈独占禁止法〉指南》(平13.6.26)中得以体现,该指南认为构筑再生资源回收体制创造了再生资源回收市场,扩大了交易机会,原则上限制资源回收市场竞争的可能性较小。该指南说明因共同行为创造了一个新的体系以及新市场,其本质上不是限制竞争。

作为明确①的观点,有案例指出小零售业者之间达成的对免费的购物塑料袋实施收费的协议并不违反《独占禁止法》(为减少购物塑料袋使用的收费协议=平成19年度商谈事例3)。其中指出,首先,提供购物塑料袋是小零售业者经营活动的非主要服务,即便进行该共同行为对小零售业者的商品销售的竞争的限制也较小。其次,该共同行为也是基于正当的目的,并且行为也在为达成目的的必要的合理范围内。据此,不能马上得出该共同行为违反《独占禁止法》的结论。

该案将非主要服务与直接的竞争手段区别开来进行叙述,指出共同行为本身不是限制竞争的行为(上述①的观点),而且确认了即便是对竞争有一定影响,从其目的及手段的相当性来看也有正当化的余地。后段的目的、手段的考虑方法与公共利益要件中的正当化事由有共通之处(参考6)。

(4)共同拒绝交易

共同拒绝交易是以排除竞争者为目的的共同行为。首先,共同拒绝交易违反第2条第9款第1项或者一般指定第1款,其作为不公平的交易方法被禁止。作为不公平的交易方法的共同拒绝交易的案例很多。其次,共同拒绝交易如果构成实质性限制竞争的话,还是第3条前段、第3条后段、第8条第1项规制对象。适用条款的不同会导致课征金额度的不同。适用第3条前段的案例有弹子机制造专利池案(=2-7),适用第8条第1项的案例有日本游戏枪协同组合案(=东京地判平9.4.9审决集44卷635页【百6、43】3-3)。但是,并无适用第3条后段的案例。

公平交易委员会《关于流通·交易惯行的〈独占禁止法〉指南》指出,要适用第3条后段的话,需要考虑①被排除者的属性以及基于市场状况的说明。例如①排除在价格、品质方面具有优势的商品销售的经营者,排除创新销售方法的经营者,或者②在竞争并不活跃的市场中进行排除行为,这些情况下有可能会适用第3条后段。这些情形显示了共同拒绝交易有实质性限制竞争的效果,因此其也有可能成为第3条前段、第8条第1项规制的对象。

6."违反公共利益"

(1)石油价格协定刑事案的最高法院判决

不正当的交易限制需要满足"违反公共利益"的要件。在《独占禁止法》中,第2条第5款、第6款规定了公共利益的要件。但是,第8条第1项并没有规定这样的要件。这种规定上的不对称,会产生如下问题:当违反行为既是经营者的行为又构成经营者团体行为时,该行为可能既是第3条的规制对象,也是第8条第1项的规制对象。另外,如设立共同生产的公司等,既是第3条后段的规制对象,也是企业结合规制对象。基于公共利益的要件来解释,这些行为会由于适用法条的不同而带来《独占禁止法》上的分析评价的不同。因此,有力学说认为"违反公共利益"仅仅是宣示了涉嫌行为具有实质性限制竞争效果,并无实质性的意义。

但是最高法院在石油价格协定刑事案中认可了公共利益的要件具有实质性的意义。最高法院认为实质性限制竞争的共同行为原则上违反公共利益。但是,即便是这样的共同行为,在没有违反“确保一般消费者利益,促进国民经济民主健全地发展”的《独占禁止法》终极目的(第1条)的特殊情形下,也会被认为没有违反公共利益,作为例外不适用不正当的交易限制(⇨2－28)。此种例外情况被称为基于《独占禁止法》终极目的的正当化认定。

2－28 石油价格协定刑事案(最判昭59.2.24刑集38卷4号1287页【百5】＝3－2)

“违反公共利益”原则上是指违反自由竞争秩序,但是其可以起到在例外情况下没有实质性违反第1条的终极目的的不适用不正当的交易限制的规定。

关于没有规定公共利益的要件的第8条第1项的问题,如在第8条第1项的解说中(第3章)所说明的,其后的判决审决案例里,将实质性限制竞争的要件解释到公共利益的要件中,从而来解决因公共利益的要件有无而产生的上述非对称问题。

(2)共同行为的正当化事由

那么在什么情形下共同行为可以基于公共利益的要件而被认可具有《独占禁止法》上的所谓正当理由呢?最高法院认为实质性限制竞争的共同行为原则上是违反公共利益的,因此要想主张公共利益的要件使得共同行为被认可具有正当理由是较为例外的情形。无论是规避竞争的行为还是排除竞争者的行为,都需要从《独占禁止法》的终极目的以及达成手段的角度来进行严格地判断。

例如，为了给环境保护团体捐赠，复数的果汁饮料厂家共同决定提价 20 日元，并将该提价部分捐赠给该环境保护团体。在该案例中，捐赠给环境保护团体的共同行为的直接目的与《独占禁止法》的终极目的之间的关系不明确或只具间接性。另外，即便捐赠给环境保护团体的背后确实是有保护环境的目的，而且该目的与《独占禁止法》的终极目的也相符，但是就保护环境来说也应该有更加直接的手段。

那么对于复数的电器生产厂家基于保护环境的目的决定停止生产低效廉价的冰箱的情形又该如何判断呢？假设由于停止生产导致无法买到廉价的冰箱，但是耗电量降低可节省电费，以冰箱的整个平均使用寿命周期来计算，消费者所负担的整体费用反而降低了。该共同决定所带来的效果从长期来看符合《独占禁止法》的终极目的之“一般消费者的利益”，与上面的例子相比，判断起来比较微妙。同样的案例在国外也有被宣布合法的先例。

但是，如果站在强调第 1 条的终极目的之正当化情形归根结底是例外的立场的话，该共同决定则会被认为违反《独占禁止法》，因为存在更加不限制竞争的替代手段，即在销售冰箱时明确显示耗电量，之后就交给消费者选择即可。

在过去的案例中，有观点主张为了协助石油储备的重要国策，以及防止危险品的石油泄漏等灾难性事件的发生，确保迅速、安全且稳妥地保全工程的施工，串通投标是必要的。对于该类主张，（行政）审决认为该理由因不符合最高法院判决所称的例外情形而予以驳回（国家石油储备会社串通投标案＝审判审决平 19. 2. 14 审决集 53 卷 682 页）。另外，也有主张认为其共同行为的目的是保护中小企业。法院判决认为其背离了中小企业法等的基本政策方向,予以驳回[东京都自来水表串通投标(第1次)刑事案上告审=最判平12.9.25刑集54卷7号689页]。截至目前,关于实质性限制竞争的共同行为因其不违反公共利益而认可其具有正当理由的判决或审决尚不存在。

7. 事业法规制、行政指导、公共机构干预与不正当的交易限制

(1)事业法规制与不正当的交易限制

即便是在事业法规制的领域,只要竞争还有存在的可能性,在此范围内的限制竞争行为也违反《独占禁止法》。例如关于票价规制,在采取无政府干预的报备制度或者采用了限定票价上下限价格帽制度、运价限幅制度的情形下,达成关于票价的合意也属于不正当的交易限制。作为违反第8条第1项的案例,三重县巴士协会案(劝告审决平2.2.2审决集36卷35页)认定运价限幅制中的达成限定票价上下范围的票价协定违反《独占禁止法》。

另在大阪巴士协会案中,法律规定禁止收取规定幅度以外的票价,并辅以刑事处罚,该案中所达成的协议的价格虽低于前述法律规定幅度的价格下限,但也有可能违反《独占禁止法》(⇨2-29)。该审决认为,达成道路运送法上所禁止交易条件的卡特尔,除非有特殊理由,否则不构成第8条第1项"实质性限制竞争"的要件。其理由在于,由其他法律以刑事处罚所禁止的交易或交易条件的背景下,如果判断其符合《独占禁止法》的构成要件而违法,再对其处以排除措施命令,令其实现自由竞争之事不符合第1条的立法目的。所以,出于完全同样的理由,价格协定限制的竞争被其他法律以刑事处罚所禁止的违法交易或违法的交易条件,即便在此背景下,也有认可特殊的情况,处以排除措施命令,令其实现自由竞争的情形。

2－29 大阪巴士协会案（审判审决平 7.7.10 审决集 42 卷 3 页【百 36】＝ 3－1 3－4 ）

即便是在道路运送法上用刑事处罚以禁止的卡特尔，如果平稳而公然地以大幅偏离认可运价持续地进行竞争且该实际运费价格的竞争从《独占禁止法》的目的来看，达到了足以肯定其存在理由的程度，则可例外地对其发出排除措施命令。

（2）行政指导与不正当的交易限制

行政指导是指"行政机关在其主管业务范围内为实现一定的行政目的而对特定者进行指导、劝告、助言等要求其一定的作为或不作为的不属于处分的行为"（行政程序法第 2 条第 6 款）。指示经营者的价格、数量的行政指导是否与《独占禁止法》的目的相冲突？此类的行政指导会不会导致不正当的交易限制？遵守行政指导能否成为不正当的交易限制的违法性阻却事由？围绕着这些问题有较多的争议。

在石油价格协定刑事案（＝【百 127】 2－28 ）中，最高法院从行政指导自身的合法性以及遵从合法的行政指导而为的共同行为的违法性这两个方面展开了讨论。首先，关于行政指导自身的合法性，如果是没有具体的法令根据的价格行政指导，原则上违法。但是，如果有进行行政指导的必要，为应对该情形而采用了符合社会常识的方法，在不违反"在确保一般消费者的利益的同时，促进国民经济民主而健康地发展"的《独占禁止法》的终极目的的例外的情况下，即便是关于价格的行政指导也有合法的可能。在此前提下，最高法院认为遵从合法的行政指导而配合的共同行为的违法性得以阻却。

最高法院认为①本案的行政指导虽是关于价格的行政指导，但其是在石油危机的异常时期而为，且努力避免使用积极而直接介入的方法来进行的，没有实质性违反《独占禁止法》的终极目的，故不能据此认定其违法。然而，最高法院认为②本案的合意超越了遵从并配合合法的行政指导的范围，故共同行为的违法性阻却不应被认可。但是有学说批评称要清楚区分关于②所提配合行政指导所要求上限额度而提价的合意与提高至上限额的涨价的合意实际上是很困难的。

由此可见，最高法院所认可的遵从行政指导而配合的不正当的交易限制的违法性阻却的情形是受限的。公平交易委员会发布了《关于行政指导的〈独占禁止法〉上的意见》（平 6.6.30，最终改正平 22.1.1）就上述两问题表达了意见。在新泻出租车案中（东京高判平 28.9.2 审决集 63 卷 324 页【百 31】），对于该不正当的交易限制行为是行政指导所强制的还是遵从行政指导的，有不同意见，但均遭否定。

（3）串通投标等介入行为防止法

在国家与地方公共团体实施的竞争性招标中，作为招标方的国家与地方公共团体的职员有时会积极地介入经营者的串通投标行为中，这被称为“官制串通投标”（日语原文：官制谈合）。招标方的介入有各种各样的动机与背景原因，如地方保护、贿赂等。无论何种原因，依照石油价格协定刑事案最高法院判决来看，此类介入（行政指导）皆违法，遵从此类行政指导的串通投标的违法性不能被阻却。

当官制串通投标构成不正当的交易限制罪（第 89 条第 1 款第 1 项）时，介入串通投标的招标方的职员可能会作为非身份串通投标共同正犯或从犯而被追究刑事责任。但是由于不正当的交易限制罪的犯罪主体为经营者，因此招标方的国家与地方公共团体不能成为不正当的交易限制的行为主体，也就无法成为排除措施命令与课征金缴付命令的对象了。为了应对该问题，日本制定了《关于排除、防止串通投标等介入行为以及职员损害招标公正等行为处罚法》（以下简称《串通投标等介入行为防止法》）。

> 《关于排除、防止串通投标等介入行为以及职员损害招标公正等行为处罚法》（平 14 法 101 号）
>
> 第 2 条⑤　本法所称“串通投标等介入行为”，是指国家或地方公共团体的役员或职员……介入串通投标等，符合下列所列举的各项行为。
>
> 一　使经营者或经营者团体进行串通投标等行为。
>
> 二　事先将指定的签约预订者或意图签约的其他特定者的意向提前进行告知或示意的行为。
>
> 三　将作为秘密管理的关于招标与合同的相关信息告知或示意给特定经营者或经营者团体知晓，而该相关信息有利于其进行串通投标的行为。
>
> 四　关于特定的串通投标等，受经营者、经营者团体或他者之明示或默示的要求，或主动要求该类主体，且为使该串通投标更易于达成，违反职责在参与投标的主体中指定特定主体或以其他方法帮助串通投标的行为。

《串通投标等介入行为防止法》对象主体的招标机关为国家、地方公共团体及特定法人。特定法人包括：国家、地方公共团体出资占资本金 1/2 以上的法人；依特别法所设立的法人中，国家、地方公共团体依法有义务长期持有该公司已发行股份总数或全体股东之议决权 1/3 以上的股份公司（第 2 条第 2 款）（依政令，日本电信电话股份公司及日本邮政股份公司除外)。

《串通投标等介入行为防止法》第 2 条第 5 款规定了以下 4 种行为:明确指示串通投标(第 1 项);关于中标者的意向表明(第 2 项);泄露关于招标的秘密信息(第 3 项);帮助特定的串通投标(第 4 项)。第 1 项至第 3 项行为的案例有岩见泽串通投标案(平 15.1.30 改善措施要求),该案中,市政府职员在执行该市招标的建筑工程招标前,在市政府官员的认可或示意之下,将每项工程选定的预定中标者或中标预定者的名称或工程的设计金额等秘密管理事项告知了相关经营者团体的役员等。第 4 项"其他行为"的例子有:在认可顺序中标制的串通投标且配合指定投标参加者的行为;通过降低招标标准等的招标方法之变更以帮助串通投标的行为。

公平交易委员会在认为招标机关的职员参与了串通投标行为时可要求招标机关的负责人等提出改善措施(第 3 条第 1 款、第 2 款)。收到改善措施要求的招标机关的负责人等应当采取必要的改善措施以排除该串通投标等介入行为(同条第 4 款),公开调查结果、措施内容并通知公平交易委员会(同条第 6 款)。公平交易委员会收到通知后,如认为有必要可对调查结果、措施内容表达意见(同条第 7 款)。

另外,招标机关的负责人等需要对招标机关所受损害之有无等进行调查(第 4 条第 1 款、第 2 款);公开调查结果的同时(同条第 4 款),如因职员的故意或重大过失而对招标机关造成损害的,应立即要求该职员赔偿损害(同条第 5 款);招标机关的负责人等应当对职员的惩戒事由展开调查(第 5 条第 1 款、第 2 款),并公开调查结果(第 4 款)。

第 8 条还规定了对职员的"妨害投标等的公正的行为"处以 5

年以下徒刑或250万日元以下罚金刑。串通投标等介入行为必须以介入并违反《独占禁止法》(违反第3条或第8条第1项)为前提,与此相对,“妨害投标等公正的行为”并不限于串通投标等介入行为所列举的4种类型。

第三节　对国际性案件的适用

《独占禁止法》也可以适用于一定的国际性案件以及国际性交易。本节将就这一问题按照如下顺序加以讲解:首先,①由于并没有关于日本《独占禁止法》在何种情形下可以适用于国际性案件的明文规定,有必要参考外国的情况对适用条件加以确定。其次,②对第6条的沿革,国际性协定、契约的含义,第6条的适用案例等加以探讨。再次,③由于近年来对国际卡特尔规制主要适用《独占禁止法》第3条而非第6条,出于行文方便在这里也对适用第3条后段的国际卡特尔案例加以介绍[由于跨国企业合并而可能造成对日本的反竞争效果时适用的第10条(市场集中规制条文)以及对第3条前段的适用在此省略]。最后,④对包括第3条、第6条在内的国际性案件特有的论点(送达、与外国的执行合作协定)略加介绍。

在本章中,对部分用语做如下定义:

“日本企业”=①有日本国籍的个人经营者或者②根据日本法律设立的或者在日本设置总部、主要经营场所的法人经营者。

“外国企业”=①以外的个人经营者或②以外的法人经营者。

“在○○地”=个人经营者于○○有住所・居所,或者法人经营者于○○有总部或主要经营场所。

"在○○地活动"=在○○进行包括为结成卡特尔的协商在内的经营活动。

一、对国际性案件的《独占禁止法》适用

1. 立法管辖权

一般而言,竞争法(从世界范围看,包括日本《独占禁止法》在内,对卡特尔、垄断化行为、滥用市场支配地位、经营者集中等行为在一定条件下加以规制的法律多被称为"竞争法")的适用范围在传统上由属地主义(territorial principle)加以限制。然而,如果严格拘泥于属地主义,那么就会出现无法根据日本《独占禁止法》对有竞争关系的日本企业在日本境外达成的主要限制日本的销售商品价格的协议加以规制的情况。为了解决这种问题,国际法上在一定情况下允许发动域外管辖权(extraterritorial jurisdiction)。问题在于,什么情况下才能够发动域外管辖权?世界各国对这一问题主要存在以下两种主张:在外国开始的行为于本国国内完结的情况下承认本国管辖权的"客观属地主义"理论,以及在外国发生的反竞争行为在本国国内产生一定效果时承认效果发生国管辖权的"效果"主义/理论(两种主张实际上区别很小)。很多国家基于这种思想在本国竞争法条文中规定了适用范围[例如,中国《反垄断法》第2条、美国《谢尔曼法》第6a条、德国《反限制竞争法》第130条第2款、英国《竞争法》第2条第3款、韩国《独占规制法》第2条之2等。还可以参考欧洲委员会2004年的《关于包含在条约81条与82条中交易引起的效果(effect on trade)的概念相关指南》第100~109段]。

由于对域外适用作出最详细规定的美国《谢尔曼法》第6a条的规定过于复杂,现在对其意义有各种各样的解释。然而至少可以将其理解为,如果国际卡特尔等行为对美国国内造成"直接的、

实质的且有合理预见可能性效果”(a direct, substantial, and reasonably foreseeable effect),则可以适用美国《谢尔曼法》。美国司法部与联邦贸易委员会(Federal Trade Commission,FTC)的解释正日益成为主流。具体而言,“直接”并不是指不经过中间地带、中间商、中间制造工序等环节,而是指即使经过这些环节,国际卡特尔造成的效果依然能够对美国国内产生效果;“实质”的意义也不同于日本《独占禁止法》第2条第6款等提到的对竞争造成“实质”性限制,而是指并非细微、不充分的(not sufficient)效果;“合理预见可能性”不要求存在产生反竞争效果的意图,而只需要客观上能够预测到结果。

由于日本《独占禁止法》中并不存在类似美国《谢尔曼法》第6a条的条款,日本只能一边追随国外动向,一边从过去《独占禁止法》对国际案件的适用案例中归纳总结日本《独占禁止法》的域外适用效力。

2. 国际礼让

并非只要立法管辖权得到承认就能够适用本国竞争法,还需要考虑“国际礼让”(international comity)这一要素。这里所说的国际礼让,是指竞争执法机关在执行活动的各个环节中考虑到相关国家的重要利益,抑制自身执行活动的“消极礼让”。具体需要考虑的事项需要参考《日美独占禁止协力协定》[参见后文四(2)]第6条第3款各项规定(反竞争行为的影响程度、能够采取何种程度的有效措施、个人是否会因为相关国的相反命令陷入两难境地等)。

另外,当发生在本国境内的反竞争行为影响到相关国家时,为了相关国家而通过本国竞争法对该行为加以规制也是国际礼让上需要考虑的问题(这种情况被称为“积极礼让”,可参考《日美独占禁止协力协定》第5条)。

3. 是否符合法定要件

当立法管辖权与国际礼让问题都得到解决后,也就是说,确定日本对某国际案件有立法管辖权,并且没有必要发动消极礼让对自己的执行活动加以限制的情况下,接着需要讨论行为是否满足日本《独占禁止法》的各种要件。例如,如果涉及不正当的交易限制,就需要讨论是否符合《独占禁止法》第2条第6款的要件。基本上,即使是国际案件也可以按照本书其他章节说明的方式进行处理。但需要注意的是,有可能需要对不正当的交易限制案件中的"相关市场"的划定以及第7条之2第1款规定的"销售额"加以特殊对待[可参考后文三(1)提到的电视用显像管案件、三(2)提到的海洋软管市场分割协定案件以及四(2)提到的涉及《独占禁止法》第6条的人造丝案件]。

4. 执行管辖权与司法管辖权

适用竞争法的竞争执法机关在进入执行程序时,可能会要求位于外国的经营者提供信息、履行命令、缴纳制裁金。这种情况下就涉及能否实施"执行管辖权"(jurisdiction to enforce)这个问题。国际法对执行管辖权规定了明确的原则:除非经过相关国家同意,否则不得对个人进行如逮捕或扣押财产等强制措施。对违反竞争法的个人可能采取的强制措施既包括排除措施命令、课征金与行政制裁金的缴纳命令,也包括对在日本境内没有分公司等的外国经营者发出的文书提交命令。因此,有可能出现一国竞争执法机关向外国企业发布制裁金缴纳命令,却得不到外国政府同意或被外国企业拒绝的情况。当然,如果该外国企业在命令发布国境内有资产,则命令发布国有可能对其进行扣押以充当制裁金。

而司法管辖权(jurisdiction to adjudicate)是指无论民事还是刑

事案件，国家能够使个人或企业受法院审理的权能［相当于美国法学家所说的“属人管辖权”（personal jurisdiction），主要讨论被告与审判国之间是否存在最低程度接触（minimum contact）以及该国法院进行审判是否合理且符合正义］。日本《民事诉讼法》在第1编第2章第1节“日本法院的管辖权”中，对交易与财产相关诉讼作出了国际审判管辖方面的规定。例如，第3条之3第8项规定，侵权相关之诉方面，如果侵权行为发生地为日本国内（不包括发生在外国的加害行为的结果地为日本国内，且通常无法预见结果会发生在日本国内的情况），则可以向日本法院提起诉讼。这一规定虽然将行为发生地与结果发生地为日本的情况都包括在内，但要求结果发生地为日本的情况下必须对结果发生地存在预见可能性，从而限缩了过剩的管辖范围。《独占禁止法》中真正牵涉国际审判管辖的案件非常少，很难说就这一问题进行过充分论证［可以参照京瓷·海姆洛克案（东京高判平29.10.25判例集，未刊登），而准据法的问题也与之类似］。

二、第6条与国际性协定·契约

> 第6条　【国际性协定相关规制】经营者不得签订含有构成不正当的交易限制或不公平的交易方法行为之内容的国际性协定或国际性契约。

1. 第6条的沿革

本条为禁止经营者签订含有构成不正当的交易限制或不公平的交易方法行为之内容的国际性协定或国际性契约的规定（针对经营者团体的类似规定为第8条第2项）。

1947年立法在第6条禁止了符合旧法第4条第1款规定的国际性协定·契约或以限制经营活动中所必要的科学技术相关知

识、信息交换活动为内容的国际技术协定·契约,而第6条的目的就在于,不考虑对日本是否造成影响而严格禁止经营者参与国际卡特尔或缔结进出口卡特尔。但是在1949年与1953年修法后,实体规定(旧法第6条第1款)已得到大幅缓和,而程序规定也在1949年修法后由事前认可制变为事后申报制。1982年修法后变为由公平交易委员会规则规定的仅限5种卡特尔的申报制,最后在1997年修法后申报制度完全被废除。

到20世纪70年代初,第6条被适用于国际性协定·契约中。其后,尽管2000年前后的警告案件中其与第3条后段共同被适用过,但总体而言在实践中逐渐仅适用第3条后段。从第6条与第3条后段在实体规定方面没有区别这一点来看,废除第6条的主张不无道理。然而,如果来自不对日本法上规定的不公平的交易方法加以禁止的国家的经营者与在日本的经营者签订了以不公平的交易方法为内容的契约,那么就需要解决能否适用第19条、是否应当进行消极礼让、对外国经营者的公示送达能否被认为是有效送达[参见后文四(1)]等问题。这种情况下,或许只能采用对位于日本的经营者适用第6条,再根据第7条要求其废除该契约的"间接域外适用方式"。这样看来,至少在这种情形下第6条仍有其存在意义[但是这种情况下有必要认定在外国的经营者针对排除措施命令提起诉讼的原告资格,参见4(3)]。

2. 国际性协定·契约的意义

第6条规定的立法管辖权范围极广,从实际适用过的案件来看,包括出口卡特尔、国际卡特尔(虽然仅适用于日本企业)、技术引进合同、代理进口店合同等。另外,1953年之前条文内容为"经营者不得与外国经营者……缔结国际性协定或国际性契约……"而1953年修法后变为"经营者不得……缔结国际性协定或国际性契约”。因此,“经营者”也包括了“外国经营者”,而国际性协定·契约的意义可以做如下解释。

(1)在日本境外活动的经营者缔结的,反竞争效果及于日本境内的卡特尔协定(国际卡特尔Ⅰ)。

(2)在日本境内活动的经营者缔结的,反竞争效果主要或仅及于外国的卡特尔协定(国际卡特尔Ⅱ,出口卡特尔,进口卡特尔)。

(3)在日本的经营者与在外国的经营者之间缔结的包含反竞争条款的协定。具体可以分为两种情况:前者承受反竞争效果的情况(技术引进合同中的反竞争条款等)与后者承受反竞争效果的情况(技术援助合同中的反竞争条款等)。

第6条中的“国际性协定或国际性契约”曾经被解释为当事人具有国际性(至少一部分为外国企业)且协定或契约的内容具有国际性(跨国提供物品、服务、资金、技术等)。但是,这种基准是国际性协定存在申报义务时代的产物(而且上述解释都没有涵盖公平交易委员会处理过的仅由日本企业构成的出口卡特尔)。在申报义务被废止的现在,上文所述的解释更为妥当。

3.“含有构成……之内容”

第6条禁止含有构成不正当的交易限制或不公平的交易方法之内容的国际性协定或契约。这句话的意义在于,在不正当的交易限制或不公平的交易方法实施之前的阶段就可以以这一条为根据加以禁止,以及作为间接域外适用的根据加以适用。但由于通说与判例都认为不正当的交易限制不需着手或实施,只需要达成合意即构成违法,因此第6条在这方面并不具有特别的意义。

在日本境内没有支店等机构的外国企业要求日本企业签订构成附排他条件交易或附不当拘束条件交易的契约,而《独占禁止法》无法适用民事诉讼法的外国送达规定(《民事诉讼法》第108条)的时代,公平交易委员会可以认定该契约条款违反旧法第6条第1款,要求日本企业而非外国企业删除该条款。这就是“间接域外适用”。这种做法基于的是即使不实施不公平的交易方法,成为这种国际性契约当事人本身即违法的解释。但是,2002年修法后,由于《独占禁止法》第70条之7规定了准用《民事诉讼法》第108条,第70条之8规定了公示送达制度,间接域外适用这种做法(虽然仍然存在)已经变得极为罕见。

4. 第6条的适用案例

(1)管辖权作为争点的案例

在日本光学公司与位于美国的销售企业因包含附排他条件交易条款的国际性契约而受到调查的日本光学案(审判审决昭27.9.3审决集4卷30页)以及外国海运公司与日本海运公司组成的日本·波斯湾海运同盟拒绝新日本汽船公司加盟的行为是否构成不公平的交易方法的日本邮船案件(公平交易委员会决定昭30.2.11审决集6卷69页)的审判过程中,能否对被审人(在后者中包括外国企业)适用《独占禁止法》成为争点。在前案中,审决根据被审人的行为不构成不公平的交易方法和旧法第4条规定的行为、违法行为已经消灭等理由认为不违反《独占禁止法》,而由于后案的审判被中止,因此审决没有针对管辖权的存在与否以及何种情况下可以适用日本《独占禁止法》等问题作出判断。而在海运三重运费制案件(审判审决昭47.8.18审决集19卷57页)中,三重运费制的协定地为伦敦,而与日本货主的契约实施地为日本国内。在该案中,审决(并没有根据发生在国外的协定的反竞争效果及于日本的理由)认定,与货主签订合同的行为“损害了被审人等在日本进行的经营活动的经营领域与关联经营领域的公正且自由的竞争”，肯定了日本对本案的管辖权（由于违法行为已经消灭而未作出排除措施）。

这些过去的案件的特征是，公平交易委员会并未采取当时国际法上有争议的效果理论（effects doctrine），而是根据国际法上广受认可的属地主义认定了日本的管辖权。

（2）将市场划定为进口交易领域或出口交易领域的案件

公平交易委员会接到来自国外的举报，在 1972 年到 1973 年集中对化学纤维领域的出口卡特尔、国际卡特尔（分割国际市场、价格协定、限制出口数量等）展开了调查[国际卡特尔相关的人造丝案件（劝告审决昭 47. 12. 27 审决集 19 卷 124 页）、出口卡特尔相关的亚克力纺织丝案件（劝告审决昭 47. 12. 27 审决集 19 卷 140 页）等]。即使实际上处理的是包括外国企业在内的国际卡特尔，公平交易委员会还是仅以日本企业为对象作出了劝告审决。理由之一是当时送达规定还不完备（尚未准用关于外国送达的《民事诉讼法》第 108 条）。这些案件的特征是，将实质性限制竞争的市场划定为日本企业的出口目的地的“出口交易”市场（所谓的边缘性的“岸边”市场）。

另外，由日本企业发起的进口卡特尔的旭硝子案件（劝告审决昭 58. 3. 31 审决集 29 卷 104 页）中，4 家苏打粉制造销售经营者对苏打粉的进口数量、交易比例与进口渠道进行协调，被认定为实质性限制了日本“苏打粉的进口交易市场”的竞争（本案为适用第 3 条后段的案件）。

（3）间接域外适用中的外国企业的原告适格

前述的间接域外适用中，日本企业接受排除劝告后，缔结契约的外国企业（并非审决的当事人）能否针对劝告审决提起取消诉讼成为了问题。对于这一问题，由于劝告审决不约束当事人以外的第三方,并不产生确定相关行为违法或者正当化当事人的行为等法律上的影响,因此最高法院认定除特殊情况外,劝告审决对第三方权利或法益没有损害而否决了原告适格性(天野·诺和案件,最判昭50.11.28民集29卷10号1592页)。这一判决没有给予实质上的违法行为者以提起取消诉讼的机会,难免受到程序性不公正的批判。

三、近年来对国际卡特尔的《独占禁止法》适用

如前所述,公平交易委员会近年来对国际卡特尔不再适用第6条而是开始适用第3条。尽管目前很难想象对外国企业进行刑事处罚,但是第6条与第3条后段在可以施加的刑罚轻重上与是否可以对未遂进行处罚方面都有着很大不同(参见第89条第1款第1项与第2款,第90条第1项)。以下对最近适用第3条后段的国际卡特尔案件加以介绍。

(1)电视显像管案

案件事实:两家韩国企业集团[三星显示界面(SDI)、乐金(LG)]、一家中国台湾地区企业集团(中华映管)、一家日本企业集团(MT映像显示)在东南亚当地的制造子公司与泰国企业在东南亚生产电视显像管,并将显像管销售给日本的电视生产企业集团(三洋电机、夏普等)在东南亚的子公司,最终于东南亚将显像管组装进电视。东南亚生产的显像管电视机又经由这些子公司等被销售给在日本的母公司夏普以及船井电机等企业,一部分在日本国内流通销售,另外一部分出口到外国(从东南亚直接运输到出口地)。东南亚各国的制造子公司间的显像管交易价格与数量是由母公司之间的交涉来决定的。公平交易委员会认定11家电视用显像管企业在日本国外协商决定面向日本的电视用显像管最低售价的行为违反《独占禁止法》第3条,并对包含外国企业在内的经营者处以排除措施与课征金。

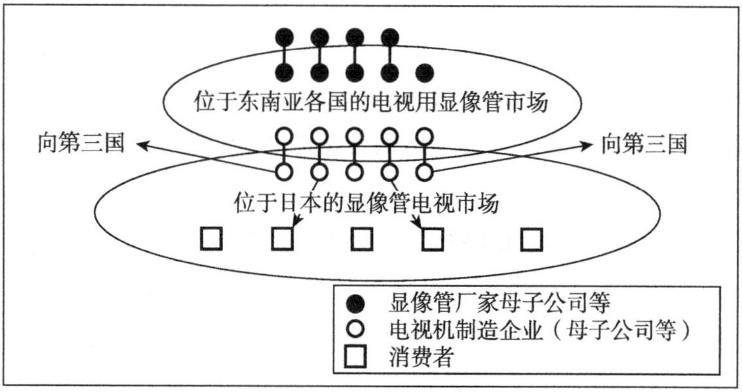

公平交易委员会的审判审决(平27.5.22 审决集62卷27页)与东京高等法院的3件案件的判决(平28.1.29 审决集62卷419页、平28.4.13 审决集63卷241页【百89】、平28.4.22 审决集63卷265页)尽管理由略有不同,但都维持了公平交易委员会的排除措施命令与课征金缴纳命令。最高法院作出如下判决,驳回了三星SDI马来西亚公司的上诉(最判平29.12.12 民集71卷10号1958页):

即使价格卡特尔合意是在国外形成的,只要其"限制与位于日本的交易对象之间的竞争等的价格卡特尔导致竞争机能受损的市场包括日本在内,则可以认定该卡特尔侵害了日本的自由竞争经济秩序",进而可以适用日本《独占禁止法》。在本案中,基于统括电视机业务的日本母公司与生产显像管的外国经营者就规格、价格、数量等进行交涉,对东南亚区域的子公司进行指示要其购买显像管等事实,购入显像管的交易应当认定为日本母公司与东南亚子公司"一体进行的经济活动"。因此,本案卡特尔损害了与位于日本的电视机制造销售经营者为对象的交易相关联的市场的竞争机能,可以适用《独占禁止法》(而以东南亚区域的销售额为基准算出课征金这一点也被最高法院以课征金制度的宗旨和法律规定为理由加以承认)。

没有管辖权规定的日本《独占禁止法》通过对价格卡特尔“实质性地限制相关市场的竞争”(第2条第6款)的实体要件的解释,对是否可以进行域外适用作出了判断。

(2)海洋软管市场分割协定案

本案中,英国(邓禄普)、法国(特瑞堡)、意大利(玛努利)、日本(普利司通、横滨橡胶)的海洋软管制造者在1999年12月以后,采用不同方式缔结国际市场分割协定・串通投标行为,具体行为包括在竞标中使各参与者成为本国海洋软管招标的中标者(例如,日本的石油储备基地的经营者预订的在日本使用的软管的中标者为日本的普利司通或横滨橡胶,而英国的需求者预订的在英国使用的软管中标者为邓禄普),而在其他国家的中标比例与中标者都交给被称为“调整者”的经营者来决定。决定在本国之外的中标者的协商发生在泰国、美国、英国。公平交易委员会根据以下理由发布了排除措施命令,并对以下交易领域有销售额的普利司通处以238万日元的课征金(横滨橡胶因利用课征金减免制度被免于课征金处罚)。

2－30 海洋软管市场分割协定案(排除措施命令・课征金缴纳命令平20.2.20审决集54卷512页、623页【百87】)

采用竞标方式销售海洋软管的外国企业与日本企业缔结的国际市场分割协定,实质性限制了位于日本的海洋软管需求者预订部分的交易领域的竞争。

本案的问题有三:第一,上述交易领域划分是否妥当;第二,已经被外国竞争执法机关处以行政制裁金的普利司通在日本又被处以课征金是否违反禁止双重处罚的原则;第三,不对违反第3条后半段规定的外国经营者进行课征金处罚是否合适(另外,还存在本案的立法管辖权到底是根据客观属地主义还是效果理论这一问题,但是由于现代两者基本没有区别,因此该问题并不重要)。

问题一中需要注意的是,即使是国际市场分割协定,其也仅仅把相关市场限定为国内需求者,而不考虑外国需求者。这一方面是从《独占禁止法》的目的(维持日本的竞争秩序)进行解释的结果,另一方面也是出于将来自外国需求者的销售额从课征金计算基准中除外的目的,而这又与问题二相关联。如果能够避免与外国竞争执法机关的金钱处罚的计算基准相重合(比如,日本公平交易委员会把普利司通来自韩国需求者的销售额作为课征金的计算基准,同时韩国竞争执法机关也基于普利司通来自韩国需求者的销售额来计算课征金),就可以避免双重处罚的问题(基本上其他国家的竞争执法机关也采用同样的计算方法)。

需要注意的是问题三。之所以不对外国企业征收课征金,主要是在本案划定的交易领域(日本市场)里,外国企业没有销售额(由于市场分割,自然也不会有销售额)。前文提到,课征金的目的之一是征收不当得利,而且其作为抑制力的作用也正在逐渐增强。从立法论的角度来看,像本案这样对市场分割协定这样的核心卡特尔也不征收课征金这一点就成了问题,应该根据拟制销售额等方式对外国企业征收课征金。另外,作为欧盟竞争执法机关的欧洲委员会对本案中于欧盟市场没有销售额的普利司通仍然征收了5850万欧元(按照2009年处罚时平均汇率1欧元=130日元计算,相当于76亿日元)的行政制裁金。在这种情况下,欧洲委员会会将商品的总销售额乘以违法行为者在世界市场的占有率来算出拟制销售额,进而决定制裁金金额。例如,A公司没有进入欧洲市场,而在全世界市场占有率为15%的情况下,会假定A公司进入欧洲市场也会获得相同程度的市场占有率。因此,该商品的市场规模(=其他企业的销售额合计)乘以15%就是拟制销售额。

四、国际案件固有的程序问题

(1)文件的送达

如何有效地将报告命令书、排除措施命令书、课征金缴纳命令书等文件送达给作为国际卡特尔的成员或国际性企业合并的当事者的外国企业是一个问题。如果外国企业在日本有分店、营业所、驻在员事务所等,直接送达给这些地方即可,而如果外国企业选任了有权限接收此类文件的国内代理人的话,送达代理人也构成有效送达。问题在于,如果两者都没有,应当如何应对?

过去曾经有向外国企业的国内代理店送达审判开始决定书不构成对外国企业的有效送达的决定(公平交易委员会对瑞典海运业者等9家企业的审判开始决定的取消决定,昭47.8.18审决集19卷197页)。这是因为如果代理店不是外国企业的分店或营业所的话,其没有受领文件的权限(而且外国企业也没有进行追认)。

而现在的《独占禁止法》第70条之7与第70条之8正是考虑到这种情况而制定的。第70条之7准用了《民事诉讼法》第108条等关于送达的规定,对外国的送达可以通过管辖部门送达与领事送达手段进行。尽管实践中仅适用后者,但经营者所在国的日本大使、公使或者领事可以经公平交易委员会的委托,在当事者所在的外国同意的情况下由在外大使馆、领事馆等向当事者进行送达。这是因为如果没有外国政府的同意,不得在外国行使一定措施的履行、金钱的缴纳等强制性权限(行使执行管辖权)。

第 70 条之 8 的公示送达相关规定则是在尝试过领事送达但得不到外国政府同意,或者在该国没有日本大使、公使、领事等情况下,公平交易委员会在任何时候可以通过公示场(公示板)明示向应当送达者加以送达。应当在外国进行送达的情形中,公示送达在公示开始日起经过 6 周后发生效力(第 70 条之 8 第 4 款)。在必和必拓与力拓的企业合并案件(第 1 次,2008 年)以及前述电视机用显像管案件中,公平交易委员会尝试进行领事送达后,进行了公示送达。

(2)与外国的执行协助协定

竞争执法机关可能出于国际协助的理由被请求实施或不实施一定的措施。现在,日本政府与美国政府、加拿大政府、欧洲共同体(European Community)签订了独占禁止协助协定。其中规定了以下五项内容:①通报影响另一方重要利益的执行活动;②进行包括提供另一方竞争执法机关的执行活动相关的重要信息在内的执行活动支援;③对相关联的案件进行执行活动的调整;④积极礼让(当在一方领域内进行的反竞争行为影响到己方重要利益时,请求另一方竞争执法机关进行执行活动,被请求一方的竞争执法机关应当认真考虑是否进行执行活动);⑤消极礼让(当缔约另一方的执行活动影响到己方的重要利益时对另一方进行通报,而被通报一方应当认真考虑是否进行包括抑制执行活动在内的考虑对方重要利益的行为)。

此外,日本还和新加坡、马来西亚、墨西哥、智利、泰国、印度尼西亚、菲律宾、瑞士、越南、印度、秘鲁、澳大利亚、东盟(ASEAN)

等国家和组织签订了包括竞争章节的经济合作协定。在竞争章中规定"缔约两国将遵守各自国家的法令,并在自己能够利用的资源范围内在规制反竞争行为方面进行合作"等内容,并在实施方式中涉及合作领域、细则、程序等。实施方式主要规定通报、执行合作、调整、信息交换、秘密信息的处理、技术支援、适用范围等内容。

另外,经济合作与发展组织(OECD)成员国之间签订了《对国际贸易产生影响的反竞争行为的成员国合作相关的理事会劝告》(1995.7.27)。其中规定了通报、信息交换、措施调整、协商、调停等内容。前述电视机用显像管案件中日本就基于此向韩国进行了通知。

这些协定与劝告中规定了一定情况下可以向外国竞争执法机关提供关于反竞争行为相关的重要信息。但是《独占禁止法》第39条规定,公平交易委员会的委员长、委员、职员(包括曾经的职员)不得泄露经营者的秘密,而《国家公务员法》第100条也规定禁止泄露国家公务员在职务活动中知晓的秘密。因此,除了一部分与外国的协定外,只有在经营者放弃保密后才能够向外国竞争执法机关提供经营者的秘密信息(另外,《独占禁止法》第43条之2规定了向外国竞争执法机关提供信息的情况的条件以及确认事项)。

第四节 排除措施

> 第7条 【排除措施命令】①违反第3条或前条规定时，公平交易委员会可以为了排除违法行为而采取……要求经营者停止行为、转让部分业务等必要措施。
>
> ②即使违反第3条或前条规定的行为已经停止，公平交易委员会为确保该行为的停止，在认为有特殊必要时……仍可以采取要求以下经营者或个人向公众告知该行为已经停止等必要措施。但是不包括行为停止日起已经超过5年的情况。
>
> 一 曾经进行该行为的经营者。
>
> 二 曾经进行该行为的经营者为法人时，该法人合并或消灭后的情况下通过合并得以存续，或通过合并得以新设的法人。
>
> 三 曾经进行该行为的经营者为法人时，从该法人中分割出来后全部或部分继承与该行为相关业务的法人。
>
> 四 全部或部分接受曾经进行该行为的经营者转让的与该行为相关业务的经营者。

1. 本条的宗旨

本条规定，公平交易委员会可以对违反禁止私人垄断或不正当的交易限制的规定(第3条)、禁止缔结包括不正当的交易限制或不公平的交易方法内容的国际性协定的规定(第6条)的经营者给予行政处分，采取排除违反行为或确保排除违反行为效果所必要的措施(=排除措施)。第1款针对现存的违反行为，第2款针对既往的违反行为。

排除措施命令是以排除违法行为、去除由违法行为造成的违法状态、恢复竞争秩序、防止再次发生为目的的，以作为·不作为为内容的行政处分，不考虑经营者的故意或过失、对违反《独占禁止法》的认识等主观状态。

2.排除措施命令的内容

排除措施的具体内容由公平交易委员会从恢复竞争秩序与防止再次发生的角度出发，在排除违法行为或确保违法行为被排除所必要的范围内裁量决定。本条规定了对现存违法行为可以采取停止违法行为、转让部分业务等措施；对既往的违法行为可以采取向公众告知该行为已经停止等措施。当然，可以采取的措施不限于此，可以根据违反行为的具体形态加以应对。

当然，由于排除措施命令属于行政处分，公平交易委员会不得超过或滥用其裁量范围违反行政处分的平等原则、比例原则等原则。另外，命令内容不得过于抽象、不明确，无法具体履行或履行显著困难。

更具体地说，排除措施的内容有以下四种：(1)现存违反行为及其实行手段的停止、废除，或对既往违法行为的停止进行确认；(2)为了切实消除违法状态而向交易对象、需求者、同行业者进行周知；(3)为了防止违法行为再次发生而禁止在将来对违法行为进行反复；(4)对这些措施向公平交易委员会进行报告或进行承认等附属措施。公平交易委员会可以根据具体案情修改或调整措施。

在核心卡特尔案件中，对于类型一，公平交易委员会通常会要求各家企业在董事会决议中规定今后各自自主进行经营活动。另外，对于类型三，公平交易委员会不仅可以要求禁止反复实施违法行为，还会要求制作或修改遵守《独占禁止法》的行动指南（合规程序），要求企业从业人员定期进行《独占禁止法》遵守方面的研修，并由法务负责人定期进行检查。

虽然具体排除措施的对象必须在社会一般观念上与违法行为保持一致，但是如果有必要也可以针对有可能发生的与其同类、相似的违法行为采取适当的措施［第一次育婴奶粉案（明治商事）＝东京高判昭 46. 7. 17 行集 22 卷 7 号 1070 页］。

另外，在价格卡特尔案件中，公平交易委员会为了尽量避免直接介入价格而避免通过排除措施命令要求将价格恢复到卡特尔缔结之前的水平。取而代之的是要求与交易对象再次就价格进行交涉，维持对交易当事人之间自主决定价格的期待。

在私人垄断的排除措施方面，能否采取企业分割与消除合并关系（股份处分）等结构措施成为问题。当然，如果私人垄断是由股份持有等结合关系造成的，可以在违法行为的排除措施中要求处分相关股份（东洋制罐案件＝劝告审决昭 47. 9. 18 审决集 19 卷 87 页【百 16】）。问题是，能否针对作为私人垄断背景的市场支配力，或者由于私人垄断行为被形成、维持、强化的市场支配力本身采取结构措施？关于这个问题，存在以下两种观点：一是法条没有明文规定，所以在停止违法行为力度不足，而且为了防止再次发生而有必要的情况下，可以采取结构措施。二是为了防止再次发生违法行为而对违法行为的源头予以排除，该观点超出了排除措施命令必要的范围。目前还没有采取过此类排除措施。而理论上，针对私人垄断，能够采取排除措施命令的构造措施的范围仅限于违法行为后果形成、维持与强化的市场支配力的增加部分。实际上，要确定与违法行为存在因果关系的市场支配力形成、维持与强化的部分非常困难。

3. 对既往的违法行为采取的排除措施命令

近年来，公平交易委员会展开调查而使经营者停止其违法行为的情况很常见。在展开调查时，违法行为虽然实际上已经停止，但其后竞争秩序往往并未充分恢复，存在较高的再发风险。这种情况下就需要对既往的违反行为采取排除措施。公平交易委员会认为在特别有必要的情况下，可以在行为停止后的 5 年内对已经停止的违法行为采取要求周知等排除措施。

(1)“违法行为已经停止”

只有违法行为消失未超过 5 年才能对既往的违法行为采取排除措施。因此，何时才算违法行为消失(终期)就成为一个问题。

不正当的交易限制的终期为合意消灭时，需要存在能够表明合意废除或相互拘束在事实上已经消灭的特定事实，也可能需要能够认定特定经营者已经脱离卡特尔的外部表征(参照第二章第二节“不正当的交易限制的禁止”部分)。私人垄断的终期也需要能够认定排除、支配已经消灭。以附排他条件交易等方式对交易对象进行支配的情况下，需要能够认定交易对象处于可以不受拘束地进行经营活动的状态的外部表征的存在。另外，私人垄断中也存在排除、支配行为与实质性限制竞争的始期、终期不一致的情况，如果基于外部环境的变化等原因使得实质性限制竞争的状态先消灭，则以其消灭时为终期。

(2)“认为有特殊必要的情况”

一直以来在涉及既往违法行为时，公平交易委员会认定几乎所有的案件都属于“认为有特殊必要的情况”并发布了排除措施命令，但并没有全都明示认定有必要的根据。在邮件分拣机串通投标审决取消请求案件(最判平 19.4.19 审决集 54 卷 657 页【百 96】)中，最高法院认定，是否符合“认为有特殊必要的情况”的要件，需要依靠在竞争政策方面有专门知识的、作为《独占禁止法》执行机关的公平交易委员会的专属裁量，即使公平交易委员会对基础事实没有明示作出判断，其在审决书的整体记载内容中明示作为基础的认定事实即可。

这样，“认为有特殊必要的情况”这一要件的判断被交给公平交易委员会进行广泛地裁量。只有在被认定为超出裁量权的范围或滥用裁量权等情形下，对既往行为发布排除措施命令才会违法。

以该案为契机，公平交易委员会开始在案件中说明认定符合该要件的理由。而在所有的案件中，公平交易委员会指出的理由均为以下两个：①违法行为实施时间较长；②停止违法行为并非自主停止的，而是出于公平交易委员会开始审查等外部原因。

(3)除斥期间

不得在违法行为停止日起经过 5 年后发布排除措施命令。这一除斥期间在 2005 年的《独占禁止法》修改中从 1 年被改为 3 年，而在 2009 年修法中被延长到 5 年。延长除斥期间的原因主要是在调查国际卡特尔等案件中与美国、欧盟的法律保持一致。如果日本的除斥期间较短这一情况不变，就可能产生虽然美国、欧盟可以立案但是日本不能立案的情况。

(4)排除措施命令的接受者

在有必要的情况下，就既往的违反行为发布的排除措施命令的对象除实施违法行为的经营者外，还包括以下法人或经营者：①曾经进行该行为的经营者为法人时，该法人合并或消灭后通过合并得以存续或通过合并得以新设的法人；②曾经进行该行为的经营者为法人时，从该法人中分割出来后全部或部分继承与该行为相关业务的法人；③全部或部分接受曾经进行该行为的经营者转让的与该行为相关业务的经营者。除非有特殊情况，否则没有必要对将涉及违法行为的业务转让后撤出相关业务的经营者发布排除措施命令。

第五节　课征金

一、概要

1. 课征金制度的宗旨

公平交易委员会在经营者或经营者团体实施了作为课征金对象的《独占禁止法》违反行为的情况下，可以命令该经营者（经营者团体的情况下为团体成员经营者）向国库缴纳课征金（第7条之2、第8条之3、第20条之2至第20条之6）。这被称为“课征金缴纳命令”。公平交易委员会“可以发出”排除措施命令，而“必须发出”课征金缴纳命令。也就是说，公平交易委员会在课征金的缴纳方面没有自由裁量的余地。但是，在课征金金额不满100万日元的情况下不得要求缴纳课征金。

课征金制度的目的在于抑制违法行为。例如，卡特尔的情况下课征金的目的就在于“增加卡特尔被举报带来的不利益，减小造成卡特尔的经济上的诱因，强化预防卡特尔的效果”（机械保险联盟费率卡特尔案件 = 2-31，多摩串通投标案件 = 2-20 等）。课征金制度在1977年《独占禁止法》修改时被规定进《独占禁止法》。当时围绕课征金的性质，理论界在课征金制度与刑事罚之间的关系、课征金制度与不当得利返还制度之间的关系方面展开了激烈的争论。

从判例上看，即使对同一违法行为同时处以课征金与刑事罚

(第 89 条、第 95 条)也不构成《宪法》第 39 条后段禁止的双重处罚(贴纸串通投标课征金案件 = 最判平 10.10.13 判时 1662 号 83 页)。这是因为课征金作为为达成上述目的而作出的行政处分,其宗旨、目的、程序等都与着眼于制裁卡特尔的反社会性、反道德性的刑事罚不同。然而,第 7 条之 2 第 19 款规定,对同一案件同时处以罚金与课征金的,需要将相当于罚金 1/2 的金额从课征金中扣除。这是出于立法上的比例原则与罪刑相适应原则的考虑。

另外,课征金制度旨在防止经营者从卡特尔等处获取利益,修正经济利得归属的不公平。因此,课征金制度又与民法上的不当得利制度产生联系。判例提到,"课征金的金额不一定必须与通过卡特尔实际获得的利益完全一致"(机械保险联盟费率卡特尔案件 = 2-31)。判例还提到,民法上的不当得利制度是专门为了从公平的角度出发调整权利主体间的利益关系的私法制度,与课征金制度的宗旨、目的不同,因此不需要在两种制度之间进行调整(前述贴纸串通投标课征金案件、贴纸串通投标不当得利返还案件 = 东京高判平 13.2.8 审决集 47 卷 690 页【百 100】)。

2. 课征金制度的变迁

如上文所述,课征金制度是在 1977 年《独占禁止法》修改时引入的。这次修改的背景是 20 世纪 70 年代前期石油危机导致物价高涨("狂乱物价")。这次修改除引入课征金制度外,还加入了对独占状态的规制(第 8 条之 4)、特定一般集中规制(旧法第 9 条之 2、第 11 条)以及并行价格上涨的理由报告制度(旧法第 18 条之 2)。之后,仅课征金制度因其抑制《独占禁止法》违反行为具有有效性而不断得到强化修改。

具体来说,日本受日美构造问题协定的影响,1991 年提高了课征金的算定率。2005 年除提高算定率外，还将课征金对象扩大到支配型私人垄断，并对不正当的交易限制引入了课征金减免制度。2005 年修法时明确了课征金制度旨在征收不当得利以上的金额，其具有确保社会公平与预防违法行为发生的复合功能。2009 年修法时将课征金对象扩大到排除型私人垄断与特定的不公平的交易方法，并延续至今。

目前的课征金制度具有一律性与非裁量性。这导致三个问题：(1)无法对没有日本国内销售额的外国经营者征收课征金，无法应对复杂的经济状况；(2)无法提高企业配合调查的动力；(3)公平交易委员会对违法性判断上有难度的排除型私人垄断等行为难以有效规制。为此，有主张通过立法的方式引入裁量性课征金。2017 年公布的《〈独占禁止法〉研究会报告书》就从前两个问题的角度出发，表示应当赋予课征金制度一定的灵活性。

3. 课征金金额的算定

课征金缴纳命令的对象如表 2－1 所示。为了让课征金制度得到有效执行，课征金金额是通过将违法行为对象商品或服务在实行期间或违法行为期间的销售额或购入额乘以表格中的一定百分比（算定率）算出的。与课征金征收一样，为了执行效率，课征金金额的计算也没有裁量余地（⇨2－31）。

课征金算定率原则上为 10%。对过去的卡特尔案件进行的实证分析表明，经营者大多获得超过销售额 8% 的不当得利，因此为了抑制违法行为，就要征收这个比例之上的课征金。而对支配型私人垄断也采用同样算定率的理由是，支配型私人垄断时常也会对市场造成和不正当的交易限制相同的效果。

2－31 机械保险联盟费率卡特尔案（最判平17.9.13民集59卷7号1950页【百99】）

课征金的计算方式是基于其作为行政措施需要明确计算标准、为了积极有效执行以确保抑制效果而需要易于计算的理由设计出来的。

除滥用优势地位之外，零售业与批发业的课征金的算定率相对较低。原因在于，这两个行业通过违法行为获得的不当得利较低。实际中需要对每个经营者具体判断其行业种类。例如，虽然自身并不生产商品但却与具体制造过程相关联的经营者，适用制造业的算定率。而经营者除了进行零售业与批发业的经营活动之外，其还进行其他种类的经营活动，需要通过经营活动占交易整体的比例决定一个单独的行业种类（爱沃特案件＝东京高判平26.9.26审决集61卷217页【百109】，本案在决定单独行业种类时，就合并后企业的制造部分能否特别认定为当事企业的制造部分产生争议，最终该主张被否决）。

表2－1 各个违反《独占禁止法》行为的课征金算定率

（ ）内为中小企业的情况

	制造业等	零售业	批发业
不正当的交易限制	10%（4%）	3%（1.2%）	2%（1%）
支配型私人垄断	10%	3%	2%
排除型私人垄断	6%	2%	1%

续表

	制造业等	零售业	批发业
共同拒绝交易 价格歧视 不当倾销 限制转售价格	3%	2%	1%
滥用优势地位	1%		

另外,不正当的交易限制情况下,中小企业的课征金算定率较低。这是因为中小企业的获益率一般低于大企业,且交涉能力较弱,从违法行为中获得的不当利益较低。第 7 条之 2 第 5 款为中小企业下了定义。无论违法行为涉及何种商品,都可根据资本、出资额、职工数来判断经营者是否为中小企业。

二、分论

> 第 7 条之 2 【不正当的交易限制的课征金缴纳命令】①经营者实施不正当的交易限制,符合下列各项之一的情形时,公平交易委员会必须命令该经营者将相当于……(实施期间)中……该商品或服务的……销售额(……购入额)乘以百分之十(零售业为百分之三,批发业为百分之二)的金额的课征金向国库缴纳。但是,如果该金额不足 100 万日元,则不得命令经营者缴纳。
>
> 一　涉及商品或服务的价格。
>
> 二　对商品或服务的以下任意一项施加实质性限制并因此对价格造成影响。
>
> a　供给量或购入量。
>
> b　市场占有率。
>
> c　交易相对方。

1. 对不正当的交易限制的课征金缴纳命令

第7条之2第1款规定了对不正当的交易限制的课征金缴纳命令。该命令的对象为第1项规定的“涉及价格”或第2项规定的“对价格造成影响”的不正当的交易限制。

(1)涉及价格

第1项规定的“涉及价格”除关于供给或购入价格本身的合意之外,还包括以影响价格为目的的合意与对价格直接产生影响的合意。串通投标是以影响价格或对价格直接产生影响的合意的典型的“涉及价格”的不当的交易限制[邮件分拣机课征金案件 = 东京高判平24.2.17审决集58卷(2)127页]。

(2)对价格造成影响

第2项规定的“对价格造成影响”,包括通过对供给或购入量、市场占有率、交易对象三者中任何一项“予以实质性限制”而产生影响价格的盖然性的合意。通常对供给或购入量及交易对象的实质性限制会被认定为“会对价格产生影响”(⇨2-32)。第7条之2第3款则定义了市场占有率。

2-32 球墨铸铁管案[东京高判平23.10.28审决集58卷(2)60页]

除非属于因供需关系导致市场价格机制不发挥作用等特殊情况,否则如果市场分割卡特尔导致各个经营者的供给量低于自由竞争下的供给量,则该卡特尔具有限制市场整体的供给量的效果,从而影响市场价格。

2. 课征金缴纳命令的当事人

课征金缴纳命令的当事人是实施了不正当的交易限制且符合第7条之2第1款的“该经营者”[久保田案件 = 东京高判平24.2.24审决集58卷(2)166页【百104】。本案为多个违法行为者涉及同一商流时通过认定其是否实施了事实上的经营活动来判断是否实施了违法行为的案例]。违法行为经营者因合并而消灭时,合并后的企业成为课征金缴纳命令的当事人(第7条之2第24款)。违法行为经营者在违法行为调查开始后转让业务或者企业分割的,继承业务的企业为课征金缴纳命令的当事人(第7条之2第25款)。在公共项目招标等情形中,企业可能会有义务以共同企业体的形式参加,此种情况下,构成企业体的经营者为课征金缴纳命令的当事人。

3. 实施期间

实施期间是指从不正当的交易限制“作为实施的经营活动的开始日”(始期)到“作为实施的经营活动的停止日”(终期)的期间。这一期间从终期最多向前追溯3年。另外,实施期间终了日起经过5年的,则不可以再下达课征金缴纳命令(第7条之2第27款)。这被称为除斥期间。不正当的交易限制本身的始期和终期有可能与不正当的交易限制的实施期间的始期与终期不同。这是因为,前者以合意的成立与消灭为基准,而后者以遵从合意的契约或销售为基准。即使是同一个不正当的交易限制,也要对各个参加者单独认定实施期间。

“作为实施的经营活动的开始日”在价格卡特尔的情况下是指涨价预定日。就当天的涨价与需求者进行了交涉的情况下,不考虑当天实际上是否实现了涨价(日本聚丙烯等课征金案件 = 审判审决平19.6.19审决集54卷78页【百103】)。串通投标的情况下则以遵从基本合意首次投标之日为开始日。

“作为实施的经营活动的停止日”在价格卡特尔的情况下是指合意消灭日的前一日。在串通投标的情况下，即使个别调整后基本合意已经消灭，但仍然按照个别调整签订契约的话，实施期间的终期为签约日。

4.“该商品或服务”的“销售额(……购入额)”

(1)该商品或服务

“该商品或服务”的“销售额(……购入额)”是计算课征金的基础。首先，在卡特尔案件中，“该商品或服务”是指①属于违法行为的对象商品或服务范围的商品或服务，而且②受违法行为的拘束(东京无线出租车工会课征金案件=审判审决平11.11.10审决集46卷119页【百101】)。除非明示或默示地特意将商品或服务从行为对象中除外，或有特殊事由可以认定有合理理由将商品或服务从定型的拘束中除外，否则推定达到①的条件，符合“该商品或服务”。到目前为止，案件中就个别定价的特别预订商品(东芝化学课征金案件=审判审决平8.8.5审决集43卷68页。该案肯定了这种情况属于特殊事由)与完全子公司的销售部分产生过是否存在特殊事由的争议。对后者能否被看作同一企业内的物资的移动进行了讨论[出光兴产审决取消请求案件=东京高判平22.11.26审决集57卷(2)194页。该案否定了这种情况属于特殊事由]。

其次，在串通投标案件中，“该商品或服务”“需要该经营者直接或间接参与的中标调整程序导致发生了限制竞争效果”(土屋企业案件=东京高判平16.2.20审决集50卷708页【百102】，多摩串通投标案件=2-33)。有很多案件就争夺项目等是否产生具体的限制竞争效果这个问题产生了争议。判例表示,除非能够认定存在特殊事由,可以将商品或服务从基于基本合意的个别调整的对象中除外,否则只要依据基本合意进行了个别调整就可以认定产生了具体的限制竞争效果(高屋案件 = 东京高判平26.11.21 审决集61卷228页【百105】)。和卡特尔案件一样,需要涉案企业自行证明特殊事由的存在。即使串通投标企业之外的企业中标,由于个别调整减少了参与竞争的单位,也应该认定不存在特殊事由。

2－33 多摩串通投标案(最判平24.2.20 民集66卷2号796页【百3,20】= 2－20 2－21 2－25)

作为课征金对象的"该服务"为基本合意对象的工程。根据基本合意进行的中标调整导致具体的限制竞争效果。

(2)销售额或购入额

作为计算课征金的基础的销售额或购入额原则上应该由企业会计准则根据实施期间移交的商品或服务的总价构成(独禁令第5条)。这被称为移交基准。但是,存在导致显著差异的事由下,则由实施期间签约成交的商品或服务的总价构成(独禁令第6条)。此类事由包括从签约到移交之间有较大间隔的情况或下单集中在特定时期的情况。这被称为签约基准。根据签约基准进行的修正是为了让课征金金额能够更为合适地反映实施违法行为获得不当得利的程度。东燃综合石油案件(东京高判平18.2.24 审决集52卷744页)中认定,公平交易委员会对导致显著差异的事由的判断有一定的裁量权。

移交基准下的打折、退货、返现，以及签约基准下的打折都会从销售额或者购入额当中扣除。另外，成本不从销售额或购入额当中扣除（机械保险联盟费率卡特尔案件 = 2 - 31。本案否决了在成本项目中从经营者在交易对象处获取的金钱以及报酬的合计中扣除之前的数值作为销售额的原则，在损害保险方面将营业保险费的合计额从纯保险费用中扣除的主张）。另外，公平交易委员会在实践中不将消费税扣除，而判例也认可了这一原则。

> 第 7 条之 2　【支配型私人垄断的课征金】②经营者实施私人垄断（仅限于支配其他的经营者的经营活动），且其他经营者……供给的商品或服务符合下列各项之一的，准用前款规定。
>
> 一　涉及商品或服务的价格。
>
> 二　商品或服务实质性对以下任意一项加以限制并因此对价格造成影响。
>
> a　供给量或购入量。
>
> b　市场占有率。
>
> c　交易对象。
>
> ③（略）

1. 概论

第 2 款是针对支配型私人垄断的课征金规定。由于影响价格的支配型私人垄断在经济实态上与卡特尔类似，课征金算定率、价格影响要件（“对价格造成影响”等要件）都与不正当的交易限制的课征金规定相同，因此这些可以准用第 1 款的规定。另外，违法经营者为中小企业情况下的减免课征金的规定不适用于此。这是因为在支配型私人垄断案件中，即使违法行为者是中小企业，其通过行使市场支配力获得了独占性的利益，适用减免课征金规定的必要性很小。

此外,尽管私人垄断课征金可以适用反复实施违法行为情况下的加重措施制度,但不适用初期阶段脱离时的减免措施、发挥主导作用情况下的加重措施、举报违法行为等情况下的课征金减免(宽大措施)等制度。

支配型私人垄断的价格影响要件,是指违法行为者参与了被支配经营者供给的商品的定价决策。例如,制造商对作为交易对象的流通业者决定转售价格;决定招标的中标者,要求作为被支配经营者的参与招标者遵守其指示等。另外,通过限制供给量、市场占有率或交易对象导致对商品或服务的价格产生影响的情况也符合这一标准。

另外,课征金对象仅限于涉及供给的私人垄断,不包含涉及购入的私人垄断。其原因在于,对涉及购入的私人垄断进行法律规制的情况较少,目前还没有必要对其处以课征金。

2. 销售额的计算方法(作为课征金对象的交易)

在私人垄断中,违法经营者进行交易的交易阶段可能不被包含在发生实质性限制竞争的交易领域中。因此有必要让作为课征金计算基础的销售额反映违法行为对竞争造成的影响。

支配型私人垄断的销售额的计算是根据违法行为者通过被支配经营者间接供给的商品或服务的销售额与违法行为者直接供给的商品或服务的销售额合计的方法算出的。也就是说,①在违法行为实施期间,被支配经营者转让的商品、服务的价格的合计(销售额①)与②相关市场中转让的商品或服务的价格的合计中减去销售额①的部分(销售额②)的合计。另外,销售额①涉及的商品或服务中,包括③被支配经营者为供给商品或服务所必要的商品或服务(原材料或零件等)(第7条之2第2款、独禁令第7条)。

而且,数量不足、退货、打折等情况的扣除(独禁令第7条),根据转让基准算出的价格合计与根据签约基准算出的价格合计间差异显著情况下的处理(独禁令第8条)以及未满100万日元不得要求缴纳课征金的规定都与不正当的交易限制相同。

> 第7条之2 【排除型私人垄断的课征金】④经营者实施私人垄断(仅限排除其他经营者的经营活动的情形,不包括符合第2款规定情形)时,公平交易委员会必须命令该经营者将相当于……在"违反行为期间"就涉及该行为在相关市场中该经营者供给的商品或服务……以及……供给该商品或服务的其他经营者向该经营者供给的商品或服务(……包括其他经营者为向该经营者供给该商品或服务所必须的商品或服务)的……销售额乘以百分之六(该经营者为零售业者时为百分之二,为批发业者时为百分之一)的金额缴纳给国库。(后略)
>
> ⑤(略)

1. 概说

第4款为排除型私人垄断的课征金规定。对排除型私人垄断中符合第7条之2第2款(支配型私人垄断的课征金规定)以外的排除行为,会处以销售额的6%(零售业2%,批发业1%)的课征金。另外,没有影响价格的要件。

2. 违法行为期间(计算期间)

课征金的计算期间为"该行为实施日起到该行为消灭日止的期间"(=违法行为期间),最长为3年。

排除型私人垄断的情况中,常会出现排除行为导致市场竞争情况发生变化,从而实质性限制竞争的结果。这种情况下,以对竞争的实质性限制产生的时间为"该行为实施日"(始期)。

“该行为消灭日”(终期)是指不再构成任一违法要件,排除行为停止的时间与对竞争的实质性限制消灭的时间两者中较早的时间。因此,即使既往的违法行为的不良影响在市场上仍然存在,也不妨碍对违法行为终期的认定。

3.“销售额”的计算方法(作为课征金对象的交易)

排除型私人垄断的课征金计算的销售额,是指将违法行为期间①在涉及违法行为的相关市场中向供给商品或服务的其他经营者转让的商品或服务的价格之和(销售额①)与②相关市场中转让的商品或服务的价格的合计中减去销售额①的部分(销售额②)合计而成的数额。另外,销售额①涉及的商品或服务中,包括③被支配经营者为供给商品或服务所必要的商品或服务(原材料或零件等)。

而且,数量不足、退货、打折等情况的扣除(独禁令第9条),根据转让基准算出的价格合计与根据签约基准算出的价格合计间差异显著情况下的处理(独禁令第10条)以及未满100万日元不得要求缴纳课征金的规定(第7条之2第4款但书)都与不正当的交易限制相同。

4. 支配型与排除型的竞合调整

支配型私人垄断的课征金算定率为10%,而排除型私人垄断的课征金算定率为6%,这就导致当两行为竞合或同一行为同时符合支配型与排除型等情况时适用何种课征金算定率成为了重要的问题。

关于这一点,第7条之2第4款在括号内对竞合调整作出了规定,即“仅限排除其他经营者的经营活动的情形,不包括符合第2款规定情形”。然而,考虑到实际行为多种多样,这一调整规定的含义未必足够明确。以下将对三种情况分别进行讨论:(1)同一行为具有排除与支配两面的情况;(2)同一案件中同时实施了排除行为与支配行为,而仅凭其中之一就可以单独认定实质性限制竞争的情况;(3)分别存在排除行为与支配行为,但两行为合起来才足以认定实质性限制竞争的情况。

情况一包括通过拘束(支配)上游或下游的交易对象,使该交易对象不与自己的竞争者进行交易的行为。一般来说,对交易对象的拘束强度足够高的即可满足"支配"要件,而典型的排他交易案件中,会出现通过支配排除竞争者的情形。在此需要注意的是,支配型私人垄断多出了影响价格的要件。立法考量在于,将支配型课征金限定为与卡特尔相似的支配型私人垄断的话,主要以排除竞争者为目的(或以其为手段)的支配很多都不满足影响价格要件。这种情况下,就仅符合排除型私人垄断的条件。

情况二中,即使没有其中一行为,另一行为单独也能构成实质性限制竞争。这是第 7 条之 2 第 4 款括号内的规定所预想的典型情形。例如,八乐梦医疗用病床案(= 2 -9)就属于这种情况。这时,仅有串通投标中的支配行为也能成为课征金的对象。

情况三中,各行为无法单独构成实质性限制竞争,必须由支配行为与排除行为共同作用才能产生反竞争效果。

这种私人垄断中,有力观点认为,既然支配行为对实质性限制竞争产生作用,就应当依据第 7 条之 2 第 2 款处以 10% 的课征金。另外,不应当对通过排除行为导致的反竞争效果部分征收课征金的观点也有道理。这样的话,只有在支配行为对实质性限制竞争产生的作用大于排除行为产生的作用时才征收支配型私人垄断的课征金的解释也成为了可能。

第7条之2 【早期阶段脱离的情况下降低算定率】⑥依据第1款之规定命令缴纳课征金时,如果该经营者对违法行为涉及案件……在调查开始日……的一个月之前……停止了该违法行为(仅限于该违法行为的实施期间未满两年的情况),则第1款中的“百分之十”变为“百分之八”,“百分之三”变为“百分之二点四”,“百分之二”变为“百分之一点六”。但是,该经营者符合第7款到第9款规定情形的,不在此限。

【重复违法情况下加重算定率】⑦依据第1款……之规定命令缴纳课征金时,如果该经营者符合下列任意一项,则第1款中的“百分之十”变为“百分之十五”,“百分之三”变为“百分之四点五”,“百分之二”变为“百分之三”。但是,该经营者符合第9款规定情形的,不在此限。

一 从调查开始日起向前追溯10年,其间曾经受到过第1款……规定之命令的(后略)。

【主导违法行为情况下加重算定率】⑧依据第1款……之规定命令缴纳课征金时,如果该经营者符合下列任意一项,则第1款中的“百分之十”变为“百分之十五”,“百分之三”变为“百分之四点五”,“百分之二”变为“百分之三”。但是,该经营者符合第9款规定情形的,不在此限。

一 单独或共同计划实施该违法行为,并且通过要求、依赖、唆使其他经营者实施该违反行为或不要停止该违反行为使该行为得以实施或未能停止。

二 单独或共同应其他经营者的请求,持续对其他经营者指定涉及该违法行为商品或服务的价格、供给量、购入量、市场占有率或交易对象。

> 三　除前两项规定情形外，单独或共同实施下列任何一种行为，且对使得该违法行为易于实施起到重要作用。
>
> a　要求、请求或唆使其他经营者实施或不要停止该违反行为。
>
> b　对其他经营者指定涉及该违法行为商品或服务的价格、供给量、购入量、市场占有率或交易对象等作为该违法行为实施的经营活动。
>
> 【重复且主导时加重算定率】⑨在第1款规定的课征金缴纳中，该经营者同时符合第7款各项之一与第8款各项之一时，第1款中的"百分之十"变为"百分之二十"，"百分之三"变为"百分之六"，"百分之二"变为"百分之四"，第5款中的"百分之四"变为"百分之八"，"百分之一点二"变为"百分之二点四"，"百分之一"变为"百分之二"。

1. 算定率的降低

第6款至第9款规定了降低与加重算定率的情形。第6款规定，到调查开始日的一个月之前为止，卡特尔消灭或从卡特尔中脱离且卡特尔的实施期间不满2年的，课征金算定率减轻20%。调查开始日是指就违法行为对任一经营者进行调查程序的上门检查（第47条第1款第4项）或刑事调查程序的临检、搜查或扣押（第102条第1款）的最初实施日（如果没有前述行为，则为接到课征金缴纳命令的事前通知之日）。第6款在于为尽早脱离卡特尔提供诱因。该款与后述的课征金减免制度不同，其对象经营者的数量不限。支配型与排除型私人垄断的课征金不适用本款规定。另外，被处以第7款开始的各种加重时（重复违法经营者、主谋经营者的情况），不适用本款。

2. 加重算定率

(1)重复违法

第7款规定,自调查开始日起,之前10年内受到过课征金缴纳命令的,课征金算定率加重50%。例如,经营制造业的大企业的算定率变为15%。理由在于,重复实施违法行为时,不当得利较多或对违法行为加以抑制的必要性更强。调查开始日的定义与第6款相同。课征金缴纳命令需要被确定。

本款以违反第3条规定的行为作为课征金对象。因此,第一次的违法行为为私人垄断,第二次为不正当的交易限制等情况符合重复情形(反之亦然)。作为违法行为对象的商品与服务以及相关市场不需要相同。

(2)主导违法

第8款规定对卡特尔的主谋经营者的课征金算定率加重50%。主谋经营者是指以下三种:①谋划卡特尔,且要求、请求或唆使他人加入者;②指定卡特尔所涉商品的价格等的经营者;③对使违法行为更为容易实施起重要作用的经营者。卡特尔中单纯负责协调的经营者不被认定为主谋经营者。在高知串通投标案件[课征金缴纳命令平24.10.17审决集59卷(1)293页]中,应其他经营者的请求指定价格及交易对象的经营者的课征金被加重50%。

如上所述,第7款的对象为私人垄断的课征金。与此相对,第8款仅以不正当的交易限制为对象。原因在于,与不正当的交易限制不同,私人垄断中基本不存在主谋经营者的问题。同时满足第7款与第8款任一要件,也就是说,重复实施违法行为的经营者同时主导卡特尔的,经营者的课征金加重100%[关西电力架空送电工程招标案=排除措施命令·课征金缴纳命令平26.1.31审决集60卷(1)380页、466页等【百107】]。

三、课征金减免制度·其他

第7条之2　【课征金减免制度】⑩依第1款规定应缴纳课征金的经营者符合以下所有情形时，尽管有第1款之规定，公平交易委员会对该经营者不征收课征金。

一　根据公平交易委员会规则之规定，在实施该违法行为的经营者当中最初单独向公平交易委员会通报该违反行为存在的事实并提供相关资料的经营者（在就该违法行为的调查开始日……之后进行通报和提供资料的情况除外）。

二　在就该违法行为的调查开始日之后未实施该行为。

⑪在第1款的情况下，公平交易委员会在经营者符合第1项及第4项规定情形时，减免根据第1款或第5款到第9款算出的课征金金额的百分之五十；在经营者符合第2项及第4项、第3项及第4项规定情形时，减免根据第1款或第5款到第9款算出的课征金金额的百分之三十。

一　根据公平交易委员会规则之规定，在实施该违法行为的经营者当中第二个单独向公平交易委员会报告该违反行为存在的事实并提供相关资料的经营者（在就该违法行为的调查开始日之后进行通报和提供资料的情况除外）。

二　根据公平交易委员会规则之规定，在实施该违法行为的经营者当中第三个单独向公平交易委员会报告该违反行为存在的事实并提供相关资料的经营者（在就该违法行为的调查开始日之后进行通报和提供资料的情况除外）。

三　根据公平交易委员会规则之规定，在实施该违法行为的经营者当中第四个或第五个单独向公平交易委员会报告该违反行为存在的事实并提供相关资料（与已经为公平交易委员会所把握的事实相关的情况除外）的经营者（在就该违法行为的调查开始日之后进行通报和提供资料的情况除外）。

四　在就该违法行为的调查开始日之后未再实施该行为的经营者。

⑫在第1款的情况下，就该违法行为依据第10款第1项或前款第1项到第3项之规定进行报告并提供资料的经营者数量不足5名时，公平交易委员会在实施该违法行为的满足以下所有规定的经营者（仅限根据第10款第1项或前款第1项到第3项之规定进行报告并提供资料的经营者数量合计在5名以下，且根据同项规定进行报告并提供资料的经营者合计在3名以下的情形）中，减免根据第1款或第5款到第9款算出的课征金金额的百分之三十。

一　在涉及该违法行为的案件的调查开始日之后，公平交易委员会规则所规定的日期之前，根据公平交易委员会规则之规定，单独向公平交易委员会报告该违反行为存在的事实并提供相关资料的经营者（与已经为公平交易委员会所把握的事实相关的情况除外）。

二　在进行前项之报告并提交资料之日后未实施该行为。

⑬实施了第1款规定的违法行为的经营者中，两名以上的经营者（仅限企业）……共同向公平交易委员会就该违法行为的事实进行报告并提交资料，符合第1项且符合第2项与第3项之一的，视为单独进行报告并提交资料，对进行报告并提交资料的两名以上的经营者适用前3款的规定。这种情况下，在计算根据第10款第1项、第11款第1项到第3项以及前款第1项进行报告并提交资料的经营者数量时，将上述两名以上经营者算作一名经营者。

一　该两名以上经营者在进行报告及提交资料时相互间存在子公司等……关系。

二　该两名以上经营者中与其他经营者共同实施该违法行为的经营者，在与该其他经营者共同实施该违法行为的全期间（限于从进行报告与提交资料日之前5年内）中，与该其他经营者之间存在子公司等关系。

三　该两名以上经营者中，没有与该两名以上的经营者中的其他经营者共同实施该违法行为，且符合以下条件之一的经营者。

a　该经营者对该两名以上经营者中的其他经营者转让了涉及该违反行为业务的一部分或全部，或者因为分割而使其他经营者继承涉及该违反行为业务的一部分或全部，而且该其他经营者在转让或分割日后实施该违法行为的。

b　该经营者接受了该两名以上经营者中的其他经营者的涉及违反行为的业务的一部分或全部，或因分割继承了涉及该违反行为业务的一部分或全部，而且该其他经营者在转让或分割日后实施该违法行为的。

⑭（略）

⑮公平交易委员会……在接到报告及接收资料时，必须尽快以书面形式向报告及提交资料的经营者进行通知。

⑯公平交易委员会根据第1款向符合第10款到第12款任何一款规定的经营者进行命令，或者根据第18款或第20款做出通知之前，可以要求该经营者就该违法行为做出追加事实报告或提交资料。

⑰公平交易委员会……对经营者根据第1款规定进行命令或根据第2款规定进行通知前，当认定存在符合下列各项规定的

事实时，不得适用第10款到第12款之规定。 一　该经营者……进行的报告或提交的资料中存在虚假内容。 二　前款情况下，该经营者拒绝作被要求之报告或拒绝提交资料，或进行虚假的报告或提交虚假资料。 三　涉及该经营者实施的违法行为的案件中，该经营者对其他经营者……强迫其实施第1款规定的违法行为，或对其停止违反行为的尝试做出妨碍。 ⑱(略)

1. 课征金减免制度的宗旨

第10款至第18款规定了课征金减免制度(宽大制度)。第10款至第12款规定了该制度的中心内容。第10款规定全额免除在调查开始前最初报告违法事实的经营者的课征金。第11款及第12款规定了课征金减额的情形。

课征金减免制度的目的是抑制与发现违法行为(⇨2－34)。首先，作为不正当的交易限制规定所禁止的对象，卡特尔经常出现破裂(在其他参加者遵守卡特尔的情况下，自己违背卡特尔将获得更大利益)的可能。一方面，对卡特尔实施严格的课征金制度；另一方面，设置减免制度以增强引诱卡特尔破裂的效果，甚至可以抑制卡特尔的形成。另外，公平交易委员会通过要求进行报告的经营者协助配合调查，能够更容易地认定违法事实。

2－34 爱知电线案件［东京高判平25.12.20审决集60卷(2)108页【百106】］

课征金减免制度的宗旨在于，对全面协助公平交易委员会的调查进行报告的违法经营者按照报告顺序机械性地减免其课征金,检举查明在密室缔结而成的、难以发现的卡特尔及串通投标等案件,消除违法状态并防止违法行为发生。

2. 课征金的免除

(1)单独的

第10款规定了免除课征金的情形。如果认可卡特尔参加者共同申请课征金减免,那么就会无法实现促使卡特尔破裂的课征金减免制度的宗旨,甚至可能会使卡特尔得到认可并促进卡特尔的形成。因此,课征金减免的申请必须"单独"进行。但是如4所见,同一集团内的两家以上企业的申请会被得到认可(第7条之2第13款)。

(2)调查开始日之前

调查开始日的定义见第6款。对参与违法行为的任意经营者开始现场检查等的日期即调查开始日(爱知电线案件 = 2-34)。

(3)对该违法行为的事实进行报告并提交资料

"对事实进行报告"是指报告自己实施的违法行为的事实以及其他经营者共同实施了该违法行为的事实。"提交资料"是指提出能够有助于证明违法行为的资料。

对事实进行报告并提交资料分为两个阶段。首先,需要提交记载有作为违法行为的对象的商品或服务、违法行为的形态等的"样式第1号"。提交必须使用传真进行,减免制度的适用顺序依据传真收到的顺序决定。样式第1号有着确保顺序、促使让经营者尽早申请的作用(标签制度)。其次,需要在公平交易委员会指定的期限内提交记载违法行为详细信息的"样式第2号"。在期限内提交报告书与资料后才正式确定根据样式第 1 号的提交顺序确保的暂定顺序。如果确定为第 1 名则免除课征金。出于防止申请内容成为美国证据开示(discovery)程序制度的对象等目的时,也可以向课征金减免管理官进行口头报告。

(4)停止违法行为

申请者在调查开始日之后必须停止违法行为(第 10 款第 2 项)。不把课征金申请时作为停止违法行为的标准的原因在于,如果以申请时为标准,那么其他经营者就会发现申请课征金减免这一事实,从而导致隐藏证据等危险。为达成停止违法行为,只需要董事会批准停止违法行为,并在实施过违法行为的企业部门公告停止违法行为[汽车制造商招标车头灯等案件 = 排除措施命令平 25.3.22 审决集 59 卷(1)262 页等【百 108】]。

3. 课征金的减额

(1)在调查开始日前申请

第 11 款与第 12 款规定了课征金减额情形。根据申请减免在调查开始日之前还是之后,减额的要件与效果不同。

首先,第 11 款规定,调查开始日之前第 2 名单独申请减免的经营者可以获得 50% 的课征金减额,第 3 名到第 5 名申请减免的经营者可以获得 30% 的课征金减额,但是,第 4 名与第 5 名经营者必须报告和提交公平交易委员会掌握范围之外的事实与资料。除了重视对调查的协助程度外,如果对本要件解释得过于严格,则可能影响经营者申请课征金减免的积极性。第 11 款与第 10 款一样,以调查开始日之后停止了违法行为为要件(第 4 项)。

(2)调查开始日之后的申请

其次,第 12 款规定,调查开始日之后单独申请减免的经营者可以获得 30% 的课征金减免。但是①无论是调查开始前还是开始后，能够受到减免的经营者最多只有5家，而且②调查开始后的减免对象最多只能有3家。调查开始后的减额申请通过传真发送“样式第3号”进行。期限为调查开始日起20个营业日内（减免规则第5条）。

申请者必须报告与提交公平交易委员会通过现场检查等已经掌握的事实之外的信息与资料。本款的这一规定与调查开始前对第4名和第5名申请者的要求大体相同。例如，整理了涉及卡特尔的人员的证言的，说明缔结卡特尔的经过、合意内容、实施方法的报告资料。

第10款至第12款的规定可以归纳如下。

> 最多合计5家/调查开始日之后最多3家
> 调查开始日之前的第1名申请者→全额免除
> 调查开始日之前的第2名申请者→减额50%
> 调查开始日之前的第3名申请者→减额30%
> 调查开始日之前的第4名、第5名申请者→减额30%（必须提供追加事实）
> 调查开始日之后的申请者→减额30%（必须提供追加事实）

4. 共同申请、顺序通知、追加报告、失格事由

（1）共同申请

第13款规定了认可课征金减免的共同申请的情形。要件为企业的经营者间有“子公司等关系”。子公司等关系是指子公司、母公司、兄弟公司的关系（第1项）。而且需要以下两种情形之一：①多个经营者同时实施违法行为的，在整个期间（限于从进行报告与提交资料日之前5年内）中，共同申请者与该其他经营者之间存在子公司等关系（第2项）；②在同期间中未实施违法行为的情况下，多个经营者之间存在对违法行为相关业务的转让或分割，且继

承该业务的经营者从继承日之后实施了违法行为(第3项)。共同申请者在数量上算作1个申请者。

(2)顺序的通知

第15款规定了正式顺序的通知程序。通知后,即使有顺序在先的经营者因为第17款规定的虚伪报告等原因失去减免资格,也不会提升在后申请者的顺序。

(3)申请后的追加报告

第16款规定公平交易委员会可以要求追加报告并提交资料。未进行追加报告或未提交资料,或是进行虚伪报告的,符合第17款第2项的失格事由。第16款与第17款间接保证了申请者对公平交易委员会审查的配合。

(4)失格事由

第17款规定了三项失格事由。①报告或提交的材料中有虚伪内容;②不应公平交易委员会的要求进行报告和提交资料,或者进行虚假报告与提交;③强行要求其他的经营者实施违法行为或者妨碍其他经营者停止违法行为。

第1项与第2项的"虚伪的"报告,是指明知或应知报告内容与事实不同的情况。第3项中的"强行要求"不包括单纯起到协调作用的情况。这虽然与第7条之2第8款中的主谋经营者有关,但两者是不同的概念。也就是说,即使是主谋经营者,也不会直接符合强行要求这一失格要件,其仍然可能获得课征金的减免。以第8款规定的主导的经营者为首,在卡特尔中起核心作用的经营者往往拥有公平交易委员会证明卡特尔所需的重要资料。为了让这些经营者主动提出减免申请,就需要对第3项的"强行要求"这一要件进行限缩解释。

> 第7条之2 ⑲公平交易委员……对同一案件中已经确定被判处罚金刑的经营者……应当在其课征金中将相当于其罚金金额二分之一的金额扣除。
>
> ⑳~㉓(略)

第19款是罚金调整的规定。实施了私人垄断、不正当的交易限制的经营者被处以罚金的同时,就同一行为被命令缴纳课征金的情况下,要在其课征金中扣除相当于罚金的1/2的金额。罚金与课征金并处本身不构成双重处罚,本来并不需要进行调整,但是由于这两者在对经营者进行处罚这一点上功能相通,从而在政策上做出了调整。课征金缴纳命令发布后判决处以刑事罚的情况下,通过决定的形式变更缴纳金额(第63条)。

> 第7条之2 ㉔实施违法行为的经营者为法人的情况下,该法人因合并而消灭时,该法人实施的违法行为以及该法人受到的第1款……以及第4款规定的命令等视为由合并后存续的或因合并设立的法人实施的违法行为以及该合并后存续的或因合并设立的法人受到的命令,适用前面各款以及次款的规定。
>
> ㉕(前略)实施违法行为的经营者为法人的情况下,该法人在对涉及该违法行为的案件的调查开始日之后,将涉及该违法行为的业务全部转让给一个或多个子公司,或者该法人(仅限公司)在对涉及该违法行为的案件的调查开始日之后,通过分割方式将涉及该违法行为的业务由一个或多个子公司全部继承,而且因为合并之外的事由导致法人消灭时,该法人实施的违法行为以及受到的命令将被视为全部或部分接受该业务的转让,或因分割而全部或部分继承该业务的子公司等(以下称为特定业务继承子公司等)

> 实施的违法行为与受到的命令,适用前款各规定。(后略)
>
> ㉖(略)

第24款与第25款规定了合并或业务转让后对违法行为以及课征金缴纳命令的继承。即使减免申请被允许继承,也不会因此扩大由于合并或业务转让被视为违法行为的范围。例如,共同实施违法行为的两家企业中,一家在合并前申请了课征金减免。这种情况下,合并后继承的课征金减免申请的效果仅限于合并前申请减免的一家企业的违法行为。

> 第7条之2　㉗自实施期间(第4款规定的违法行为的情况下为违法行为期间)结束之日起超过5年,公平交易委员会不得就该违法行为发出课征金缴纳命令。

第27款为除斥期间的规定。自实施期间或违法行为期间结束之日起超过5年的,不得命令缴纳课征金。

第三章 对经营者团体的规制

第一节 经营者团体的禁止行为

> 第2条 【经营者团体的定义】②本法中的“经营者团体”是指，以增进经营者的共通利益为主要目的的两个以上的经营者的结合体或其联合体，包括以下形态。但是不包括两个以上的经营者的结合体或其联合体存在资本或成员经营者的出资，主要以营利为目的从事商业、工业、金融业等行业，且目前依然在经营这些行业的情形。(后略)

1. 经营者团体的定义

(1)“经营者的结合体或其联合体”

本款为经营者团体的定义。经营者团体是指“两个以上的经营者的结合体或其联合体”。具体来说，包括工业会、协会、协调会、组合等团体以及被称为“联合会”的包含以上团体的联合体等。团体的组成成员不局限于同一行业经营者。

“经营者”的定义见第2条第1款。属于自由业的经营者的结合体,如医师会被认定为经营者团体的前提在于从事自由业的医生具有经营者性质。第2条第1款规定,“为经营者的利益而行为的役员、从业人员、代理人或其他人员”在第8条的适用中也被视为经营者。因此,即使是役员以其个人名义加入团体,只要他们为所属经营者进行活动,该团体即成为经营者团体。

“结合体或其联合体”的含义需要基于《独占禁止法》不以成员经营者而以经营者团体为规制对象的立法目的来理解。也就是说,团体作为与成员经营者相独立的单个社会体存在时,认定团体为经营者的“结合体”。经营者的“结合体”除法人外,还包括没有法人人格的社团、财团、组合、契约等(第2条第2款各项)。另外,经营者团体只是独立的经营者的结合体。因此,成员经营者的经营活动投入到结合体的经营者的经营活动时,这种经营者的结合体不再是经营者团体而是经营者。“联合体”则是经营者团体的结合体。

经营者团体的活动方面,公平交易委员会发布了《关于经营者团体的活动的〈独占禁止法〉指南》(平7.10.30。以下简称《经营者团体指南》)。另外,其对医师会的活动还特别发布了《关于医师会活动的〈独占禁止法〉指南》。有多起案件对医师会适用了《独占禁止法》第8条(观音寺市三丰郡医师会案件=东京高判平13.2.16审决集47卷545页【百37】)。此外,针对有义务设立团体并且有义务加入团体的8个专门职业(注册会计师、行政书士、律师、司法书士、土地家屋调查士、税理士、社会保险劳务士以及办理士)团体的活动,公平交易委员会发布了《关于资格者团体活动的〈独占禁止法〉指南》(平13.10.24)。

(2)以增进经营者的共通利益为主要目的

经营者团体必须“以增进经营者的共通利益为主要目的”。公平交易委员会对其做了较为宽泛的解释(《经营者团体指南》第1之2)。首先,“经营者的共通利益”只需符合直接或间接促进了成员经营者的经济活动上的利益即可。主要目的中,增进经营者的共通利益的学术团体、社会事业团体、宗教团体等不属于经营者团体。另外,“主要目的”指多个目的中的主要目的,不局限于章程、规约等规定的目的,需要通过活动内容等进行实质判断。

(3)营利团体

本条但书规定,存在资本或成员经营者的出资、主要以营利为目的、实际实施该业务的经营者的结合体,只以经营者看待。这被称为“营利团体”。对于虽然不属于营利团体,但因为自己从事生产或销售等业务而同时具有经营者性质的经营者团体,根据其行为性质选择对其采用对经营者的规制还是对经营者团体的规制。之所以对协同组合既有适用第8条的案件也有适用第19条的案件,就是因为这个原因(对协同组合适用第8条的案例有日本游戏枪协同组合案件=3-3,适用第19条的案例有山口县经济农业协同组合联合会案件=劝告审决平9.8.6审决集44卷248页)。

适用第19条的案例中,问题在于有经营者性质的经营者团体在经营以自身为主体的业务时采用了不公平的交易方法。

2. 经营者团体的意思决定

认定经营者团体实施的违反行为需要经营者团体的意思决定。意思决定不需要由总会或理事会等正式的意思决定机关作出。例如,非正式的意思决定机关的委员会或部会的决定在惯例上也可能被认为是团体作出的决定(⇨3-1,日本冷藏仓库协会案件＝审判审决平12.4.19审决集47卷3页【百39】。针对高管会并非正式意思决定机关的主张，本案认定高管会的承认与理事会的承认在实质上意义相同）。但是公平交易委员会认为只有某机关作出的意思决定才能被认为是团体的意思决定。

经营者团体的意思决定的证明与经营者的意思联络的证明相同，不需要基于会议记录等直接证据。可以根据协商会的召开、协商会的议题、成员经营者今后的活动等间接证据来证明经营者团体的意思决定（广岛县石油商广岛市联合会案件＝审判审决平9.6.24审决集44卷3页）。

3－1 大阪巴士协会案（审判审决平7.7.10审决集42卷3页【百36】＝2－29 3－4）

经营者团体的某机关作出决定的情况下，认定其决定被参加者作为实质性的团体决定所遵守时，无论该机关是否是团体的正式意思决定机关，该决定可以被认定为团体的决定。

该案除了可以认定为经营者团体的意思决定，也有可能被认定为成员经营者之间的意思联络。这种情况下，是对经营者团体适用第8条第1项还是对成员经营者适用第3条后段就成为了问题。就这一问题，最高法院认定公平交易委员会可以根据合理裁量作出选择（⇨3－2）。虽然还没有案例，但如果只适用其中任何一条都不足以有效排除违法行为的话，也可以同时适用第3条后段与第8条第1项。

3－2 石油价格协定刑事案（最判昭59.2.24刑集38卷4号1287页【百35】＝2－28）

“即使是经营者团体实施了作为《独占禁止法》处罚对象的不正当的交易限制行为，如果有可以认定是由构成该经营者团体的各个经营者的从业人员等实施该业务的事由，也可以向经营者团体之外的各个经营者处以实施该行为的刑罚。”而具体对哪一方处以刑罚，则依公平交易委员会以及检察官的合理裁量决定。

> 第8条　【对经营者团体的规制】经营者团体不得实施下列各项行为。
>
> 一　实质性地限制相关市场的竞争。
>
> 二　缔结第6条规定的国际性协定或国际性契约。
>
> 三　限制一定经营领域中现在或将来的经营者的数量。
>
> 四　不当地限制成员经营者（构成经营者团体的经营者。以下相同）的机能或活动。
>
> 五　使经营者实施构成不公平的交易方法的行为。

1. 本条的宗旨

本条规定了禁止经营者团体实施的行为。规制经营者团体的本条与规制经营者的第3条相比，在主体要件、行为要件、效果要件三方面更为严格。第一，第1项中不涉及第2条第6款的竞争者性质要件问题；第二，第1项没有规定行为要件与公共利益要件；第三，第3项至第5项规制的是没有达到实质性地限制相关市场竞争的行为。

2."实质性地限制相关市场的竞争"(第1项)

(1)限制价格、串通投标

第8条第1项禁止经营者团体实质性地限制相关市场的竞争。实质性地限制相关市场的竞争是指形成、维持、强化市场支配力。《经营者团体指南》中提到,经营者的经营活动各要素中,对商品或服务的价格与数量、顾客与销路、供给的设备等重要的经营者手段进行限制将直接影响市场机能,违反《独占禁止法》的可能性较高[《经营者团体指南》第2(2)]。因为这相当于经营者组成的核心卡特尔。对经营者团体实施的价格限制与串通投标行为适用第8条第1项的案例很多。与合意导致不正当的交易限制成立相同,该行为不需等到实施,只要决定,即违反第8条第1项。

经营者团体在实施限制价格等行为的同时,也可能实施确保价格限制的行为。例如,经营者团体可能在决定限制价格的同时,为了确保该决定的有效性而设置供托金制度、低价品收购制度、针对交易内容的信息交换制度(监视制度)等。对于这些实效性确保手段,《经营者团体指南》既可能将其与价格限制行为作为一体看待,也可能将其与价格限制行为分开来看待,认定违反第8条第4项、第5项。

(2)其他行为

第8条第1项的对象行为不仅仅有相当于经营者实施的核心卡特尔的行为。相当于经营者实施的非核心卡特尔的行为以及经营者实施的私人垄断的行为也是第8条第1项的规制对象。例如,经营者团体为了达成安全或环保等社会公共目的而作出的决定、经营者团体排除新的竞争参与者的行为等都有可能违反这一条。

对这些行为进行评价时存在第2条第5款与第6款的公共利

益要件没有被规定在第8条第1项这一非对称性的问题。如第2条第6款的解释中提到的[⇨第二章第二节6(1)],最高法院在判决中认为,因公共利益要件而导致实质性限制竞争的共同行为也可能不违反《独占禁止法》的例外情形存在。判决与审决通过在第8条第1款的实质性限制竞争的解释中讨论第1条规定的终极目的来解决这一问题。

首先,日本游戏枪协同组合案件中明确了实质性限制竞争要件包含了公共利益要件(⇨3-3)。之后的大阪巴士协会案件中虽然没有提到公共利益要件,但通过回顾第1条规定的《独占禁止法》的终极目的,对实质性限制竞争作出判断,在结果上得出了与将公共利益要件包含进实质性限制竞争要件相同的结论(⇨3-4)。这些竞争者排除行为(日本游戏枪协同组合案件)与竞争回避行为(大阪巴士协会案件)相关案件的判决与审决共同明确,在认定第8条第1款的实质性限制竞争要件时有必要进行与第2条第6款的公共利益要件相同的判断。

3-3 日本游戏枪协同组合案件(东京地判平9.4.9审决集44卷635页【百6、43、116】=5-5 7-13)

将维持自由竞争经济秩序的法益与本案问题行为所保护的利益进行比较衡量,认定除非符合违反《独占禁止法》的终极目的的例外情形,该行为不违反公共利益。结果,本案问题行为在实质上不符合"实质性地限制相关市场的竞争",因此不违反《独占禁止法》。

3-4 大阪巴士协会案件（审判审决平7.7.10审决集42卷3页【百36】=2-29 3-1）

使最低运费低于认可运费的协定在道路运输法上通过违法的交易条件限制了价格竞争。这种协定是否符合第8条第1项（旧法第8条第1款第1项）的"实质性限制竞争"要件需要通过回顾第1条的目的规定来进行判断。

3."缔结第6条规定的国际性协定或国际性契约"（第2项）

第8条第2项规定，禁止经营者团体与外国经营者或经营者团体缔结包含不正当的交易限制或不公平的交易方法事项的国际性协定或国际性契约。构成国际卡特尔的情况下，与第6条一样禁止其参加。

4."限制一定经营领域中现在或将来的经营者的数量"（第3项）

第8条第3项以及第4项禁止的是没有达到第1项程度的限制竞争行为。第4项以"不当"为要件。考虑到这一点，我们可以认为第3项和第4项与不公平的交易方法相同，都将减少自由竞争作为问题。然而，第8条第3项与第4项在以下两个方面与第8条第5项和第19条不同：第一，违反第8条第3项与第4项的行为可以被处以刑事罚（第90条第2项），而违反第8条第5项以及第19条的行为则没有刑事罚。第二，违反第8条第5项以及第19条的行为可以作为请求停止侵害诉讼的对象（第24条），而对违反第8条第3项与第4项的行为不能发起请求停止侵害诉讼。

第8条第3项禁止在一定经营领域中限制经营者的数量。"一定的经营领域"这一概念虽然在独占状态定义（第2条第7款）中也出现过，但本条的意义与独占状态中的意义不同。另外，

“一定的经营领域”与“相关市场”之间的关系也存在争议。

首先,有意见认为,一定的经营领域是指相互存在竞争关系的供给者群或需求者群中任意一方的经营活动的范围。也就是说,划定相关市场之后仅关注供给者或需求者中的一方。采用这种解释的话,“一定的经营领域”与“相关市场”的划定程序相同。与此相对,也有意见认为,通过如从供给者角度讨论一定的经营领域,不考虑需求者替代性的方式,将提供同一或同种类商品的经营者划定为一定的经营领域。如果采用这种解释的话,“一定的经营领域”与“相关市场”的划定程序就未必相同。

本项中提到“现在或将来的经营者”的数量限制,因此除了排除既存经营者外,还包括阻止经营者进入市场的行为。从过去的案例来看,“限制数量”行为可以分为以下三种类型。第一,由于经营者团体承担公共义务,不加入经营者团体会导致经营活动困难的情况下,经营者团体无合理理由拒绝经营者加入团体的类型(仙台港进口木材调整协议会案件 = 劝告审决平 3.1.16 审决集 37 卷 54 页,前述观音寺市三丰郡医师会案件)。第二,经营者团体要求成员经营者的交易对象不得与团体外经营者进行交易的类型(第 1 次滋贺县生混凝土工业组合案件 = 审判审决昭 58.9.30 审决集 30 卷 50 页)。第三,经营者团体通过收购处理生产设备等方式直接介入非成员经营者的经营活动的类型(第 2 次滋贺县生混凝土工业组合案件 = 审判审决平 5.11.18 审决集 40 卷 171 页【百 38】)。

5.“不当地限制成员经营者的机能或活动”(第 4 项)

第 8 条第 4 项禁止经营者团体限制成员经营者的机能活动。第 3 项中的“现在或将来的经营者”不限于成员经营者,但第 4 项仅限于“成员经营者”。对经营者的机能或活动的限制在产生减少自由竞争效果时成为第 4 项的规制对象。基于第 2 条第 1 款，被视为经营者的役员等参加人员构成的经营者团体中，“成员经营者”不是役员等人，而是这些人所属的经营者。这是因为即使限制役员等人的机能或活动也不会对竞争造成影响。从目前为止的案例看，可以将其分成以下四种类型。

第一，虽然是核心限制，但成员经营者的市场占有率较低或者作为限制价格对象的产品仅为成员经营者经营的产品的一部分的情况。在石川县水晶米销售业务协同组合案件（劝告审决平 8.1.12 审决集 42 卷 185 页）中，在存在其他的有力品牌米的情况下，经营者团体提高了占精米市场份额不到 30% 的特定品牌米的价格。尽管其行为对市场造成了一定影响，但由于其市场份额较低，最终认定该行为没有达到形成、维持、强化市场支配力的程度。另外，在东京湾引水区引水员会案件（排除措施命令平 27.4.15 审决集 62 卷 315 页）中，团体对会员以其自身的判断与客户签约作出限制，并对引水费率进行分配调整。虽然该行为相当于成员经营者结成了限制交易对象卡特尔，但考虑到限制程度而认定该行为未违反第 1 项。

第二，在费率等方面有许可制度的市场中，经营者团体限制成员经营者申请费率的情况。即使存在费率管制，只要在事实上申请费率为自动许可，就违反第 1 项。但是，在申请费率不一定被许可的情况下，对申请行为的制约与对市场的影响之间的因果关系就直接被切断。这种情况下，对经营者团体实施的对成员经营者的申请行为的限制就只能适用第 4 项而非第 1 项。

与此相对，过去曾有在存在申报制度的情况下，尽管经营者团体规定了成员经营者的申报费率，由于申报费率与实际费率差距较大而没有适用第 1 项而是适用第 4 项的案例（前述日本冷藏仓库协会案件)。这类案件由于可以被归为没有达到需要适用第1项程度的案件而被归到上述第一类中。

第三,通过限制销售方式以及广告等直接竞争手段之外的竞争手段来限制参加竞争者的活动的情况。滨北市医师会案件(劝告审决平11.1.25审决集45卷185页)即为限制成员经营者的广告的案件。即使是非价格限制,在如禁止价格广告等等同于价格限制的情况,以及非价格限制与价格限制同时进行的情况下,也可以适用第1项(滋贺县药剂师会案件=排除措施命令平19.6.18审决集54卷474页。本案中经营者团体尽管限制价格广告,但仍适用了第8条第4项)。

第四,强制成员经营者遵守或利用自主规制以及自主认证、认定,或者在成员经营者之中歧视性适用自主规制以及自主认证、认定的情况。建材制造商团体以防止地球变暖为目的,决定停止制造与销售含有温室效果的由化学物质构成的建材时,出于是否遵守该决定由会员自行判断且没有会员间的歧视性待遇等理由,公平交易委员会认定该行为不违反《独占禁止法》(经营者团体做出停止制造与销售有破坏环境可能的产品的决定=2012年商谈案例9)。该案中,如果存在强制或歧视性适用,则会违反第8条第4项。

关于自主规制以及自主认证、认定,《经营者团体指南》明确,需要从是否属于限制竞争手段并损害需求者利益,以及是否属于经营者之间的不当歧视的判断基准出发,考虑基于社会公共目的等正当理由来判断其是否不当。另外,经营者团体强制成员经营者利用或遵守自主规制等制度的,一般视为有违反《独占禁止法》的危险[《经营者团体指南》第2之7(2)]。

6.“使经营者实施构成不公平的交易方法的行为”(第5项)

第8条第5项禁止经营者团体使经营者实施构成不公平的交易方法的行为。“经营者”不局限于成员经营者。“使……实施”意味着不需要达到强制程度,只需要做出使其实施构成不公平的交易方法的行为的努力即可。

实践中,有的案件对外部经营者的间接拒绝交易的行为适用第8条第5项。东日本毛巾协同组合案件(=劝告审决平7.4.24审决集42卷119页【百41】6-7)中,经营者团体要求作为成员经营者的交易对象的资材设备供应商不向新进入市场的经营者提供资材设备。本案中,公平交易委员会认定经营者团体对资材设备供应商实施了“构成直接拒绝交易”的行为。另外,也有认定经营者团体要求成员经营者实施了“相当于间接拒接交易”的案例(前述仙台港进口木材调整协议会案件、日本游戏枪协同组合案件=3-3)。

第二节　针对经营者团体的禁止行为的排除措施命令、课征金缴纳命令

第8条之2　【排除措施命令】①公平交易委员会可以在发生违反前条规定的行为时……对经营者团体采取停止侵害、解散该团体或其他为排除该行为所必要的措施。

②第7条第2款之规定准用于违反前条规定的行为。

③公平交易委员会对经营者团体根据第1款或前款准用第7

条第2款规定的措施的情况下，在认定有特殊必要性时……对该团体的役员或管理人或成员经营者（在实施为经营者的利益的行为的成员经营者为役员、职工、代理人等的情况时，包括该经营者）也可以采取必要的措施。

第8条之2规定了对经营者团体实施的违反第8条行为的排除措施命令。第1款以现存违反行为为对象，第2款以既往违反行为为对象。排除措施命令的具体内容与以经营者为对象的第7条大体相同，但曾有案例要求经营者团体对其意思决定机关的组织、章程、运营加以改善（三重县巴士协会案件＝劝告审决平2.2.2审决集36卷35页）。还有命令解散经营者团体的案例（乙基醋酸协会案件＝劝告审决昭48.10.18审决集20卷118页【百97】。本案尽管认定违反第8条，但仍根据实施了违反第3条行为而命令解散经营者团体）。

第3款规定，对经营者团体的违反行为，不仅可以对经营者团体发出排除措施命令，还可以经营者团体的役员、管理人或成员经营者为对象发出排除措施命令。“认为有特殊必要性”的含义与第2款所准用的第7条第2款的“认为有特殊必要性”的解释相同，由公平交易委员会以其广泛而专业的裁量权进行认定。但是，目前还没有根据本款发出排除措施命令的案件。其理由之一是，以成员经营者为处罚对象时，如果违法行为既可以认定为经营者的行为，也可以认定为经营者团体的行为，那么可以直接适用第3条。

第8条之3　【课征金缴纳命令】第7条之2第1款、第3款、第5款、第6款（但书除外）、第10款至第18款（第13款第2项及第3项除外）、第22款、第23款以及第27款的规定准用于实施

> 了违反第8条第1项(仅限于实施相当于不正当的交易限制的行为的情况)或第2项(仅限于缔结包含不正当的交易限制内容的国际性协定或国际性契约的情况)规定的情形。(后略)

第8条之3是当经营者团体实施了违反第8条第1项、第2项行为时,对成员经营者的课征金缴纳命令以及对成员经营者的课征金减免制度的相关规定。第8条第1项虽然没有行为要件,但根据第8条之3的规定,课征金缴纳命令仅在"实施相当于不正当的交易限制的行为的情况"下才能作出。

课征金缴纳命令的对象并非经营者团体,而是成员经营者。这是因为违法行为的不当得利归属于成员经营者。虽然课征金制度发生了很大变化,不再仅仅征收不当得利,而是具有多个综合的主旨与目的,但第8条之3的规定并没有改变。只要是成员经营者且存在涉及违法行为的商品或服务的销售额,即使成员经营者没有直接参与违法行为,其也会成为课征金缴纳命令的对象。重复违反的课征金加重制度(第7条之2第7款)以及主谋经营者的加重制度(第7条之2第8款)等不被准用。与对成员经营者发出课征金缴纳命令相对应,对成员经营者也准用课征金减免制度之规定(第7条之2第10款至第18款)。

第四章　企业结合规制

第一节　总论

1. 企业结合和企业结合规制

“企业结合”是指通过股份保有、合并等方式达成的企业间的结合，这种“牢固结合”区别于卡特尔、交易合同这样的“松散结合”。与企业结合相关的《独占禁止法》规制通常分为着眼于经济力集中本身的“一般集中”规制和着眼于特定市场的竞争限制效果的“市场集中”规制。

一般集中的规制，是指国民经济整体或者特定产业部门整体的经济力过度集中会使得经济丧失活力并阻碍特定市场的竞争而对经济力集中本身进行的规制。出于拆分战前、战争中膨胀的“财阀”并使此种效果恒久化之目的，日本于1947年制定了原始《独占禁止法》，该法将“防止事业支配力过度集中”（第1条）作为一大支柱，规定了严格的一般集中规制。但是，其后的《独占禁止法》修改大大缓和了一般集中规制，现今，《独占禁止法》仅保留了对因股份保有而使事业支配力过度集中的公司之设立等的禁止（第9条），以及对银行、保险公司持有的实业公司表决权比例之限制（第11条）。也有人认为欧美竞争法并未对一般集中进行规制，因此主张日本也全面废止此种规制。

与此相对，对市场集中的规制并未将股份保有、合并等行为本身视为问题（大部分的合并等是当事公司以强化竞争力等为目的而实施的组织重组行为，不会对竞争产生重大影响），其目的是防止这些行为导致市场构造发生非竞争性变化，并使得限制竞争行为更容易实施，因此，该规制着眼于企业结合导致的特定市场的具体限制竞争效果，从而进行例外性规制。从国际通行观点来看，企业结合规制是指市场集中规制，它是竞争法规制的重要支柱。

2. 市场集中规制

关于市场集中规制，《独占禁止法》主要着眼于企业结合的手段和样态而禁止以下行为：公司的股份保有（第10条）；兼任役员等（第13条）；公司以外的人的股份保有（第14条）；公司的共同新设分立和吸收分立（第15条之2）；公司的共同股份转移（第15条之3）；关于公司业务等的受让（第16条）；符合实质性限制了相关市场之竞争的，以不公平的交易方法而为之的，这样的共通标准的结合，以及上述行为的脱法行为（第17条）。

立足于当事公司的相互关系，可以将股份保有、合并等企业结合作如下分类。需要强调的是水平型企业结合，其会造成竞争单位数量减少，因此对竞争产生的影响是直接性的，引发问题的可能性也较高。

①水平型企业结合:处于竞争关系的公司间的结合。

②垂直型企业结合:处于不同交易阶段的公司间的结合。

③混合型企业结合:不属于①或②的结合(如属于不同行业的公司间的结合)。

此外,某些企业结合也会兼具水平型特性及垂直型特性。因此,没有必要区分各个企业结合整体属于哪一类,而要根据各个侧面分析其对竞争的影响。

关于市场集中规制,公平交易委员会制定了《关于企业结合审查的〈独占禁止法〉的运用指针》(2004 年 5 月 31 日制定,2011 年 6 月 14 日最终修改,以下简称《企业结合指针》),明确罗列了企业结合审查的对象、相关市场的划定、对竞争的实质性限制之判断框架和判断要素、问题解消措施等相关运用准则。

3. 企业结合规制的程序

《独占禁止法》规定的企业结合规制程序与其他违法行为类型基本相同,即按照本法第 8 章第 2 节规定的程序,作出排除措施命令(第 17 条之 2)。也可以采取排除措施计划的认定程序(所谓的"承诺程序"。第 48 条之 2 至第 48 条之 5)。并且,关于合并等,公平交易委员会可以提起合并等的无效之诉(第 18 条)。

此外,就市场集中规制来说,关于一定规模以上的企业结合计划,企业负有向公平交易委员会事先申报的义务,公平交易委员会采取实行前审查机制,在一定期间,禁止企业实施结合(此期间称为"禁止期间")。

作为此种事先审查的运用方式,长期以来,申报前向公平交易委员会进行"事先商谈"这一做法被广泛运用,非正式的实务处理方式较多。特别是 2002 年 12 月公平交易委员会制定了《关于企业结合计划的事先商谈的应对方针》，推进了事先商谈的“制度化”。但其后，对于事先商谈处理拖延等的批判之声日益高涨，因此，公平交易委员会于 2011 年 7 月废止了事先商谈制度，决定接受法定的事先申报并进行审查，且公布了《关于企业结合审查程序的应对方针》（2011 年 6 月 14 日制定，2018 年 9 月 26 日最终修改，以下简称《企业结合程序方针》）。

另外，公平交易委员会制定了《根据关于私人垄断之禁止及公正交易之确保的法律第 9 条至第 16 条规定的认可之申请、报告及申报等的相关规则》（以下简称《申报规则》），详细规定了与企业结合相关的向公平交易委员会报告、申报的程序。

4. 企业结合和业务协作

对于企业来说，伴随着企业组织重组的企业结合与基于同其他企业的合意、协定而进行的业务协作，一方面，二者截然不同；另一方面，二者作为构筑与其他企业的协作关系之手段，具有共通之处。此外，业务协作也常常伴随着股份保有行为，而此种股份保有未达到形成结合关系之程度（另外，因共同出资而形成的协作有时也被称为“业务协作”）。

例如，处于竞争关系的两家公司以共同出资的形式设立生产性子公司时，股份取得行为会作为企业结合而受到审查，而采取一方为另一方进行 OEM 供给这种业务协作时，会引发不正当的交易限制问题。但是，两者在竞争限制效果的分析、问题解消措施的设计等方面基本是共通的，有必要将依据《独占禁止法》作出的判断进行贯通整合。

虽然公平交易委员会并未制定关于业务协作的一般指南，但是，在探讨业务协作案件时，《企业结合指南》也是有参考价值的。

第二节　一般集中规制

> 第9条　【对事业支配力过度集中的规制】①不得设立因持有其他国内公司的股份(包括员工股份,下同)而导致事业支配力过度集中的公司。
>
> ②公司(包括外国公司,下同)不得成为因取得或持有其他国内公司股份而导致事业支配力过度集中的公司。
>
> ③前两款中的"事业支配力过度集中"是指以下情况,即由于公司、其子公司以及该公司因持有其股份而可以支配其经营活动的其他国内公司,在相当数量的业务领域内,具有显著大的综合事业规模,或者这些公司的资金交易对其他经营者具有显著大的影响力,或者这些公司在相互关联的相当数量的业务领域中,各自占有重要的地位,从而给国民经济带来重大影响,成为促进公正、自由竞争的障碍。
>
> ④~⑦(略)

1. 本条的宗旨及沿革

本条禁止设立因保有其他国内公司的股份而导致事业支配力过度集中的公司(以下简称过度集中公司)(第9条第1款),或者转化为这种公司(同条第2款)。第9条第3款明确了"事业支配力过度集中"的含义,公平交易委员会也公布了《事业支配力过度集中的公司之考量方法》(2002年11月12日制定,2010年1月1日最终修改,以下简称《9条指南》)。

本条之本意在于,作为对公司股份保有进行严格规制的一环,全面禁止所有“控股公司”(将通过持有股份而支配其他公司的经营活动作为主要事业的公司),防止财阀的复活和同样的企业集团的形成。但是,由于 1997 年《独占禁止法》修改,原则上解禁了控股公司,变为仅禁止事业支配力过度集中的控股公司。之后,根据 2002 年的修改,第 9 条将导致事业支配力过度集中的公司总体作为了禁止的对象。

现在,除了日本电报电话公司(NTT)、日本邮政和以银行为中心的金融集团以外,很多事业公司采取了控股公司形式的经营形态。另外,作为事业统合的手段而采用控股公司形式的情况也广泛存在(此外,以控股公司方式进行的业务重组也是市场集中规制的对象。⇨第四章第三节)。

2. 过度集中公司

对于是否属于过度集中公司,以“公司集团”为单位进行判断[《9 条指南》1(1)]。公司集团是指“该公司”、“子公司”[指持有过半数表决权的其他国内公司,该公司和子公司合计持有过半数表决权的公司也被视为子公司(第 9 条第 5 款)]和“实质子公司”(表决权持有比例超过 25% 不足 50%,且在第 1 位)的总体。

过度集中公司是指①属于 a、b、c 的任一类型,且②对国民经济产生重大影响,③对促进公平、自由竞争造成阻碍的公司(第 9 条第 3 款)。

a. 在相当数量的事业领域内,具有显著大的综合事业规模。

b. 资金交易对其他经营者具有显著大的影响力。

c. 在相互关联的相当数量的事业领域中,各自占有重要的地位。

3.《9 条指南》

《9 条指南》导入了本条第 3 款的 3 个类型(上述 a ~ c),并通过数值标准将其进行了具体化。如果符合这些标准,则可以认为原则上符合了上述②、③项要件。

第1类的"在相当数量的事业领域内，具有显著大的综合事业规模"的情形是指像曾经的财阀般的企业集团。下述情况属于此种情形，即公司集团的总资产合计超过15兆日元，且在5个以上的主要事业领域（销售额超过6000亿日元的行业）中，在各个领域均拥有各自单体总资产额超过3000亿日元的公司。

第2类的"资金交易对其他经营者具有显著大的影响力"的情形是指大规模的金融集团。下述情况属于此种情形，即单体总资产额超过15兆日元的大规模金融公司，以及公司集团在经营金融或与金融密切相关的业务之公司以外的一般事业领域内，拥有单体总资产额超过3000亿日元的大规模公司。

第3类的"在相互关联的相当数量的事业领域中，各自占有重要的地位"是指下述情形，即公司集团在相互关联的5个以上（有时3个以上）的主要事业领域（销售额超过6000亿日元的行业）中，于各个领域分别拥有颇具实力的公司（销售额份额10%以上）。

另外，下列情况不属于过度集中公司，即分公司化的情况、风险投资（venture capital）的情况、金融公司进入其他行业的情况、小规模（总资产额合计6000亿日元以下）的情况。

4. 报告、申报、违反的后果等

本条第4款规定，（1）控股公司（子公司股份的购入价格合计超过该公司总资产额50%的公司）、（2）金融公司、（3）其他一般事业公司中，作为公司集团，总资产额超过一定基准（①的情形下，6000亿日元；②的情形下，8兆日元；③的情形下，2兆日元）的情况下，有义务提交年度报告书。另外，设立这样的公司时，设立者也有义务进行申报（第9条第7款）。

公司行为违反关于过度集中公司的禁止性规定时，公平交易委员会可以命令公司采取股份处分等措施(第17条之2第2款)。

> 第11条 【对经营银行业、保险业的公司取得表决权等的规制】①经营银行业或保险业的公司拥有其他国内公司的表决权,将超过其总股东表决权的百分之五(如果是经营保险业的公司,则为百分之十,下一款中相同)的,不得取得或持有该表决权。但是,根据公平交易委员会规则之规定,事先获得公平交易委员会认可的情形以及符合以下任一情形的,不受此限。(后略)
>
> ②~④(略)

1. 本条的宗旨

本条从防止金融公司控制一般事业公司的观点出发,形式上限制金融公司对一般事业公司的表决权持有比例。以前,除了银行、保险公司以外,证券公司等也是规制对象,其比例在5%以内,虽然1953年修法后该比例放宽到了10%,但1977年修法后,规制再次强化到了5%(保险公司为10%)。其后,根据2002年修法,本条的规制对象限于银行和保险公司,同时,金融相关公司的表决权持有也被排除在限制对象之外。

2. 规制的内容

银行持有的表决权超过一般事业公司总股东表决权的5%的情形,以及保险公司持有超过10%的情形都被法律所禁止。但是,在通过行使担保权、接受代物清偿等来持有表决权的情况下,或者在按照公平交易委员会规则的规定,得到了公平交易委员会认可的情况下,可以超过限制持有股份。关于该认可的基准,公平交易委员会公布了《对于根据〈独占禁止法〉第11条规定银行或保险公司持有表决权等的认可相关的考量方法》(2002年11月12日公布,2014年4月1日最终修改)。

第12条　【对公司持有公司债券的规制】(删除)

第三节　市场集中规制

第10条　【对公司取得、持有股份的规制】①公司取得或持有其他公司的股份,会实质上限制相关市场之竞争时,不得取得或持有该股份,以及不得以不公平的交易方法取得或持有其他公司的股份。

②将公司的国内销售额……和属于该公司所属的企业结合集团[指由以下公司构成的集团:公司及该公司的子公司,以及该公司的母公司且此公司不是其他公司的子公司,以及该母公司的子公司(该公司及该公司的子公司除外)。以下相同]的该公司以外的公司等[指公司、组合(包括相当于国外组合的形式。以下在本条中相同)及其他类似于此的事业体。以下在本条中相同]的国内销售额,按照公平交易委员会规则规定的方法进行合计的金额(以下称为国内销售额合计额),在不低于200亿日元的范围内,超过政令所规定之金额的公司(以下在本条中称为股份取得公司),将取得其他公司,且该其他公司的国内销售额和该其他公司的子公司的国内销售额,按照公平交易委员会规则规定的方法进行合计的金额,在不低于50亿日元的范围内,超过政令规定的金额(以下在本条中称为股份发行公司)之股份的情况……下,该股份取得公司在该取得后所拥有的该股份发行公司的股份所涉及的表决权的数量,和属于该股份取得公司所属的企业合并集团

的该股份取得公司以外的公司等(在第 4 款中称为该股份取得公司以外的公司等)所拥有的该股份发行公司的股份所涉及的表决权的数量,进行合计的表决权的数量,占该股份发行公司总股东表决权数量的比例,在不低于百分之二十的范围内,超过政令规定的数值……时,必须根据公平交易委员会规则之规定,事先向公平交易委员会申报该股份取得的相关计划。但是,难以事先进行申报的情形,且该情形属于公平交易委员会规则中规定之情形的,不受此限。

③~⑤(略)

⑥第 2 款及前款的“子公司”是指公平交易委员会规则所规定的公司持有其总股东的表决权过半数的股份公司及其他该公司控制其经营的公司等。

⑦第 2 款及第 5 款的“母公司”是指公平交易委员会规则所规定的控制其他公司等的经营的公司。

⑧根据第 2 款的规定进行申报的公司,在申报受理日起 30 日内,不得取得该申报所涉及的股份。但是,公平交易委员会认为有必要时,可以缩短该期间。

⑨公平交易委员会根据第 17 条之 2 第 1 款的规定,就该申报所涉及的股份之取得,命令采取必要的措施时,应当在前款正文规定的 30 日期间或者根据同款但书规定的被缩短的期间[公平交易委员会要求股份取得公司在各期间内,按照公平交易委员会规则之规定,提交必要的报告、信息或资料(以下在本项中称为报告等)的情况下,从前款的申报受理日起到经过了 120 天的日期和从接受全部报告等之日起经过了 90 天的日期中,任意一个较晚的日期为止的期间(以下本条中称为“通知期间”)]内,对股份取得公

司进行第 50 条第 1 款所规定的通知。但是,下列情况不受此限:

一　在该申报所涉及的股份取得相关计划中,根据第 1 款的规定,重要事项未在该计划中规定的期限内执行的。

二　在该申报所涉及的股份取得相关计划中,关于重要事项存在虚假记载的。

三 ~ 七(略)

⑩在符合前款第 1 项之规定的情况下,公平交易委员会根据第 17 条之 2 第 1 款的规定,就取得该申报所涉及的股份,命令采取必要的措施时,应当从该项的期限起算 1 年内进行前款正文规定的通知。

⑪ ~ ⑭(略)

1. 本条的宗旨

本条目的在于对公司取得或持有其他公司的股份并限制市场竞争的行为进行规制。公司的资本结合有不可逆转的一面,因此,对于一定规模以上的取得,法律规定了事先申报义务,并设置了实行前审查机制。

在与市场集中规制相关的各结合手段之规定中,本条是位置最前的一条,设置了最为全面的规定,第 1 款规定了实体性规制基准,第 2 款至第 7 款规定了事先申报义务,第 8 款规定了当事公司的禁止期间,第 9 款至第 14 款是关于公平交易委员会的措施期间的规定。

2. 股份的取得、持有

本条的规制对象不仅包括其他公司股份的“取得”,还包括“持有”(股份的“取得”和“持有”合称“保有”)。这是因为虽然取得股份时,股份取得公司和股份发行公司之间尚未形成“结合关系”或者不满足实体基准,但由于其后状况变化,会形成结合关系或者满足实体基准,此种情况下,法律可以对“持有”进行规制。

3. 企业结合审查的框架

股份保有的审查由以下 4 个步骤构成。合并等其他企业结合也同样适用此审查框架。

(1)结合关系(企业结合审查的对象性)的认定;

(2)相关市场之划定;

(3)竞争效果的分析(是否会实质性限制竞争);

(4)问题解消措施的设计。

第 1 步“结合关系”的认定对于股份保有来说尤为必要(合并等情况下,结合关系是显而易见的)。在仅取得极少数股份的情况下,很难想象取得公司会对发行公司的业务经营产生影响,所以没有必要将之作为规制对象。但是,如果取得股份的比例提高,或者由于其他原因导致对业务经营产生了相当大的影响的,该经营者就会被认定为具有“结合关系”并作为审查对象。根据什么基准和考虑事项来认定结合关系是第一步。

关于被认定为企业结合审查对象之结合关系所涉及的所有公司(以下统称当事公司集团)的经营活动,会审查其对相关市场之竞争产生的影响。但首先,有必要对“相关市场”进行划定(此为第 2 步操作,称为“市场划定”)。企业合并越是与开展多边经营活动的公司相关,则越多的交易领域会成为探讨对象。

接着,第 3 步针对每一确定的交易领域,分析该企业结合对竞争的影响,判断是否“实质上限制了竞争”,这是企业结合审查的核心。

通常,即使企业结合被判断为实质性限制了相关市场之竞争,也没有必要禁止该企业结合之整体,而应通过采取能够解消竞争方面之问题的措施,使得该企业结合能够实行。在必要的范围内设计有效的问题解消措施并确保该措施切实履行是审查的最后步骤。

《企业结合指南》按照以上4个步骤,列明了公平交易委员会使用的企业合并审查的判断框架,并且详细叙述了各步骤的判断要素。(如图4-1所示)

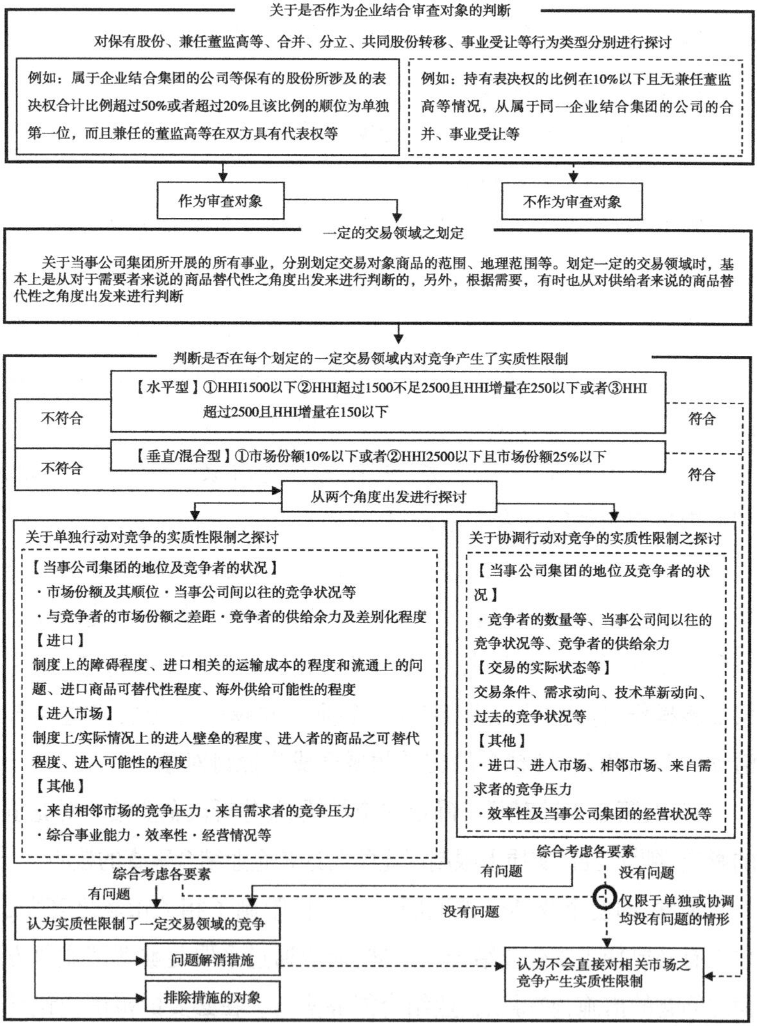

图4-1 企业结合审查流程(出自《企业结合指南》)

4. 结合关系的认定

多家公司通过保有股份、兼任役员等、合并等方式完成一定程度的一体化或完全的一体化并开展经营活动，这样的关系（结合关系）在形成、维持或被强化时，就会成为企业结合审查的对象。这并不要求必须形成当事公司一方“支配”另一方的关系或完全一体化的关系，只要形成对相对方或相互的经营活动产生“相当的影响”之关系就足够了。

相反，即使实施了保有股份或兼任役员等行为，如果可以认为该多家公司是继续作为独立竞争单位开展经营活动的，或是以前就存在合并关系的公司只是进行了组织变更，则很难设想其会对市场竞争产生影响，因此没有必要对其进行审查。

根据《企业结合指南》，下列情况下，基于股份保有行为，在股份持有公司和股份发行公司之间结合关系得以形成、维持或强化，所以其会成为企业合并审查的对象。此外，虽然本条第 1 款从用语上看是规制“股份”的保有，但实则是着眼于“表决权”来判断结合关系的。另外，所谓“企业结合集团”是为了将存在一体关系的公司群作为整体来理解的概念，在事先申报义务处对其进行解说（⇨9）。下文中的 50%、20% 之基准与股份取得的事先申报基准相同。

（1）在股份发行公司的表决权中，从属于股份持有公司所属企业结合集团的公司等所持有的表决权比例合计超过 50% 的情形；

（2）上述表决权的比例超过 20%，且该比例的顺位为单独第 1 位的情形；

（3）除上述情形之外，考虑到单体表决权持有比例的程度、顺位、股东的分散情况、相互保有股份状况、役员等的兼任关系、交易关系等,被认定为结合关系得以形成、维持、强化的情形(但是,表决权持有比例在10%以下或其顺位在第4位以下时,不作为审查对象)。

另外,根据《企业结合指南》,就共同出资公司(两家以上公司为了共同的利益,以实现必要的业务为目的,通过合同等共同设立或取得的公司)的情况来说,在出资公司(母公司)和共同出资公司之间,或在共同出资的股份持有公司之间,"结合关系通过共同出资公司间接得以形成、维持、强化"。

《企业结合指南》认为有必要进行"结合关系"的认定。对于这一点,有力学说认为此认定并非法律上的要件,只要能够认定该股份保有和竞争限制之间存在因果关系即可。另外,关于少数股份的取得,有人对轻易地认定结合关系,并在认定后将之作为完全一体的事物进行竞争评价之实务进行了批判,也有人主张原本就应该将取得少数股份排除在企业结合审查的对象之外。关于《企业合并指导方针》规定的表决权持有比例的数值基准(超过20%、处于第1位的话,可以认定结合关系,相反,10%以下的话,不能认定存在结合关系),也要根据实际情况作出实质性判断。

4-1 新日铁和住友金属的合并(平成23年度事例2【百46】=4-13)

在对多个商品市场进行审查后,既存在考虑到表决权持有比例超过10%,作为单独第1位以及役员等的兼任、业务合作关系等,从而认定了结合关系的案例(在H形钢方面的新日铁和合同制铁的结合),又存在虽然表决权持有比例超过10%、作为单独第1位,但考虑到与第2位股东的差距很小且不存在役员等的兼任等因素，从而否定了结合关系的案例（在热延钢板方面的新日铁和日新制钢等3公司的结合）。另外，关于H形钢，公平交易委员会虽然认定了新日铁与上述合同制铁、东碧工业（新日铁超过20%，是第1大股东）之间的结合关系，但认为公司间并非“完全一体化并进行经营活动那样的坚固关系，而是宽松的，维持一定程度的竞争关系”，并在探讨竞争效果的过程中考虑了一体性的程度。

5. 相关市场之划定

（1）概论

相关市场（有时又称为“交易领域”或“市场”）之划定曾是企业结合审查的主战场。这是因为将交易领域进行缩小划定，从而较高地计算当事公司的合计份额并实际上推定竞争限制效果这样的审查实务曾经是主流。

即使人们已经认识到份额的计算只不过是分析竞争效果的出发点，但是，作为计算份额之前提的交易领域划定，仍然具有重要的意义。这是因为《企业结合指南》从确保企业结合计划立案上的预测可能性、筛选审查对象案件之观点出发，设定了安全港基准（在此基准之下的，通常不会涉及竞争的实质性限制）（⇨6），该安全港植根于市场份额和以此为基础计算的赫芬达尔－赫希曼指数［Herfindahl-Hirschman Index（HHI）：指所有竞争者的市场占有率之平方的数值总和，例如，在占有率分别为40%、30%、20%、10%的4家公司所处的市场中，其平方数的总和为$40^2+30^2+20^2+10^2=3000$。第2位和第3位的企业合并的话，就变为$40^2+(30+20)^2+10^2=4200$，因合并而增加1200］，如果满足了安全港的相关基准，则原则上判断为没有问题。

违反《独占禁止法》的行为都是限制市场竞争的行为，不限于企业结合。为了判断市场竞争是否受到限制，有必要确定竞争的范围或竞争的场所（在计算市场份额时，有必要决定其分母的范围）。设定此范围的过程即市场划定。

（2）市场的划定要素

经营者之间的竞争是围绕着获取商品的顾客而进行的，因此，市场的范围可以根据商品进行细分（称为“商品市场”）。另外，很多情况下，交易受到物理性制约（运输费用、可选购商品的范围等）及政府规定的业务范围的限制，因此，也可以在地理上进行细分（称为“地理市场”）。

而且，即使是相同商品或在同一地域内，有时也需要根据交易的属性（交易阶段、面向大宗顾客等）来对市场进行区分。

关于市场的划定要素，《企业结合指南》规定，以商品的范围、交易的地域范围（地理范围）为中心，根据交易阶段、特定的交易相对方等要素进划定。

4－2 东宝、斯巴鲁案（东京高判昭 26.9.19 高民 4 卷 14 号 497 页【百 4】，最判昭 29.5.25 民集 8 卷 5 号 950 页）

东宝就 SUBARU 兴业所拥有的两家电影院缔结共同经营合同一事，从东宝取得营业实权的实际情况来看，属于业务的租赁（第 16 条第 1 款第 3 项），本案是关于企业结合的被采取了法律措施的少数案例之一（唯一的判决）。公平交易委员会的审决将丸之内、有乐町一带狭窄的地理范围划定为交易领域，并认定在此范围内对竞争的实质性限制，作出了禁止租赁等命令。与此相对，判决以银座为中心，将连通京桥、日比谷、新桥、筑地的、电影院相互邻接的地域作为地理范围而划定了交易领域(支持了审决的结论)。

(3)市场的划定方法

为了判断企业结合是否会限制竞争而划定的范围就是市场(交易领域),如后所述,可以在该市场上对市场支配力是否得以形成、维持、强化进行判断。而需求方所具有的向替代品转移的可能性及供给方所具有的供给同等品的可能性能够牵制市场支配力。

从美国反托拉斯法中发展而来的"SSNIP"(Small but Significant and Non-transitory Increase in Price,小幅但属于实质性的且非临时性的涨价)测试作为一种理论方法,可以用来判断对需求者而言的替代性和对供给者而言的替代性。SSNIP 测试也被称为"假定垄断者"(hypothetical monopolist)测试,假设某经营者于某地域垄断性地供给某商品,其为实现利润最大化之目的而实施 SSNIP 行为,由于需求者转移至其他商品或其他地域的程度较小(或者由于其他供给者能够从其他商品转换至该商品,或从其他地域转换至该地域的程度较小),该垄断经营者能够通过涨价扩大利润,此时,该范围被划定为市场。在无法扩大利润时,则意味着替代商品或替代地域发挥着作用,形成的竞争压力阻碍垄断经营者,将该商品或该地域的范围作为市场则过于狭小。

《企业结合指南》也采用了 SSNIP 测试的考量方法,"小幅但属于实质性的"是指从 5% 到 10% 的价格提升,"非临时性的"是指 1 年左右。而且,该指南基本上是从对需求者的替代性这一角度进行的判断,并根据需要考虑对供给者的替代性(《企业结合指南》第 2 之 1)。

实际上，应用该 SSNIP 测试来反映需求者和供给者对价格上涨的灵敏度之信息是必要的，虽然不能说 SSNIP 测试总是实用的，但是它作为支撑下述实际市场划定方法的理论方法也是有意义的。

《企业合并指南》详细列举了判断替代性时的考虑事项。商品替代性的程度多与该商品的效用等的同类性之程度一致，在对此进行评价时，要考虑到用途、价格和数量的变动以及需求者的认识和行动等。在地理范围上，往往可以根据需求者及供给者的行动以及该商品有无运输相关问题等来进行判断，在对此进行评价时，要考虑供给者的业务范围、需求者的购买范围以及商品的特性、运输手段、费用等。

另外，在划定市场时，需要就包含在市场内还是不包含在市场内进行判断。但是，替代性有强弱之分，并且是连续性的。比如，考虑到商品 A 和商品 B 是部分替代关系，在对“商品 A”进行市场划定时，就竞争效果分析来说，有必要考虑来自商品 B 的竞争压力，相反，在对“商品 A 和商品 B”进行市场划定时，也有必要将商品 B 在竞争上的意义分离出来进行评价。

(4)国际性市场划定

关于地理市场，有批判意见认为在公平交易委员会的实务中，公平交易委员会只重视当事公司的国内市场份额，没有正确考虑到全球竞争的实际情况，其主张对跨越国境的市场进行划定。在 2007 年修改《企业结合指南》时，公平交易委员会首次明确规定了可以“跨越国境划定地理范围”，并且在 2011 年重修时，确立了“关于超越国境划定地理范围的考量方法”这个小项目，并规定国内外的供给者以实质上相同的价格销售商品，需求者从世界各地的供给者中选定主要供应商的情况下，可以划定跨越国境的地理市场。

4－3 索尼与日本电气(NEC)设立光驱业务相关的合资公司案(平成17年度事例8)

这是公平交易委员会首次划定世界市场的案例。该案例对以下要素进行了考量,即作为需求者的大型PC制造商的全球需求的总公司统一采购、以全世界主要供应商为对象的竞争性的供应商之选定以及供应商的世界统一价格的设定等交易实际情况。

6. 安全港(safe harbor)

划定交易领域后,就应进入该企业结合的竞争效果分析阶段,但是,《企业结合指南》根据企业结合的形态,设定了以市场份额和HHI为指标的安全港。只要符合安全港的规定,一般不会认为对竞争造成实质性限制,从而可以省略后续分析。

【水平型企业结合】

(1)企业结合后的HHI指数在1500以下的;

(2)企业结合后的HHI指数超过1500,在2500以下,且HHI指数的增量在250以下的;

(3)企业结合后的HHI指数超过2500,且HHI指数的增量在150以下的。

【垂直型及混合型企业结合】

(1)在所有相关交易领域中,企业结合后的当事公司集团之市场份额在10%以下的;

(2)在所有相关交易领域中,企业结合后的HHI指数在2500以下,且当事公司集团的市场份额在25%以下的。

另外,《企业结合指南》规定,不论是水平型还是垂直型抑或混合型，“根据过去的案例，企业结合后的 HHI 指数在 2500 以下，并且……当事公司集团的市场份额在 35% 以下时，通常可以认为对竞争产生实质性限制的可能性很小”。实际上，也可以将 35% 的占有率作为安全港的基准。

7. 竞争效果分析

(1) 概要

对于不符合安全港的企业结合，本部分将具体分析其是否会“可能实质性限制竞争”。“实质性限制竞争”是不正当的交易限制及私人垄断共同的要件，但是此处附加了“可能”这样的词语。这是因为企业结合规制是事前规制，添加表示可能性的词语后，就可以在确认竞争限制可能性的情况下，即使在企业结合实行前也可以对其进行规制。

(2)“实质性限制竞争”

“实质性限制竞争”是指“竞争本身减少，特定的经营者或经营者集团按照其意志，在一定程度上自由地左右价格、品质、数量或其他各种条件，从而形成能够支配市场的状态”（东宝、新东宝案 = 东京高判昭 28.12.7 高民 6 卷 13 号 868 页），其意味着市场支配力的形成、维持或强化。市场支配力是指超过竞争水平，在一定时期内，经营者能够设定对自己有利的交易条件之能力。行使这种市场支配力有以下两种样态。

第一种是通过单独行动来行使市场支配力，当事公司可以独立地、单方面地行使市场支配力，而不必在意其他企业的存在或行动。

第二种是通过协调性行动来行使市场支配力，当事公司和其他企业能够通过采取协调性行动来行使市场支配力。这里所说的“协调性行动”，不需要伴随不正当的交易限制之类的“意思联络”。

企业结合规制着眼于通过企业结合而能够行使支配力的这两种样态，根据具体情况，事先分析这种竞争上的弊端是否会在现实中产生。《企业结合指南》解说了因这两种样态而产生竞争限制的情形，并且详细提示了此情形下分析存在实际上发现限制竞争效果的盖然性时所必需的判断要素。

(3)单独行动的限制竞争效果

通过单独行动即能够行使市场支配力，是指在商品性质相同的情况下，企业结合后的当事公司单独提高价格时，如果其他企业不提价，则通常其他企业的销售额会扩大，当事公司的价格上涨会以失败告终。但是，由于其他企业的生产、销售能力较小等原因，有时其他企业即使不提高价格也无法扩大销售额，或者需求者无法将采购源转换为该其他企业。

另外，在商品存在差别化的情况下，当事公司销售替代性较高的多个品牌的商品时(简言之，具有替代性较高的品牌的公司之间进行企业合并时)，从当事公司整体来看，由于提高某品牌价格而导致的销售额的减少，可以通过扩大其他替代性较高的品牌的销售而得以补偿。

在这种情况下，可能会导致当事公司能够单独地提高该商品价格。根据《企业结合指南》，可以综合考虑以下要素来判断企业结合是否会导致此状态产生。

①当事公司的地位及竞争者的情况

可以考虑当事公司的市场份额和排名、当事公司间以往的竞争状况、与竞争者的市场份额之差距、竞争者的供给余力(增产可能性)以及商品的差别化程度等。如上所述，《企业结合指南》设定了基于市场集中度的安全港，但是其并未采取从市场集中度来推定市场支配力这一立场。然而,市场集中度分析作为竞争效果分析的出发点非常重要,尤其需要在恰当地考虑到将来市场份额变动的基础上进行评价。

另外,如果存在有实力的竞争者,则有可能牵制单独的市场支配力之行使,但要实现此种效果,竞争者不仅要有足够的供给能力,还要确认是否存在实际增加供给的激励(缺少后者,则不能牵制单独的市场支配力之行使,而且,有可能导致通过协调性行动行使市场支配力)。

②进口

该指南将进口列为第二个判断因素,指出如果进口压力充分发挥作用,则导致竞争限制的可能性就会变小。并且指出,要考虑制度上的障碍程度、运输费用和流通方面是否存在问题、商品的替代性程度、海外的供给可能性,并考虑为了应对商品价格的上涨,大约在 2 年的期间内所发生的进口的增加是否会阻碍当事公司行使市场支配力。

虽然有很多案例考虑到了进口带来的竞争压力,但相反地,也有案例考虑到国内需求者的偏好(品质、商品齐全度、交货期等),认为进口商品很难成为竞争压力。

③进入(市场)

进入(市场)压力是牵制市场支配力之行使的最重要因素。该指南指出,应考虑制度上进入壁垒的程度、实际情况下进入壁垒的程度、商品的替代性程度、进入(市场)可能性的程度,并考虑为了应对商品价格的上涨,大约在 2 年的期间内所发生的进入市场行为是否会阻碍当事公司行使市场支配力。

4-4 日本航空与日本航空系统的业务统合案(平成13年度事例10【百47】=4-6)

这是一起可能通过协调性行动行使市场支配力的案件，公平交易委员会认为由于当事公司和国土交通省采取了促进新竞争者进入市场的政策，新进入市场的航空公司很有可能成为能够与大型航空公司进行有效竞争的竞争性经营者。

④来自相邻市场的竞争压力

在效用等方面类似的竞争产品，虽然构成了与所划定的市场不同的其他商品市场，但来自这种产品以及相邻地理市场的竞争压力有时会被认定为抑制该市场上市场支配力行使的主要原因。特别是在实务中，有时尽管对商品市场进行了比较狭窄的划定，但会对来自该市场以外的竞争产品之竞争压力进行评价，这样的事例非常多。

4-5 松下取得三洋电机股份案(平成21年度事例7)

公平交易委员会将汽车用镍氢电池划定为商品市场，认为当事公司的合计市场份额虽然达到100%，但是随着各公司研究开发中的汽车用锂离子二次电池的实用化及量产化，今后镍氢电池被锂离子二次电池替代的过程将急速推进，并认为锂离子二次电池会成为镍氢电池市场上当事公司提高价格的牵制力。

⑤来自需求者的竞争压力

《企业结合指南》指出，来自需求者的竞争压力(降低价格压力）可以制约当事公司行使市场支配力，应考虑到需求者之间的竞争状况、变更交易方的可能性、市场缩小等交易关系。但是有人指出，就单独行使市场支配力的问题来说，需求者难以轻易变更交易相对方，因此不能对来自需求者的竞争压力作过高评价。

⑥综合的业务能力

过去，实务中曾重视以下问题，即通过企业结合，当事公司综合业务能力提升，竞争者可能难以对抗这一情况。但是近年来，这个要素并未被重视。

⑦效率性

有人主张当事公司是抱着通过统合生产设备、减少运输费用、提升研究开发效率等手段来提高效率这一目的而进行企业结合的，这种有助于效率化的企业结合应该被认可。在可以预测企业结合将实现效率性、当事公司将采取竞争性行动的情况下，对其进行此种评价是适当的。根据该指南，如果企业结合能够满足固有效率提高、效率的提高可以实现，且通过效率的提高，需求者的福利增多这 3 个条件，则可以认为其具有效率性。

⑧当事公司的经营状况

有时，企业结合的目的是救济或支持业绩不佳的公司（或业绩不佳的部门），关于当事公司的经营状况，也需要在评价其业务能力的基础上进行考量（“破产公司”理论）。如果不进行企业结合，公司就会在不久的将来倒闭并退出市场。此种情况下，对于可以救济的经营者，如果不存在会对竞争产生更小影响的措施，则认可此种企业结合是符合社会期望的。既然预料到公司会退出市场，那么竞争者的数量减少就是不可避免的，这样的公司已经失去了竞争力，此种企业结合导致市场形成支配力的可能性非常小。

(4)协调性行动的竞争限制效果

在企业结合后的市场上,当事公司和其他企业能够以较高的准确度预测彼此的行动,有时采取协调性行动对双方都有利。对于某个企业的提高价格行为,虽然其他企业想要维持价格以扩大销售额,但由于可以预测该企业将采取对抗措施,倒不如追随该企业的提价行为抬高价格,这样对自身更为有利。先提价企业也正是因为明知此事,所以才率先提高价格并期待其他企业追随。存在此种关系时,对于当事公司和其他企业来说,相互提升价格是有利的,这会导致企业通过协调性行动提高商品价格。

根据《企业结合指南》,可以综合考虑下列要素以判断企业结合是否会导致这种状态产生。

①当事公司的地位及竞争者的情况;

②交易的实际状态等;

③进口、进入(市场)及相邻市场的竞争压力等;

④效率性及当事公司的经营状况。

探讨通过协调性行动行使市场支配力的可能性,与分析价格卡特尔的易行性相关的经济证据(市场结构证据和市场行动证据)是相同的。除了高市场集中度(少数竞争者)之外,通过对竞争者间的成本构造等的类似性、商品的同质性、竞争者的价格以及其他交易条件等相关信息的获取便利度(市场的透明性)等的市场构造层面,以及过去的竞争行动情况(包括过去的价格卡特尔等的违反经历)、独狼企业的存在等企业行动层面进行分析,可以判断出协调性行动的盖然性。

4－6 日本航空与日本航空系统的业务统合案（＝【百47】4－4）

本案中，国内3家主要航空公司中的2家公司进行了统合，因此实施统一的运费设定行为变得容易，就同一路线安排航班的公司变少，此种情况会对没有交涉能力的一般使用者造成不合理的不利，这一点被视为问题。

（5）共同出资公司

共同出资公司与不伴随出资的业务协作一样，可以实施单独企业难以开展的经营活动，因此其具有竞争促进性的同时，也可能会限制竞争，所以需要对其进行慎重探讨。此种情况下，除了母公司和共同出资公司的关系以外，共同出资的母公司之间的关系也可能引发问题（⇨第四章第三节4）。

在将特定的事业部门全部统合至共同出资公司并将之与母公司的业务分离的情况下，作为部分合并，需要考虑共同出资公司的市场份额等。

与此相对，虽然特定业务部门的一部分被统合至共同出资公司，但在母公司仍留有业务的情况下，通过运营共同出资公司，母公司之间有可能产生协调关系。例如，试想以下情形，即虽然将生产部门统合至共同出资公司，但销售由母公司继续进行。虽然母公司之间可能会产生协调关系，但如果为了防止这种情况发生而采取了有效措施，且在销售方面的竞争得以维持时，可以认为其对竞争的影响较小。但是，如果在对象商品的总费用中，生产费用占据很大比例，则由于共同生产，生产费用共通化，销售方面竞争的余地减少，也有可能导致协调性行动。

另外,超越共同出资公司的目的、范围,在其他商品和地区产生协调关系的可能性也是存在的(溢出效应"spillover effect")。

4－7 澳洲航空(Qantas)和日本航空设立共同出资公司(平成23年度事例8)

本案是共同出资公司参与LCC(Low Cost Carrier)业务(廉价航空旅客运输业务)的案例。共同出资公司的LCC业务和当事公司的航空旅客运输业务具有关联性,因此,通过运营共同出资公司,可以共享当事公司独自经营的业务的相关信息(运费的批发价等),当事公司之间有可能产生协调关系。但是,在当事公司间存在竞争的线路上,共同出资公司并没有计划安排航班,因此被认为并没有产生协调关系的可能。

此外,如果共同出资公司的设立、运营只不过是核心卡特尔的伪装,则其会作为违反关于股份保有的10条的问题或者作为不正当的交易限制而被规制。

4－8 日本油脂等案(劝告审决昭50.12.11审决集22卷101页【百32】)

该案中,关于6家产业用炸药的制造公司设立共同出资公司用于制造销售炸药一事,公平交易委员会认为该6家公司有违反第10条第1款之嫌,要求其变更股东构成。因此,6家公司做出了仅由3家公司出资的变更,同时,缔结并实施了协议,约定由6家公司经营共同出资公司。此行为作为6家公司的不正当的交易限制,受到了法律的规制。

(6)垂直型和混合型企业结合

垂直型或混合型企业结合不会减少竞争者的数量,因此与水平型企业结合相比,其给竞争带来的影响一般较小,但有时会产生水平型所没有的问题。

例如,原材料制造商和成品制造商之间进行统合,或者制造商和分销商之间进行统合的情况下,在垂直统合的当事公司之间进行优惠交易或优先交易,会对竞争者产生费用提高的效果,从而导致竞争者被排除。基于此,当事公司得以行使市场支配力。

另外,由于经营者能够从垂直统合的相对方处得到竞争者的价格等秘密信息,这可能导致协调性行动得以实施,或易于监视经营者从协调性行动中的脱离。而且,经营者有可能以对自己有利的方式使用秘密信息,从而使竞争者陷入不利。

4-9 阿斯麦(ASML)和西盟(Cymer)的经营统合案(平成24年度事例4【百48】)

ASML(最终母公司是荷兰法人)是半导体曝光装置制造商,Cymer(美国法人)是半导体曝光装置必备零部件光源的制造商,ASML计划取得Cymer的全部股份。本案中,关于该计划,从市场封锁和获取秘密信息的角度来看,有可能导致竞争限制。在上游(光源)市场,Cymer只有1家竞争公司,在下游(曝光装置)市场,ASML只有2家竞争公司。此种情况下,由于本次垂直统合,下游市场中,ASML的竞争者与Cymer公司进行交易的机会可能会被剥夺(包括在交易中被不利地对待)(投入物封锁);上游市场中,Cymer的竞争者与ASML进行交易的机会可能会被剥夺(包括在交易中被不利地对待)

(顾客封锁)。另外,当事公司可以获得上游市场及下游市场中竞争者的秘密信息并以对自己有利的方式加以利用,这将使得竞争者陷于不利地位。但是,当事公司并未进行歧视性交易,并严格保守了秘密,且有独立的监察小组对上述遵守情况进行监察等,由于采取了这些措施,本案被认定问题得到了解决。

关于混合型企业结合,指导方针认为,当其综合业务能力的提升会导致市场封闭和排他性时,就会引发问题。

8. 问题解消措施的设计

直接执行企业结合计划时,即使相关市场的竞争会受到实质性限制,但如果能够采取足以消除该竞争限制之弊端的措施,那么以实施该措施为条件认可该企业结合计划是符合社会期望的。这需要问题解消措施足以有效地消除该计划可能带来的竞争上的弊端。

问题解消措施一般分为结构性措施和行动性措施,但也可以考虑两者的中间措施。结构性措施是直接消除企业结合带来的市场结构变化的措施,其典型措施是为了防止形成结合关系而降低表决权持有比例,或为了抑制集中度上升而进行的业务让渡。行动性措施是对当事公司的行动施加一定的制约,以防止因企业结合而使得竞争限制行为易于实施。例如,在共同出资公司的共同生产计划中,为了确保销售方面的独立而采取的措施或信息隔壁的构筑等,或者在垂直的结合中采取的禁止对未处于结合关系的经营者实行差别待遇这样的措施。另外,两者的中间措施包括以下形式,如通过对竞争者设定以成本为基础的商品交易权,或通过知识产权及其他业务上必要的经营资源的使用许可等,促进进口和新竞争者进入市场。

《企业结合指南》认为"原则上采取业务转让等结构性措施",

但“在由于技术革新等，市场结构发生了较大变动的市场中，有时采取与一定行动相关的措施也是妥当的”（《企业结合指南》第6之1）。此外，问题解消措施原则上应在该计划实施前履行，计划实施后，需要明确设定采取措施的期限（例如，进行业务转让时，在计划执行前，至少要先决定转让方）。

但是，从迄今为止采取了问题解消措施的案件来看，这些案件与该指南上明确记载的原则不同，有很多案件是以行动性措施或者中间性措施为条件而认可结合计划的（参照新日铁和住友金属的合并 4－13 ）。另外，在日本，关于业务转让等的理解方式非常消极，业务和资产的市场也未充分形成，所以构造性措施被认为是不切实际的。

4－10 福冈金融集团取得十八银行的股份（公平交易委员会2018年8月24日公布）

福冈金融集团拥有长崎县地方银行亲和银行等子公司，十八银行是该县地方银行，福冈金融集团计划取得十八银行超过50%的与股份相关的表决权。关于该计划，公平交易委员会认为，在长崎县及该县多个经济圈内的面向中小企业之业务性贷款这一交易领域，竞争会受到实质性限制。对此，由于当事公司一直未能提出有效的问题解消措施，审查被延长，但最终该结合被认可了，其条件是当事公司集团将合计近1亿日元的业务性贷款债权转让给其他金融机构（由此，接受债权转让的金融机构将会对当事公司集团产生一定程度的竞争压力），构建和实施防止不正当利率上升等的监控体制并向公平交易委员会报告这些措施的实施情况。

此外,以本案审查为契机,与区域金融机构及区域交通机构之统合相关的《独占禁止法》审查的应然方式在政府范围内被讨论,今后的动向也备受瞩目。

9. 事先申报

公司的股份取得、合并、分立、共同股份转移以及业务等的受让达到一定规模的,公司有义务向公平交易委员会事先申报。在设定需要申报的范围时,有必要从承担申报义务的公司、受理申报并进行审查的公平交易委员会的事务负担、对可能造成竞争上弊端的企业合并的有效把握之观点出发进行考虑,并进而考虑国际整合性。另外,就《独占禁止法》的规制而言,实质性判断无比重要,需要设定的并非法人的形式性基准,而是考虑到公司间关系的实质性基准。

从这个角度来看,企业合并的事先申报制度虽然根据结合的手段不同而有所差异,但实际上设定了以当事公司的国内销售额为指标的共通的规模基准(外国公司的情况亦同)。另外,该制度导入了"企业结合集团"的概念,将有着一体关系的公司群作为整体来把握,以集团为单位计算国内销售额,原则上根据国内销售额的总额来设定基准。反之,其将仅仅是同一企业结合集团内部行为的组织重组排除在了申报义务对象之外(同一企业结合集团内的公司间的股份取得亦同)。

此处所谓的"企业结合集团",是指由股份取得公司的最终母公司(是公司的母公司且不是其他公司的子公司)及其子公司构成的企业集团(第10条第2款)。另外,此处的"子公司"和"母公司"也有着与公司法等一样的基于"实质基准"的定义(第10条第6款、第7款,《申报规则》),可以根据是否能左右"财务及业务方针的决定"来进行判断。

另外，特别是就股份取得来说，相对于一次性进行的合并等形式之企业结合，其表决权持有比例可以连续提高，达到什么水平时需要申报具有重要的意义（该水平称为“申报阈值”）。根据2009年《独占禁止法》的修改，作为股份取得的结果，股份取得公司所属的企业结合集团所拥有的发行公司的表决权超过20%或50%时，需要各自进行申报（第10条第2款，独禁令第16条第3款）。以往，以单体为基础，在超过10%、25%、50%的情况下，要求在30日内进行事后报告，与此相比，现在以企业结合集团为基础，虽然很难进行简单的比较，但可以说申报阈值被简化了，稍微放宽了一些。

10. 审查程序

关于企业合并审查程序，设置有事先申报、事先审查制度，就事先申报的案件来说，其措施期间受到限制，这与其他违反《独占禁止法》的行为类型存在很大的实质性差异。另外，形成了重视与当事公司沟通的审查实务，即使是被认定为存在限制竞争之盖然性的案件，实际上也不会实施排除措施命令。

公平交易委员会制定了企业结合程序方针，该方针是本条第8款至第14款的规定以及关于申报规则的实务处理之集大成者（⇨第四章第一节3）。另外，该程序方针中附有公平交易委员会《企业合并审查中作为参考的资料示例》，当事公司在准备《企业结合指南》所规定的与判断要素有关的统计及其他资料时，必须参照该事例。

关于企业结合计划，计划向公平交易委员会申报的公司在进行该申报之前，可以实施关于申报书填报方法等的“申报前商谈”。

企业合并审查分为受理事先申报后30日内进行的“第1次审查”和认为需要更详细的审查并要求追加报告等的“第2次审查”。公平交易委员会应在30日的禁止期间内采取以下任一对应措施:①判断为不存在《独占禁止法》上的问题(包括以当事公司采取其提出的问题解消措施为前提,判断为没有问题的情况);②为进行详细审查而要求提交报告等(第10条第9款);③进行承诺程序通知。在制度上,也有可能不请求报告等而进行排除措施命令前的听取意见通知。

在①的情况下,会进行“不作出排除措施命令的通知”(《申报规则》第9条)。此种情况下,设置有缩短禁止期间程序。

另外,请求②中的报告等并开始第2次审查的情况下,公平交易委员会将公开此请求,第三人可以在公开后的30日内提交意见书。公平交易委员会进行排除措施命令前的听取意见通知之期限,可以延长至从受理申报之日起经过120日或从受理所有报告之日起经过90日中,任意一个较晚之日(第10条第9款)。在这个被延长的期限内,公平交易委员会会进行以下任一对应:a.判断为不存在《独占禁止法》上的问题(包括以当事公司采取其提出的问题解消措施为前提,判断为没有问题的情况)并进行不作出排除措施命令的通知;b.作出排除措施命令前的听取意见通知;c.进行承诺程序通知。

在第1次审查之①的情况或第2次审查之a的情况下,公平交易委员会以当事公司采取其提出的问题解消措施为前提,判断为不存在《独占禁止法》上的问题时,申报公司会将问题解消措施的内容记载于申报书中(实际上,会提交申报变更书或重新提交申报书)。此后,如果发生当事公司不履行主要的问题解消措施之情况,该情况通常会被认为属于“未在该计划规定的实行期限之内实行重要事项的情况”(第10条第9款但书第1项),公平交易委员会可以在该期限起1年之内,发出听取意见的通知,下达排除措施命令(同条第10款)。

另外,第 1 次审查之 3 的情况或第 2 次审查之 b 的情况是指附加于承诺程序的环节,承诺程序旨在通过与具有违反嫌疑的行为人达成合意,从而消除《独占禁止法》上之问题(第 48 条之 3⇨第九章第二节二),申报公司会对记载有问题解消措施的排除措施计划之认定申请进行探讨。但是,在企业合并审查中,如上所述,自以往即进行了同样的实务操作,承诺程序被适用的可能性很低。

企业结合审查程序如图 4－2 所示。

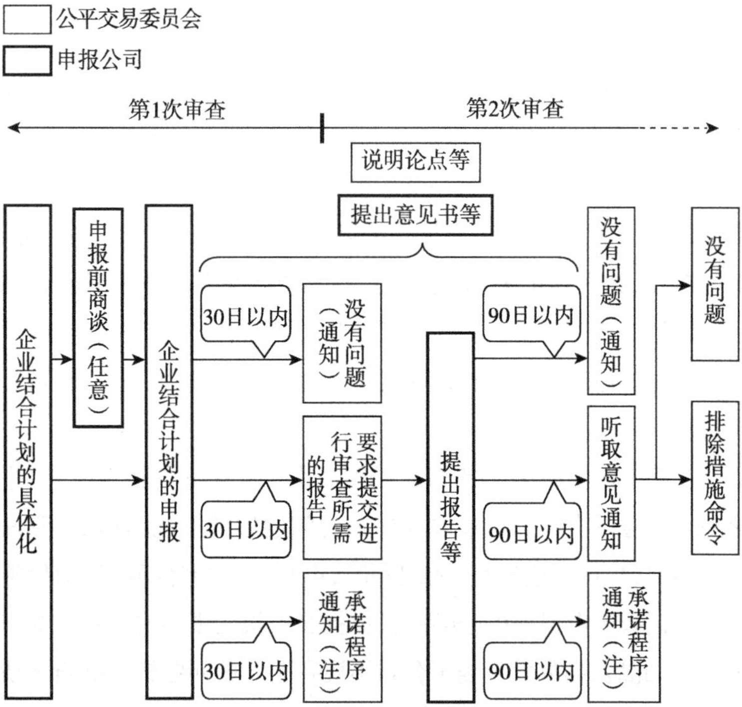

（注）之后的程序按照《承诺程序相关对应方针》执行。

（出典）以公平交易委员会《关于平成29年度主要的企业结合案例》（平成30年6月6日公布）参考2的《企业结合审查的流程图》为基础制作。

图 4－2　企业结合审查程序

11. 企业结合审查的现状

2009年修法提高了申报标准,因此,与以往相比,包括股份取得在内的企业结合之事先申报件数大大减少,一年在300件左右(八成左右为股份取得案件)。此外,每年都会有几件以采取问题解消措施为前提而不作出排除措施命令的案件。

从确保企业结合审查的透明性、提高经营者可预测性的角度来看,公平交易委员会每年公布10件左右主要的企业结合案件之概要,有时也会根据案件情况,在每个案件处理结束时进行公布。另外,关于通知不作出排除措施命令的案件,2017年以后,公平交易委员会于每季度会将其清单进行公布。

> 第13条 【对兼任役员等的规制】①公司的役员等或者员工(指持续从事公司业务且不属于役员等的人员,以下在本条中相同)由于兼任其他公司的役员等职位,会实质性限制相关市场之竞争的,不得兼任该役员等职位。
>
> ②公司不得通过不公平的交易方法,强制同自己在国内处于竞争关系的其他公司认可以下事项,即由自己的役员等兼任该公司的役员或员工职位,或者自己的员工兼任该公司的役员等职位。
>
> 第2条 【役员等的定义】③本法中的"役员等"是指理事、董事、执行官、执行业务的公司员工、监事或监查役或与其等同者、经理或者总部或分支机构的业务负责人。

1. 第13条的宗旨

本条是规制以下行为的规定,即由于公司的役员等或员工兼任处于竞争关系的公司等之役员等,从而会对竞争产生限制的行为。处于参与公司决策并执行业务之立场的役员等,兼任多家公司特别是处于竞争关系的公司之役员等时,会对市场竞争产生恶劣影响,如作出限制竞争的共同决策等。兼任役员等多在股份保有关系之背景下进行,此种情况下,将之作为股份保有行为来规制即可,但也存在以融资或交易关系为背景而进行的情况,所以本条被单列出来。

2. 役员

第 2 条第 3 款规定了"役员"的定义,其较之公司法上的役员等(指董事、会计参与及监事会董事,《公司法》第 329 条第 1 款)范围更广。根据《企业结合指南》,役员是指"股份公司、相互公司的董事、监事;合名公司、合资公司、合同公司的业务执行员工;公司法上的经理(《公司法》第 10 条);根据公司法,被视为与经理拥有相同权限的公司的雇员(例如总部总经理、分支机构长、营业本部长)等"。另外,"与其等同者"是指"不属于董事、监事等,但冠以咨询员、顾问、参与等名称并通过事实上出席董事会等实际参与公司经营的人"[《企业结合指南》第 1 之 2(1)]。

3. 规制的内容

公司的役员等兼任其他公司役员等之情形,或者公司的员工兼任其他公司役员等之情形是第 13 条第 1 款的规制对象。公司的役员等成为其他公司员工之情形,或者公司的员工兼任其他公司员工之情形则不属于该条款规制对象。

与保有股份的情况相同,《企业结合指南》的规制及于通过兼任役员等,于兼任当事公司之间形成、维持、强化"结合关系"的情形,下列情形被认定为结合关系。

①兼任当事公司役员等的总数中,其他当事公司的役员等或员工所占的比例超过半数的情形。

②兼任的役员等在双方公司均具有代表权的情形。

另外,除上述①和②以外,可以对下列要素进行考量并判断结合关系是否得以形成、维持或强化,即 a. 是否由专职或有代表权的董事兼任;b. 兼任当事公司中,一家公司的役员等的总数中,其他当事公司的役员等或员工所占的比例;c. 兼任当事公司之间的表决权持有情况;d. 兼任当事公司之间的交易关系(包括融资关系)、业务合作等关系。

在认定了结合关系的情况下,关于市场划定和对竞争的实质性限制之判断均与股份保有的情况相同。

另外,第 13 条第 2 款规定,一方面,禁止通过不公平的交易方法强制兼任役员等,但仅限于存在竞争关系的公司;另一方面,本公司的役员等兼任员工职位的情形也被作为规制对象。

4. 案例

我们很难想象仅依据兼任役员等行为就认定存在结合关系,通常做法是与股份保有同时使用,将行为认定为违反股份保有而对其进行处理。

4－11 广岛电铁案(同意审决昭 48.7.17 审决集 20 卷 62 页【百 44】)

广岛电铁取得了与其存在竞争关系的广岛巴士已发行股票总数 13 万股中相当于 85% 份额的 11 万股,同时令本公司的役员等或员工兼任广岛巴士 5 名董事中的 3 名以及 1 名监事。广岛电铁适用第 10 条第 1 款,兼任役员等适用《独占禁止法》第 13 条第 1 款,广岛电铁被命令处分其所持有的广岛巴士 11 万股股票中的 8.5 万股,兼任的役员等被命令辞去广岛巴士的役员等职务。

> 第14条　【对公司以外的人取得、持有股份之规制】公司以外的人取得或持有公司的股份会实质上限制相关市场的竞争的，不得取得或持有该股份，以及不得以不公平的交易方法取得或持有公司的股份。

1.本条的宗旨

本条对“公司以外的人”保有股份进行规制，虽然与第10条对公司保有股份的规制内容相同，但没有规定事前申报义务。

2.规制的内容

“公司以外的人”是指《公司法》等规定的股份公司、相互公司、合名公司、合资公司、合同公司或者外国公司以外的人，而不论其是否是经营者。具体来说，其包括所有可以保有股份的各种财团法人、社团法人、特殊法人、地方公共团体、金库、组合、个人等。

当公司以外的人保有股份有可能引发《独占禁止法》上的问题时，可以设想两种情形，即公司的役员等保有处于竞争关系的公司股份之情形，或者公司以外的人保有处于竞争关系的两家以上公司股份之情形，其判断基准与公司保有股份的情况相同。

> 第15条　【对合并的规制】①公司在符合以下各项中任一情形时，不得合并。
>
> 一　该合并会实质上限制相关市场的竞争；
>
> 二　该合并是通过不公平的交易方法而进行的。
>
> ②③（略）

1.本条的宗旨

本条规制通过公司合并限制市场竞争之行为，特别是为了防止由于竞争单位的减少，市场结构转变为非竞争性，限制竞争行为变得易于进行之情况。合并是个别公司在法律上、组织上的一体化行为，其结合关系是最牢固的，由于合并公司难以于事后进行分离，因此，尤其需要对其进行有效地规制。鉴于此，虽然在2009年修法前，关于股份取得，进行事后报告即可，但关于合并和业务受让等，还是设置了事先申报制度。根据2009年修法，股份取得也采取了事先申报制度，企业结合集团单位的规定得以整备，因此，本条准用第10条的必要规定。

2. 规制的内容

作为规制对象的合并是指国内的公司之间的合并和外国的公司之间的合并（公司法上没有设定国内的公司和外国公司的合并）。

实体性的规制基准与股份保有的情形相同，即禁止"会实质上限制相关市场的竞争之情形"（第15条第1款）。

另外，就通过股份保有和兼任役员等而处于一定结合关系的当事公司来说，即使在结合关系不是很强而被认为对竞争的影响并未引发问题的情况下，也有可能因为当事公司合并，结合关系得以强化而引发问题。

关于将合名公司、相互公司进行组织变更而使其转变为股份公司这样的以公司组织变更（《公司法》第2条第26项、《保险业法》第85条）为目的之合并，以及所谓的母子公司间、兄弟公司间、叔父侄子公司间的合并等属于同一企业结合集团的公司之间的合并，由于其未形成或强化结合关系，所以通常不会成为审查对象。但是，在后者的情况下，与不属于该企业结合集团的公司形成或强化结合关系时，此结合关系会成为审查的对象。

根据与股份取得的情形相同的规模基准，达到标准者有义务进行合并的事先申报（第15条第2款）；关于申报和其后的禁止期间、措施期间等，准用股份保有相关规定（同条第3款）；所有的合并公司属于同一企业合并集团时,免除申报义务(同条第2款但书)。这几点在分立、共同股份转移以及业务等的受让上是共通的。

3. 案例

以前,企业结合的核心手段是合并,但是由于公司法中公司组织重组手法多样化等,股份取得成为核心手段。

关于合并,采取了本条规定的法律措施之案例只有4－12这1件。

4－12新日铁合并案(同意审决昭44.10.30审决集16卷46页【百45】)

本案中,关于国内第1位和第2位的高炉制造商的合并,公平交易委员会在劝告其不要合并的同时,向东京高等法院申请了紧急停止命令。当时,两家公司并未就劝告进行应诺,审判程序启动。但在这一过程中,公平交易委员会下达了同意审决。该案中,关于铁路用铁轨(合计份额100%)、罐装食品用铁皮(同61.2%)、铸件用生铁(同56.3%)以及钢矢板(同98.3%)这4个品种,公平交易委员会以采取设备转让、股份转让、技术提供等措施为条件,认可了本次合并。审决从是否存在"有效的具有牵制力的竞争者"这一通过单独行动限制竞争的角度出发进行了判断,此判断受到了严厉的批判。批判意见认为其认可了复占(两家卖主垄断市场),实质上只能禁止接近垄断的情形。因此,现在公平交易委员会已经认识到,在探讨有效的牵制力时,不仅要详细调查有无该能力,还要调查是否存在进行牵制的诱因,此外,不仅要从单独行动造成的竞争限制这一角度进行考量，通过协调性行动导致竞争限制的角度也同样重要。

4－13 新日铁和住友金属的合并（＝【百46】4－1）

本案是 4－12 中诞生的新日铁在40年后与住友金属进行合并的案件。2002年，日本钢管和川崎制铁已经通过统合形成了（JFE）杰富意，如果认可本案的合并，国内的制钢业会形成实质性的复占，因此公平交易委员会的判断备受瞩目。公平交易委员会对具有竞争关系的约30个品种进行了探讨并指出问题，即关于无方向性电磁钢板和高压气体管道工程业务存在违法的可能。就此，当事公司提出了问题解消措施，公平交易委员会认为如果采取该措施，则不至于限制竞争。根据《企业结合指南》，问题解消措施原则上是构造性措施，关于上述两个品种，本案都仅停留在采取诸如设定以成本为基础的回收权（限于5年）或是出现新加入市场者时，以同等条件进行供给等措施。对此，也存在批判性意见。

第15条之2 【对共同新设分立、吸收分立的规制】①公司在符合以下各项中任一情形时，不得进行共同新设分立（指公司与其他公司共同进行的新设分立，以下相同）或吸收分立。

一 该共同新设分立或该吸收分立会实质上限制相关市场之竞争的情形；

二 该共同新设分立或该吸收分立是基于不公平的交易方法而进行的情形。

②～④（略）

1. 本条的宗旨

本条以与其他企业结合手段相同的基准,对公司的共同新设分立和吸收分立进行规制。公司分立制度是基于2000年的商法修改而创设的,是指股份公司或合名公司将其所有的关于业务的权利义务之全部或一部分进行分割,由其他公司或新设公司全面继承的制度[《公司法》第2条第29项(吸收分立)、第30项(新设分立)]。单独的新设分立只不过是企业内的组织重组,对竞争没有影响,但与其他公司共同进行的共同新设分立以及让其他公司继承的吸收分立,会在当事公司之间形成结合关系,产生与公司的合并或业务受让等同样的影响。另外,在业务继承公司与承担了该公司股份的公司之间,结合关系得以形成、强化的情况下,会产生与保有股份同样的问题。因此,2000年修改的《独占禁止法》中追加了该规定。

2. 规制的内容

本条第1款禁止会对相关市场之竞争产生实质性限制的共同新设分立或吸收分立。公司法中的"业务"本身的继承并不是规制要件,实际上,伴随着业务的全部或重要部分之继承的行为会成为规制对象。

关于申报义务,公平交易委员会先将共同分立分为共同新设分立和吸收分立,再按照"全部继承公司"(计划使全部业务被继承的公司)和"重要部分继承公司"(计划使业务重要部分被继承的公司)的组合,根据国内销售额的总金额或与该分立的对象部分相关的国内销售金额,设定了需要事先申报的基准(第15条之2第2款、第3款)。

根据《企业结合指南》,此处的业务之"重要部分"并非指对于计划继承业务的公司来说重要的部分,而是意味着对于计划使得业务被继承的公司(进行分立的公司)来说重要的部分[这是关于业务等重要部分之受让(第16条第1款)的传统解释,但其与公司法上的“业务的重要的一部分之转让”(《公司法》第476条第1款第2项)之解释不同],其意味着该继承部分具备可以作为一个经营单位发挥作用的形态,从计划使得业务被继承的公司之业务的实际情况来看,其客观上具有价值。但同时,关于是否属于“重要部分”,《企业结合指南》叙述为“根据被继承业务各自的市场实际情况来判断”,倒不如说这一叙述才是特别有意义的。

> 第15条之3　【对共同股份转移的规制】①公司在符合以下各项中任一情形时,不得进行共同股份转移(指公司与其他公司共同进行的股份转移,以下相同)。
>
> 一　该共同股份转移会实质上限制相关市场之竞争的情形;
>
> 二　该共同股份转移是基于不公平的交易方法而进行的情形。
>
> ②③(略)

1. 本条的宗旨

本条以与其他企业结合手段相同的基准,对公司的共同股份转移进行规制。在最近的大型企业结合中,可以看到如下共同股份转移形式,即两家以上的公司通过新设控股公司并进行股份转移而成为该控股公司的子公司。这意味着新设的公司会取得当事公司的全部股份,与合并相同的牢固的结合关系将会形成。2009年修法前,其一直被视为公司股份保有相关问题,但由于控股公司的新设和共同股份转移同时进行,所以关于股份取得,在导入事先申报制度的情况下,即使在被判断为存在《独占禁止法》上的问题时,由于作为共同股份转移对象的控股公司事先并不存在,会引出应该被发出排除措施命令的对象公司（股份取得公司）并不存在的情况。因此，2009年修法在导入股份取得相关的事前申报制度时，追加了关于共同股份转移的本条规定。

2. 规制的内容

共同股份转移的实体规制基准和事前申报义务的范围与股份取得或合并相同。另外，关于审查程序，准用股份取得相关规定。

> 第16条　【对业务受让等的规制】①公司实施下列行为，会实质上限制相关市场之竞争的，不得实施该行为，以及不得采用不公平的交易方法实施下列行为。
>
> 一　受让其他公司业务的全部或重要部分；
>
> 二　受让其他公司业务上之固定资产的全部或重要部分；
>
> 三　承租其他公司业务的全部或重要部分；
>
> 四　受托经营其他公司业务的全部或重要部分；
>
> 五　与其他公司签订将业务上的全部损益进行共通的合同。
>
> ②③（略）

1. 本条的宗旨

本条以与其他企业结合手段相同的基准，对公司业务等的受让进行规制。作为本条规制对象的公司行为，是指业务的受让、业务上之固定资产的受让、业务的承租、业务之经营的受托、损益共通合同，这是因为这些行为会带来与合并相同的效果。

2. 规制的内容

就业务的受让、业务上之固定资产的受让、业务的承租、业务之经营的受托来说，不仅规制全部的受让，“重要部分”的受让等也是规制对象。此“重要部分”的解释与共同新设分立、吸收分立的情形相同。

实体规制基准与股份取得或合并相同，审查程序准用股份取得相关规定。另外，关于业务或业务上固定资产之全部或重要部分的受让，同样设定了事先申报义务。

第四节　禁止脱法行为等

> 第 17 条　【禁止脱法行为】不论以何种名义都不得实施逃避第 9 条至前条所规定的禁止或限制的行为。

1. 本条的宗旨和内容

本条对虽然形式上不属于第 9 条至第 16 条所规定的禁止或限制的行为，但实质上符合其规定的行为(违法行为)进行规制。例如，就公司股份保有的规制来说，公司向第三人提供资金并持有其他公司的股份时，如果认为股份保有公司是违法行为者，可以适用第 10 条第 1 款，而无须适用本条。但公平交易委员会认为第 10 条等的规定适用于股份的名义人，公司以第三人名义实际保有股份时，可以将之看作脱法行为而适用本条。

2. 案例

4－14 日本乐器案(劝告审决昭 32.1.30 审决集 8 卷 51 页)

本案中，日本乐器提供资金让交易相对方取得竞争公司河合乐器已发行股份总数的 24.5%，此行为被认定为实质上限制了钢琴等制造销售领域的竞争，其作为第 10 条规定的脱法行为而适用了本条。但是,批判意见认为,本案中,日本乐器是河合乐器股份的实质所有者,因此可以直接适用第10条。

4－15 野村证券股份持有案(劝告审决平3.11.11 审决集38卷115页)

本案中,野村证券委托其他公司保有关联公司股份并限制其向第三人转让,该部分股份超过了2002年修法前第11条所规定的证券公司股份保有限制,此行为作为逃避该条规制的行为而适用了本条。

第17条之2 【排除措施命令】①存在违反第10条第1款、第11条第1款、第15条第1款、第15条之2第1款、第15条之3第1款、第16条第1款或者前条规定之行为时,公平交易委员会可以按照第8章第2节规定的程序,责令经营者处分全部或部分股份,转让一部分业务或采取其他为排除违反这些规定的行为所需的必要措施。

②存在违反第9条第1款或第2款、第13条、第14条或者前条规定之行为时,公平交易委员会可以按照第8章第2节规定的程序,责令该违反行为者处分全部或一部分股份,辞任公司的役员等或采取其他为了排除违反这些规定的行为所需的必要措施。

1. 本条的宗旨

本条规定,对于违反企业结合规制的行为,公平交易委员会可以按照《独占禁止法》第8章第2节的程序,做出排除措施命令。

第1款规定了违反公司的股份保有(第10条),金融公司的股份保有(第11条),公司的合并(第15条),共同新设分立、吸收分立(第15条之2),共同股份转移(第15条之3),业务等的受让(第16条)以及这些规定的脱法行为(第17条)时,公平交易委员会对经营者采取的措施;第2款规定了违反过度集中公司(第9条)、兼任役员等(第13条)、公司以外的人之股份保有(第14条)以及这些规定的脱法行为(第17条)时,公平交易委员会对违法行为者采取的措施。

2. 排除措施的内容和程序

违反股份保有相关规定的,责令"处分全部或部分股份";违反合并等相关规定的,责令"转让一部分业务";违反兼任役员等相关规定的,责令"辞任公司的役员等"。此外,还可以责令"采取其他为了排除违反这些规定的行为所需的必要措施"。

公平交易委员会为作出措施命令,必须在规定的期限内,进行排除措施命令前的听取意见通知(第49条、第50条)。另外,在决定不进行该通知时,其会交付不做出排除措施命令的通知书(《申报规则》第9条)。

3. 问题解消措施的履行担保

通常情况下,即使事前申报被受理的企业结合计划被认定为实质上限制了相关市场之竞争,当事公司也可以采取适当措施来解决这个问题。在公平交易委员会的实务中,此种情况下,公平交易委员会会进行以下操作:要求经营者将履行问题解消措施的担保措施追加记载于事前申报书中(通常,需要提交关于问题解消措施的变更报告书)并决定不做出排除措施命令[当事公司不履行该措施时,排除措施命令的通知期限会被延长1年(第10条第9款第1项、第10款)]。对此,有人指出,公平交易委员会应该从确保法律运用的实效性和透明性的角度出发，根据需要做出排除措施命令。另外，虽然新设的排除措施计划之认定程序（承诺程序）也适用于企业结合规制，但尚不明确其是否会被实际应用。

第 18 条　【合并等的无效之诉】（略）

第五章　禁止不公平的交易方法

第一节　总论

> 第19条　【禁止不公平的交易方法】经营者不得使用不公平的交易方法。

1. 本条的宗旨

本条是对不公平的交易方法的禁止规定。不公平的交易方法是《独占禁止法》规制的主要支柱之一，在公平交易委员会执法过程中，违法案例众多。第2条第9款规定了不公平的交易方法之定义，包括拒绝交易、不当倾销、限制转售价格、搭售、不当表示、滥用优势地位等多种行为类型。关于效果条件，私人垄断或不正当的交易限制中禁止导致"实质性限制竞争"之行为，与此相对，不公平的交易方法禁止"有阻害公平竞争之虞"（＝公平竞争阻害性）的行为。

此外，除了本条的禁止规定，《独占禁止法》还对以下行为设置了禁止性规定，即经营者团体使经营者采取不公平的交易方法之行为（第8条第5项），签订以不公平的交易方法为内容的国际性协定、合同之行为（第6条）以及通过不公平的交易方法进行的企业结合（《独占禁止法》第4章）。

2. 不公平的交易方法之定义——第2条第9款和一般指定

不公平的交易方法之定义由第2条第9款规定，不公平的交易方法分为该款第1项至第5项所直接规定的类型（法定类型）和公平交易委员会根据该款第6项所指定的类型（指定类型）。二者的差异在于法定类型是课征金的对象行为，而指定类型不是课征金的对象行为。

公平交易委员会根据第2条第9款第6项所作的指定包括一般指定和特殊指定两类。一般指定适用于跨行业的所有业务领域，而特殊指定仅适用于特定业务领域或特定交易方法。一般指定是1953年首次制定的（以下称为昭和28年一般指定），之后于1982年、2009年进行了两次修改。现行的一般指定以1982年修法的旧一般指定（昭和57年公平交易委员会告示15号）为原型，并随着2009年《独占禁止法》的修改而进行了大幅修改（平成21年公平交易委员会告示18号）。特殊指定经历了各种修改和废止，现在包括大规模零售业、物流业（特定货主的物品运输或保管委托）、新闻业三种。但是，新闻业以外的两个特殊指定所规制的对象行为几乎都与滥用优势地位有关，并未超出第2条第9款第5项的规制对象范围。如后所述，现在滥用优势地位已经成为课征金的对象，可以预测其执法将适用第2条第9款第5项而非特殊指定，因此，特意设置特殊指定的实质意义正在丧失。

2009年《独占禁止法》修改前，只设置有相当于现行法第2条第9款第6项的规定（旧法第2条第9款），不公平的交易方法之具体定义是由公平交易委员会的一般指定（旧一般指定）和特殊指定来规定的。根据2009年修法，公平交易委员会对一部分不公平的交易方法能够课以课征金，因此，从构成要件的明确性及经营者的可预测性之角度出发，有必要将对象行为法定化，由此，参考旧一般指定的相关规定，作为课征金对象的违反行为之实体规定被直接规定在了第2条第9款第1项至第5项中。

其结果是，第2条第9款的条文结构变得有些难以理解。特别是旧法第2条第9款将不公平的交易方法定义为“有阻害公平竞争之虞的行为中，公平交易委员会所指定的行为”。与此相对，现行第2条第9款的法定类型（第1项至第5项）乍一看可能被解读为缺乏“公平竞争阻害性”这一效果要件。但是，如上所述，法定类型是旧一般指定的一部分相关规定之法定化，公平竞争阻害性作为效果要件这一情况并未改变。具体来说，在法定类型的各项中，“没有正当理由”“不正当地”“按照正常的商业习惯是不正当的”的各规定语句可以理解为表示公平竞争阻害性之意。这种理解沿袭了旧一般指定各项中同样语句之解释［第1次育儿用奶粉（和光堂）案＝5－25］。

如上所述，法定类型是出于导入课征金之必要而将旧一般指定的一部分相关规定法定化的类型。因此，为了正确把握不公平的交易方法之整体情况，不单独理解法定类型而将其与第2条第9款第6项a～f（与旧法第2条第9款第1项至第6项的内容基本相同）以及一般指定一起解读，以此形式整理思绪比较妥当。

基于此种理解，本章也将遵从涵盖了不公平的交易方法之各行为类型的第2条第9款第6项a～f的顺序，按照①不当的差别对待，②不当对价交易，③不当的顾客引诱、强制交易，④对经营活动的不当限制，⑤交易地位的不当利用，⑥对竞争者的不当交易阻碍、内部干涉之顺序，对各行为类型进行解说。（见表5－1）

表5－1　不公平的交易方法相关规定之构造

行为类型	第2条第9款及一般指定（现行法）	旧一般指定	公平竞争阻害性
不当的差别对待	共同、直接的供给拒绝（法定）（第1项a）	共同、直接的拒绝交易（第1款第1项）	减损自由竞争
	共同、直接的购买拒绝（指定）（第1款第1项）		
	共同、间接的供给拒绝（法定）（第1项b）	共同、间接的拒绝交易（第1款第2项）	
	共同、间接的购买拒绝（指定）（第1款第2项）		
	其他拒绝交易（指定）（第2款）	其他拒绝交易（第2款）	
	持续进行的差别对价（法定）（第2项）	差别对价（第3款）	
	其他差别对价（指定）（第3款）		
	交易条件等的差别对待（指定）（第4款）	交易条件等的差别对待（第4款）	
	经营者团体的差别对待（指定）（第5款）	经营者团体的差别对待（第5款）	

续表

<table>
<tr><th>行为类型</th><th>第2条第9款及
一般指定(现行法)</th><th>旧一般指定</th><th>公平竞争
阻害性</th></tr>
<tr><td rowspan="3">不当
对价交易</td><td>显著低于成本的不当倾销(法定)(第3项)</td><td rowspan="2">不当倾销(第6款)</td><td rowspan="3">减损自由竞争</td></tr>
<tr><td>其他不当倾销(指定)(第6款)</td></tr>
<tr><td>不当高价购买(指定)(第7款)</td><td>不当高价购买(第7款)</td></tr>
<tr><td rowspan="4">不当的顾客引诱、强制交易</td><td>欺骗性顾客引诱(指定)(第8款)</td><td>欺骗性顾客引诱(第8款)</td><td rowspan="2">竞争手段的不公正性</td></tr>
<tr><td>以不当利益进行的顾客引诱(指定)(第9款)</td><td>以不当利益进行的顾客引诱(第9款)</td></tr>
<tr><td rowspan="2">搭售等(指定)(第10款)</td><td rowspan="2">搭售等(第10款)</td><td>减损自由竞争</td></tr>
<tr><td>竞争手段的不公正性</td></tr>
<tr><td rowspan="3">对经营
活动的
不当限制</td><td>附排他条件的交易(指定)(第11款)</td><td>附排他条件的交易(第11款)</td><td rowspan="3">减损自由竞争</td></tr>
<tr><td>限制转售价格(法定)(第4项)</td><td>限制转售价格(第12款)</td></tr>
<tr><td>附限制条件的交易(指定)(第12款)</td><td>附限制条件的交易(第13款)</td></tr>
</table>

续表

<table>
<tr><th>行为类型</th><th>第 2 条第 9 款及
一般指定(现行法)</th><th>旧一般指定</th><th>公平竞争
阻害性</th></tr>
<tr><td rowspan="2">交易
地位的
不当利用</td><td>滥用交易中的优势地位(法定)(第 5 项)</td><td rowspan="2">滥用优势地位(第 14 款)</td><td rowspan="2">侵害自由竞争之基盘</td></tr>
<tr><td>不当干涉交易相对方役员等的选任(指定)(第 13 款)</td></tr>
<tr><td rowspan="3">对竞争者的不当交易阻碍、内部干涉</td><td rowspan="2">妨碍竞争者的交易(指定)(第 14 款)</td><td rowspan="2">妨碍竞争者的交易(第 15 款)</td><td>减损自由竞争</td></tr>
<tr><td>竞争手段的不公正性</td></tr>
<tr><td>对竞争公司的内部干涉(指定)(第 15 款)</td><td>对竞争公司的内部干涉(第 16 款)</td><td>竞争手段的不公正性</td></tr>
</table>

注:1. 现行法的阴影部分表示作为课征金对象的法定类型,白色部分表示一般指定的类型。

2. 现行的一般指定第 3 款“其他差别对价”不仅是基于第 2 条第 6 款 a(不当的差别对待),也是基于 b(不当价格交易)的指定。

3. 公平竞争阻害性的解释

(1)对公平竞争阻害性进行判断的三个角度

关于“公平竞争阻害性”的解释,很早以前就存在各种各样的考量方法,但是现今极具影响力的理论性梳理是《独占禁止法》研究会报告书《关于不公平的交易方法之基本考量方法》(1982 年)所采取的立场,公平交易委员会的法律运用也大致是立足于此立场而展开的。据此,可作以下理解,即公平竞争阻害性包括减损自由竞争、竞争手段的不公正性、侵害自由竞争之基盘三个要素,不公平的交易方法是侵害其中任一法益或同时侵害其中几种法益的行为。虽然某一行为不需要和这三个要素中的任意一个一一对应,但是明确对象行为在何种意义上具有公平竞争阻害性在决定排除措施命令的具体内容上也是十分重要的。

①减损自由竞争

减损自由竞争意味着对自由竞争的制约,但未达到实质性限制竞争之程度,虽然不采用“限制”而是采用“减损”这个词语进行区分,但其不正当性的性质与实质性限制竞争之情况相同。可以认为两者的区别在于对市场的弊害程度存在差异。因此,没有必要证明现实中产生了实质性限制竞争(市场支配力的形成、维持、强化),在其萌芽阶段要件即已充分满足。

5－1 微软非系争条款案(审判审决平 20.9.16 审决集 55 卷 380 页【百 93】= 5－34)

“阻害公平竞争之虞”是指“不需要产生具体的减损竞争效果,只要能够认定在一定程度上具有引发减损竞争效果的可能足矣,但是关于这种‘可能’的程度,并不应该理解为具有可能产生减损竞争效果这样的模糊的可能性即可,而是需要个别判断该行为对竞争产生的量或质的影响并判断有无阻害公平竞争的可能。”

根据减损自由竞争的产生机制或其原因行为的性质差异,减损自由竞争可以分为回避竞争型和排除竞争型,这一点也与私人垄断和不正当的交易限制中的限制竞争机制相对应。也就是说,回避竞争型是指通过回避经营者之间的竞争而产生减损竞争的效果之情形;排除竞争型是指将其他经营者从市场中排除,或阻碍新竞争者加入市场而产生减损竞争的效果之情形,此种区分有助于理解个别行为类型的反竞争性质。比如，虽然存在像共同拒绝交易这样的，按照其行为样态，兼具两种类型之要素的行为，但由于涉及在排除措施命令的内容中要作出怎样的命令这一问题，所以厘清对象行为是如何减损自由竞争的就变得尤为重要。

在不公平的交易方法之规制中，虽然没有明文规定要像私人垄断或不正当的交易限制中的"相关市场"那样进行市场划定，但是我们可以认为，从减损自由竞争之角度出发进行规制的过程中，有必要进行市场划定（东洋精米机制作所案＝5－28，温资汐留案＝东京地判平17.6.9审决集52卷832页）。其原因在于判断是否对竞争存在弊害，有必要事先明确什么样的竞争引发了问题。

②竞争手段的不公正性

从以价格、品质、服务为中心的效率竞争之角度来看，竞争手段的不公正性意味着竞争手段本身就是反社会、反伦理等的需要谴责的行为。具体来说，下列行为即以此论，如歪曲自己的商品或服务之价格、品质等信息并进行传播的不当表示等；歪曲顾客合理且适当的选择之行为（对应一般指定第8款、第9款）；歪曲竞争者的商品、服务之价格、品质等信息并进行传播的诽谤中伤、明目张胆的妨碍行为等（对应一般指定第14款、第15款）；利用市场上的有利地位进行的强制交易（一般指定第10款）。另外，在不当表示等情况下，如果对其放任不管，则与效率竞争背道而驰的竞争手段就会蔓延，《独占禁止法》应该维护的自由且公正的竞争秩序会受到损害，此种情况将引发问题。从这一点来看，行为具有对竞争秩序影响之连续性。再者，我们可以将妨碍竞争者交易这一类型的不公正竞争手段看作排除竞争型的减损自由竞争的一种。

③侵害自由竞争之基盘

侵害自由竞争之基盘是指阻碍经营者自由的、基于自主判断的交易，从而妨碍竞争机能的发挥。具体来说，其是指不正当地利用交易上的优越地位，对交易相对方造成不利，而这种不利在竞争发挥作用的情况下是无法被施加的。比如，下述情况即属此列。众所周知，大规模零售商对于商品的供应商来说，在谈判上具有压倒性优势，其利用此优势，对供应商课以强制销售或强行派遣人员等不利（第 2 条第 9 款第 5 项，一般指定第 13 款）。

关于滥用优势地位的规制在《独占禁止法》体系的定位，除了侵害自由竞争之基盘的考量方法外，还可以着眼于下列方面进行考量，即违反行为者较其竞争者而言不正当地更为有利，或遭受不利的经营者较其竞争者而言不正当地处于不利。

另外，也有见解认为这是在已经无法期待竞争发挥作用的市场状况下进行的剥削行为。此见解认为，在将必须与某个经营者进行交易的交易相对方群体和该经营者所构成的范围视为市场的基础上，该行为是对该市场上市场支配力的剥削性滥用。虽然可以将此见解评价为是将优势地位滥用规制作为市场支配力规制的一部分而进行重构的尝试，但是，其在相关条文的文理解释上似乎略难通达。

此外，关于②和③，有论点指出是否有必要将引发问题的行为具有社会广泛性作为必要条件（“行为的广泛性”论）。关于此，就③来说，最高法院在岐阜商工信用组合案（=最判昭 52.6.20 民集 31 卷 4 号 449 页【百 122】= 7－14 ）中认为，即使是在 1 对 1 的关系中，滥用优势地位也是成立的，不需要符合特定要件。但是，在公平交易委员会受理案件的情况下，应优先选择具有一定社会广泛性或社会传播性的案件，而非单纯的民事纠纷，在此意义上，可以说社会广泛性等是公平交易委员会选择案件的标准。

(2)“不正当地”“按照正常的商业习惯是不正当地(的)”“没有正当理由”

法定类型、指定类型在规定各种行为类型时，分别使用了“不正当地”“按照正常的商业习惯是不正当地(的)”“没有正当理由”这三种表达，但这些语句均为公平竞争阻害性之意。关于这些语句各自的意义，可作以下理解。

“不正当地”是指仅仅符合行为要件的话，原则上不能说存在公平竞争阻害性，只有个别地显示出公平竞争阻害性，才能称得上是不公平的交易方法之行为类型。就“按照正常的商业习惯是不正当地(的)”来说，判断行为是否个别地显示出公平竞争阻害性时，可以参照正常的商业习惯。与此相对，可以将“没有正当理由”理解为如果符合该行为要件，则意味着原则上可以认定其具有公平竞争阻害性，根据经济性的经验法则，在大多数情况下该行为具有特定的反竞争效果，可作为事实上的推定被认可。这种推定虽然不能转换举证责任，但是如果符合一定的行为类型，则初步推定具有公平竞争阻害性，在此意义上，一般也将其称为原则违法。

但是，在附有“没有正当理由”语句的第 2 条第 9 款第 1 项、一般指定第 1 款(共同拒绝交易)以及第 2 条第 9 款第 3 项(不当倾销)等行为类型相关的案件中，有时，即使认定事实满足了行为要件，也不会仅据此就立即将行为判定为违法，而需要个别地对效果要件符合性进行判断，这点也需要注意。

5－2 都营芝浦屠宰场案（最判平成元年 12.14 民集 43 卷 12 号 2078 页【百 59】＝1－1）

《独占禁止法》第 19 条的宗旨是维持公正的竞争秩序。因此，关于是否符合“不正当地”和“没有正当理由”之要件，应该主要站在维护公正竞争秩序的立场上，综合考虑具体情况下的行为意图、目的、形态、竞争关系的实际情况及市场状况等来进行判断。

5－3 来电铃声案（审判审决平 20.7.24 审决集 55 卷 294 页）

一般指定第 1 款规定，只要“没有正当理由”就属于不公平的交易方法，“对于这种共同的拒绝交易行为，只要没有使该行为正当化的特别理由，就认为其具有公平竞争阻害性”。

（3）正当化事由等的考虑要素

在判断公平竞争阻害性时，即使认为存在上述 3 个竞争秩序弊害（不利影响）中的某一个，但只要认定该行为具有正当化理由，就有可能将其与对竞争的不利影响进行比较衡量而得出没有公平竞争阻害性的结论。这是与判断“竞争的实质性限制”时所涉及的“违反公共利益”具有相同性质的问题。此外，就没有“违反公共利益”语句的第 8 条第 1 项（经营者团体案件）之适用来说，在判断“竞争的实质性限制”时也会考虑正当化事由（大阪公交协会案＝审判审决平 7.7.10 审决集 42 卷 3 页【百 36】3－1 3－4）。问题是，怎样的考虑因素在怎样的范围内可以被认定为正当化事由？

首先，与维持竞争秩序无关，单纯的经营上的合理性和必要性并非正当化事由［第1次育儿用奶粉（和光堂）案 = 5-25］，但对效率性的改善等与竞争秩序相关的业务上之合理性进行考虑是必要的。另外，在都营芝浦屠宰场案（ = 5-2）中，最高法院作出了"应该综合考虑行为的意图、目的、形态、竞争关系的实际情况以及市场状况等来进行判断"之叙述，将食用肉廉价且稳定地供给这一公益性的政策目的也作为行为的意图、目的进行了考虑，并在此基础上对公平竞争阻害性进行了判断。

此外，就确保商品的安全性来说，行为也会涉及广泛意义上的公益，在将其作为正当化事由来考虑这一点上并不存在异议。例如，在东芝升降机服务案中，当事人主张捆绑交易等对于确保安全性来说是必要的，在关于该案件的大阪高等法院之判决中（ = 5-4），确保安全性被认为是判断公平竞争阻害性时的考虑要素之一（但是，一般论认为，虽然认可其是考虑因素，但在该案件中，即使考虑到这一点也不能说不存在公平竞争阻害性）。

5-4 东京升降机服务案（大阪高判平成5.7.30审决集40卷651页【百64】= 5-24）

"虽然确保商品的安全性与直接的竞争要因在性质上有所不同，但是，应该说这不仅有利于一般消费者，而且广义上来说与公共利益相关。因此，该交易方法是否为确保安全性所必须是判断前文交易方法是否'不当'时应考虑的要因之一。"

就基于这些考虑因素的正当化是否成立来说，一般论认为，可以根据其是否实质上不违反《独占禁止法》第1条的终极目来判断。具体来说，可以从目的之正当性、手段之相当性这两个角度来评价。例如，关于对象行为，从《独占禁止法》第1条的角度来看，即使在认可某个正当目的之情况下，如果能够采取更加不具有竞争限制性的代替手段，则不认为该行为是正当的。另外，也有见解认为，社会的相当性、必要性等考虑因素仅仅是在探讨行为对市场的影响和行为者反竞争性意图时的间接证据。可以认为此种见解是基于以下考量而产生的，即就公平竞争阻害性的判断来说，应该坚持“主要从公平竞争秩序的立场”出发来评价违法性这样的判断框架。但是，关于实际的违法性判断的具体标准，这些见解基本不存在实质性差别。

5－5 日本游戏枪协同组合案（东京地判平成9.4.9审决集44卷635页【百6、43、116】＝ 3－3 7－13 ）

与安全性相关的“自主标准设定之目的，从竞争政策的角度来看是能够认可的，并且其标准的内容和实施方法是为了达成前文中自主标准的设定目的来看也具有合理性，则该行为视为有正当的理由，不属于不公平的交易方法”。

第二节　行为类型

一、不当的差别对待

不当的差别对待是指不正当地歧视性地对待其他经营者。差别对待是指不与特定的经营者进行交易（拒绝交易）或在交易时，设置歧视性的交易条件。

具体行为类型包括：(1)共同拒绝交易(第2条第9款第1项、一般指定第1款)；(2)其他拒绝交易(一般指定第2款)；(3)差别对价(第2条第9款第2项、一般指定第3款)；(4)交易条件等的差别对待(一般指定第4款)；(5)经营者团体的差别对待(一般指定第5款)。另外，新闻业特殊指定中，特定的差别对价被规定为不公平的交易方法。

1. 拒绝交易

拒绝交易是差别对待的最终形态，不仅包括拒绝进行交易的情形，还包括限制交易相关的商品、服务的数量和内容的情形。另外，拒绝交易不仅包括停止与交易关系相对方进行交易的情形，还包括拒绝新的交易请求的情形。

可以从下列角度对拒绝交易的行为形态进行分类。首先，根据拒绝交易是与竞争者共同进行（共同拒绝交易）还是与竞争者以外的人共同进行，抑或由经营者单独进行（单独的拒绝交易）的来区别；其次，根据供给还是购买来区别；最后，根据交易由经营者自己“拒绝”（直接的拒绝交易）还是“使得”其他经营者“拒绝”（间接的拒绝交易）来区别。上述分类的组合不同，适用条文和违反要件也有所不同。

交易方的选择本来是自由的，如果被拒绝交易的相对方（被拒绝者）很容易找到其他替代的交易对象，则拒绝交易不会引发《独占禁止法》上的问题。被拒绝者难以找到替代的交易对象时，可能会对竞争产生不利影响，如竞争者被排除出市场或者新竞争者被阻碍加入市场。因此，关于拒绝交易，从减损自由竞争的角度来看，可以认为其具有公平竞争阻害性。

在共同拒绝交易的情况下，对被拒绝者的排除效果会变大，并且它是通过多个经营者共同为之这样的人为手段进行的，在这一点上，可以认为其人为性超越了单纯的选择交易方之自由的行使，该行为被谴责的可能性会提高。

另外，有时市场上有实力的经营者会利用其地位（通过不利地对待交易相对方经营者）使得交易相对方经营者拒绝交易（间接的拒绝交易）或使其做出回避竞争型行为。在间接的拒绝交易之情况下，在“使得”交易相对方经营者拒绝交易这一点上，可以看出其超越单纯的交易对象选择自由的人为性。

（1）共同拒绝交易

> 第2条　【不公平的交易方法的定义】⑨本法中的“不公平的交易方法”是指符合以下各项任一情形的行为。
>
> 一　没有正当理由，却与竞争者共同做出符合以下任意一项的行为。
>
> a　拒绝向某个经营者供给，或者限制与供给有关的商品或服务之数量或内容。
>
> b　使得其他经营者拒绝向某个经营者供给，或者限制与供给有关的商品或服务之数量或内容。（中略）
>
> 六　除上述情形外，符合以下任一情形且有可能阻害公平竞争的行为中，由公平交易委员会指定的行为。
>
> a　不正当地对其他经营者进行差别对待。（后略）
>
> 【一般指定】①没有正当理由，却与跟自己存在竞争关系的其他经营者（以下称为竞争者）共同做出以下各项中任意一项所示的行为。

一 拒绝接受某个经营者供给的商品或服务，或者限制接受供给的商品或服务的数量或内容。 二 使得其他经营者拒绝接受某个经营者供给的商品或服务，或者限制接受供给的商品或服务的数量或内容。

①概要

第2条第9款第1项规定了作为课征金对象的共同拒绝交易(法定类型)之定义，但该对象行为限于拒绝“供给”的行为(及使拒绝之行为)。这是与私人垄断平仄相合的规定，私人垄断也仅将与供给相关的行为类型作为课征金的对象。

该项a规定了直接的交易(供给)拒绝，该项b规定了间接的交易(供给)拒绝。此外，课征金的对象仅限于10年内反复进行对象行为的情形(第20条之2)。

与此相对，基于第2条第9款第6项a的一般指定第1款规定了上述法定类型以外的竞争者共同拒绝交易，即以“接受供给”(购买)为对象，第1款第1项规定了直接的拒绝交易，第2项规定了间接的拒绝交易，其他规定的语句与法定类型相同。

②“与竞争者共同进行”

为了符合共同拒绝交易，该行为必须是“与竞争者”共同进行的拒绝交易。因此，像制造商和流通经营者的共同行为这样，在没有竞争关系的经营者之间共同进行的拒绝交易，即使有时其属于一般指定第2款的规制对象行为，其也不属于第2条第9款第1项或一般指定第1款所规定的共同拒绝交易。但是，对于制造商和流通经营者这样的主要交易阶段不同的经营者间之共同行为，如果经营者在销售方面存在竞合关系，那么也可以认定存在竞争关系。

另外,“共同进行”与不正当的交易限制中的“共同进行”同义。也就是说,行为仅仅外形一致是不够的,还需要存在拒绝交易或拒绝交易的意思联络。因此,即使没有明示的意思联络,如果存在“互相认识到了其他经营者的拒绝交易行为并保持沉默,对其进行了认可”之情形,亦认为存在意思联络(来电铃声案 = 5-3)。

③“使得”

关于间接的拒绝交易情况下之“使得”,并不需要证明行为是被强行要求的。只要存在要求相对方拒绝交易且相对方按照此要求执行的事实,即符合要件。通过经济上的利益或不利来确保行为之实效性的情形亦属此列。

④公平竞争阻害性

就共同拒绝交易来说,其人为性超越了行使单纯的选择交易方之自由,且对拒绝的相对方之排除效果显著增大,所以第 2 条第 9 款第 1 项附加了“没有正当理由”这样的语句,原则上认为共同拒绝交易具有公平竞争阻害性。典型的共同拒绝交易情形包括防止竞争者低价出售、试图维持价格的行为、抑制新加入市场者、防止竞争单位增加的行为等。

5-6 洛克曼工程施工业者案(劝告审决平 12.10.31 审决集 47 卷 317 页【百 52】)

A 是特定土木施工方法不可或缺的洛克曼机械的独家销售商,17 家土木工程业公司从 A 处购买该机械并实施该施工方法,二者共同实施了以下行为,即 A 拒绝向其他施工业者(17 家公司的竞争者)出借、销售洛克曼机械,17 家公司亦拒绝向其他施工业者出借、转卖机械。此 17 家公司的行为符合旧一般指定第1款之规定,A的行为符合旧一般指定第2款之规定。

5－6是典型的集体抵制(boycott)的事例。本案中,没有特别的正当化理由而阻止新竞争者加入市场这一事实是显而易见的。公平交易委员会对施工业者之间的共同行为部分适用了旧一般指定第1款,对A适用了旧一般指定第2款。但是,如果将17家公司洛克曼机械的出借、转卖与A的出借、销售合并看作同一机械的供给的话,则可以将A和17家公司视为竞争对手,也可以将行为整体视为共同拒绝交易。

但是,例外地,也存在作为实现正当目的的手段而进行拒绝交易的情况。例如,如果自主规制是出于安全性和环境标准等正当目的,那么为了实施此自主规制而进行的拒绝交易即属于这种情况(日本游戏枪协同组合案＝5－5)。另外,对于下列情形也需要进行个别判断,如为了通过联营企业等的共同行为而实现效率,合理地认为有必要不与其他经营者进行交易的情形,或者排除效果很小而被排除者的经营活动并不会变得困难的情形。

5－7东京票据交易所案(东京高判昭58.11.17审决集30卷161页【百42】)

东京银行协会设立的东京票据交换所为了维持票据制度的信用,作出以下决定,即对于两次发行拒付票据者,加入票据交换所的全部金融机构将对其进行交易停止处分(禁止往来交易的账户及贷款)。此决定有助于实现保护票据、支票的信用交易安全,维持票据制度信用这样的公益目的,与票据交换业务密切相关,所以不属于昭和28年一般指定第1款所说的“不正当地”不提供经济上的利益。

5-8 关西国际机场报纸销售拒绝交易案(大阪高判平成17.7.5审决集52卷856页=7-4)

报纸批发公司A~E为了统一关西机场报纸批发的销售窗口,设立了共同出资公司Y。其他的销售商X在向A~E申请报纸批发交易时遭到了拒绝。大阪高等法院认为X可以从A~E以外的销售商或Y处购入报纸,因此,认定该拒绝行为不具有公平竞争阻害性。

5-9 来电铃声案[东京高判平成22.1.29审决集56卷(2)498页【百51】]

5家大型唱片公司共同拒绝将提供来电铃声业务所必需的母盘之使用许可授予拉贝尔移动公司(此公司为5家公司委托提供该业务的共同出资公司)以外的提供来电铃声业务之经营者,此行为符合旧一般指定第1款第1项(⇨5-3)。

5-7是第8条第5项关于经营者团体的案件。本案中,关于对发行拒付票据者的停止交易处分,因为其“有助于实现信用交易安全,维持票据制度信用这样的公益目的”,所以属于适用除外法(昭和22法第138项,1999年废止)第2条第3项所说的业务执行的“必要的范围”,从而排除了《独占禁止法》的适用。判决旁论部分也作出了其不属于不公平的交易方法之叙述。在5-8中,拒绝行为的公平竞争阻害性被否定了,理由是存在包括共同出资公司在内的替代性交易方。

(2)其他拒绝交易(单独的拒绝交易等)

> 第2条⑨六a(略)
>
> 【一般指定】②不正当地拒绝某个经营者的交易,或者限制与交易有关的商品或服务的数量或内容,或者使得其他经营者做出此种行为。

①概要

一般指定第2款规定了单独的拒绝交易等第2条第9款第1项以及一般指定第1款以外的拒绝交易之定义。前半段规定了"拒绝"行为(直接的拒绝交易),后半段规定了"使拒绝"行为(间接的拒绝交易)。因此,如上所述,与竞争者以外的人共同拒绝交易的情形也成为本款的规制对象(洛克曼工程施工业者案=5-6)。

②公平竞争阻害性

一般指定第2款中附有词语"不正当地",该款要求对行为有无公平竞争阻害性进行个别判断。

其中,关于间接的拒绝交易,其在"使得"交易相对方经营者拒绝交易这一点上存在人为性,与后述的附排他条件交易或附限制条件交易的情况相同。由于市场上有实力的经营者使得交易相对方经营者拒绝与自己的竞争者进行交易产生了市场闭锁效果,该行为将被认定为存在公平竞争阻害性[《流通·交易惯例指南》第1部第2之2(1)a]。关于"市场上有实力的经营者""产生了市场闭锁效果",请参照四3之用语解说1、2。

5－10 松下电器产业案(劝告审决平13.7.27审决集48卷187页【百55】)

松下电器在很多家电产品领域都属于有实力的经营者,其调查了本公司产品向廉价商店流通的路径,并使得代理店等拒绝将本公司产品直接或间接销售给廉价商店,此行为符合旧一般指定第2款。

单独且直接的拒绝交易问题是值得探讨的。与哪个经营者进行交易是经营者选择交易方的自由,即使其选择不与某个经营者进行交易,原则上也不会引发《独占禁止法》上的问题。

有些情形例外地会引发《独占禁止法》上之问题,关于此种情形,《流通·交易惯例指南》作了以下规定:(1)作为确保《独占禁止法》上违法行为之实效的手段而拒绝交易的情形;(2)市场上有实力的经营者为了达到将竞争者从市场中排除等《独占禁止法》上不正当的目的,而将拒绝交易作为手段实施,被拒绝交易的经营者通常的经营活动可能因此而变得困难的情形。在这两种情形下,认为存在公平竞争阻害性(《流通·交易惯例指南》第2部第3)。

关于第一种情形,例如,为了对交易相对方经营者实施维持转售价格行为或违法的附带排他条件之交易,而将单独且直接的拒绝交易作为限制手段来使用,则其目的行为是违法的(第2条第9款第4项、一般指定第11款)。同时,为确保其有效性而采取的直接的拒绝交易本身也符合一般指定第2款,属于违法行为。

5－11 雪印乳业、农林中金案（审判审决昭31.7.28审决集8卷12页【百9】＝ 2－3 ）

农林中金是唯一能够为畜产农户提供必不可少的奶牛引进资金的金融机构，其与占北海道集乳量市场份额约80%的乳业者雪印乳业及北海道黄油关系密切。农林中金在仅以畜产农户的原料乳交易方不是上述两家公司为理由，且没有其他特别理由的情况下，拒绝提供奶牛引进资金。此行为符合昭和28年一般指定第1款。关于对两家公司的私人垄断的适用请参照 2－3 。

关于第二种情形，有见解认为，不管拒绝交易是否有不正当目的，如果被拒绝者的经营活动有变困难之可能，则可认为拒绝交易减损了自由竞争，但是，并不能仅因为被拒绝者遭受了很大的不利，就直接认定拒绝交易是不正当的。

5－12 东京之星银行案［东京地判平成23.7.28审决集58卷(2)227页【百54】］

关于两家银行X、Y之间缔结的ATM相互使用合同所涉及的银行间使用费（一方顾客使用另一方设置的ATM而产生的银行间支付），X、Y之间的支付额曾经是不分上下的。但是，由于X开展了免除ATM客户手续费的业务，Y向X的支付额大幅超过了X向Y的支付额。因此，经过2年的交涉，Y解除了ATM使用委托合同。这是有正当理由的，并非出于排除X的不正当目的。

2. 差别对价、交易条件等的差别对待

> 第2条⑨二
>
> 不正当地根据地区或相对方制定差别性对价并持续提供商品或服务，可能使得其他经营者的经营活动变得困难的。（中略）
>
> 六　a　不正当地差别对待其他经营者。
>
> b　以不正当的对价进行交易。
>
> 【一般指定】③除符合（《独占禁止法》）第2条第9款第2项的行为外，不正当地根据地区或交易相对方制定差别性对价供给商品或服务，或接受这些供给的。
>
> ④不正当地针对某个经营者就交易的条件或实施进行有利或不利的对待。
>
> ⑤经营者团体……不正当地排斥……或者不正当地对待某个经营者，使该经营者的经营活动变得困难。

（1）概要

一般来说，对于特定的商品和服务，地区不同，供求状况自然存在差异，在个别交易中，包含价格在内的交易条件也会产生各种各样的差异，这是经济活动中经常产生的现象，反映各种个别情况的对价以及其他交易条件的差距本身并不带有公平竞争阻害性。但是，作为例外，有时有实力的经营者设定差别性对价或其他交易条件的行为可能具有反竞争目的和效果。

作为差别对待之对象的交易条件包括商品、服务的品质、内容、规格、数量、结算手段、交易时间、保证条件等。另外，“交易的实施”虽然并不是信息提供等交易条件的一部分，但实际上广泛包含了涉及交易的各种处理。

虽然“对价”是交易条件的一部分，但是，出于价格是竞争最

重要的因素等原因,差别对价与一般指定第 4 款中的交易条件等差别对待相区别,作为个别的行为类型被规定下来。法定类型的差别对价(第 2 条第 9 款第 2 项)仅将差别对价的“供给”行为作为规制对象,这是因为私人垄断和不公平的交易方法所涉及的课征金对象行为均做了如此限定。

差别对价规制与第 4 款不同,其相对方不限于经营者,从反竞争效果的性质这一角度来看,其包含准不当低价销售的行为(不当倾销型)和准拒绝交易的行为(拒绝交易型)两种类型。此处,比照不当倾销的行为是指仅对特定地区或相对方设定不正当的低价,从而将自己的竞争者从市场驱逐出去的行为,其与不当倾销的差别在于,设定不正当的低价是针对所有相对方还是仅针对特定的地区或相对方。而比照拒绝交易的行为是指仅针对特定的经营者在价格上进行不利的对待,从而导致与上述拒绝交易情况相同的减损竞争效果之行为。因此,考虑到供给行为,不当倾销型的价格太低,而拒绝交易型的价格太高,这些都被视为问题。

(2)违反要件

虽然差别对价和差别对待相关的上述各规定中,都附有“不正当”这一词语,需要个别地判断是否存在公平竞争阻害性,但是,不当倾销型和拒绝交易型在对公平竞争秩序造成恶劣影响之表现方式上存在差异,因此,其公平竞争阻害性等违反要件是不同的。

①不当倾销型

不当倾销型的差别对价经历了以下确立过程,即旧一般指定第 6 款不当倾销的一部分成为课征金的对象并作为法定类型,由第 2 条第 9 款第 3 项所确立,与此相对,不当倾销型的差别对价作为法定类型被规定下来。这是通过以下两点表现出来的,即在第 2 条第 9 款第 2 项中有规定,而旧一般指定第 3 款中没有的、与第

2条第9款第3项相同的语句“持续”以及“使得其他经营者的经营活动变得困难的”（关于这点，请参照二1“不当倾销”项）来限定违反要件这一点，以及限定于供给相关的差别对价这一点，由此可以看出，该项主要是考虑到比照不当倾销型的行为而设置的。但是，由于没有排除拒绝交易型的行为之明文规定，因此，应该认为只要符合本项要件，则拒绝交易型的差别对价也可以成为课征金的对象。

关于不当倾销型之差别对价的不正当性（公平竞争阻害性），可以按照与不当倾销的违法性判断基准相同的考量方法，在个别具体的案件中，综合考虑行为者的意图和目的、交易价格和交易条件的差距程度、供给所需费用与价格的关系、行为者及竞争者的市场地位、交易相对方的情况、商品的特性、交易形态等，来判断其对市场竞争秩序产生的影响（《不当倾销指南》）。

另外，关于对价的不正当性判断基准，可以根据价格水平来判断，即是否是行为者会将与自己同等效率或更有效率的经营者从市场驱逐出去的价格水平。这样的违法性基准被认为是妥当的，理由如下：有时，可以将市场上价格差的产生看作经营者间的效率竞争和市场供求调整之反映，如果仅因为地区或相对方之间存在价格差，就对其进行规制，反而会对根据需求动向和供给成本设定价格的竞争性行为造生萎缩效果。因此，就不当倾销型的差别对价来说，仅以设定差别性低价为要件是不够的，应该以价格低于成本为条件。不过，也有人认为，就与不当倾销类型不同的差别对价来说，即使不低于成本，只要能证明除了价格差之外，还存在不能反映行为者效率性的某些附加要素，即满足差别对价的要件。

有的判例显示出一种可能性，即有实力的经营者进行了仅以竞争者的顾客为对象的攻击性降价行为，即使其设定的价格没有低于成本，也有可能例外地被判断为其为了维持、强化其市场地位而进行不正当的市场力支配。

5-13 LP煤气——日煤气案（东高判平成17.5.31审决集第52卷第818页【百56②】）

不当的差别对价因阻害了以价格为主轴的能率竞争而被认定为具有公平竞争阻害性，其判断基准是该卖家的行为是否属于使与自己同等或更高效的经营者无法于市场上生存的价格策略。此种情况下，在判断是否属于不当的差别对价时，是否低于成本价格就成为判断的关键。

5-14 液化气——东海案（东京高判平成17.4.27审决集52卷789页【百56①】）

在"占有很大市场份额、拥有强大竞争力的……经营者以其力量为依托，通过针对不同地区或相对方而在价格上设置巨大差异的方法……夺取顾客，强化市场支配力，从而减损市场竞争等的情况"下，可以"综合考虑市场的构造或动向、行为者的市场地位（市场占有率）、行为者和竞争经营者的供给成本差距以及设置了价格差的行为者之主观意识等"来判断其是否属于不正当地行使了市场力量。

②拒绝交易型

关于比照拒绝交易的差别对价，与拒绝交易的情况相同，对不遵守维持转售价格或违法排他性交易合同的交易相对方设定高价，而对遵守的交易相对方设定有利的低价，这种行为作为达到

《独占禁止法》上违法或不正当目的而采取的手段，是典型的会引发问题的行为（⇨5－15）。即使是未达到拒绝交易程度的差别对价及交易条件等的差别对待，对于受到不利对待的相对方来说，从对相对方经营者之间竞争的影响这一角度来看，有时也会变成等同于拒绝交易的生死攸关的不利影响。如上所述，每笔交易的交易条件存在差异是非常正常的，有必要针对每个个案来分析是否存在公平竞争阻害性。

这样的反竞争效果如果是基于对价以外的交易条件差别而产生的，那么可能是同时发生了一般指定第 4 款的行为和差别对价行为，这样的情况并不少见。在此情况下，可以对这些行为进行综合性评价并适用第 4 款（⇨5－16）。

另外，"对价"是指对被提供的商品、服务实际支付的价格。因此，在回扣等金钱支付作为实质性折扣而发挥作用的情况下，减去该折扣部分的实际价格即"对价"。不过，难以计算每单位的折扣额时，只需将其看作第 4 款所规定的"交易的条件或实施"即可。

5－15 东洋亚麻油毡案（劝告审决昭 55.2.7 审决集 26 卷 85 页【百 57】）

占塑料面砖（市况品）总销售数量大部分的东洋亚麻油毡等 4 家制造公司，在实施塑料面砖价格卡特尔的同时，出于维持价格卡特尔之目的，对以其交易相对方的施工店为组织成员的协同组合之设立进行了援助，并且针对非组合会员，设定了比组合会员价每张高出 4 日元至 5 日元的价格。该行为符合昭和 28 年一般指定第 4 款。

5－16 汽车玻璃东日本案（劝告审决平 12.2.2 审决集 46 卷 394 页【百 58】）

在东日本汽车维修玻璃批发市场中排名第一的汽车玻璃东日本，针对积极经营进口商品的交易方提高批发价格、减少配送次数的行为符合一般指定第 4 款之规定。

二、不当对价交易

不当对价交易是以不正当的价格进行交易的行为类型，包括以不正当的低价进行供给来排除竞争者的不当倾销（第 2 条第 9 款第 3 项、一般指定第 6 款）和以不正当的高价进行购买来排除竞争者的不当高价购买（一般指定第 7 款）。

1. 不当倾销

> 第 2 条⑨三　没有正当理由，以显著低于供给所需成本的价格持续供给商品或服务，使其他经营者的经营活动变得困难的。
>
> 六 b　以不正当的对价进行交易。
>
> 【一般指定】⑥　除符合（《独占禁止法》）第 2 条第 9 款第 3 项的行为外，不正当地以低价提供商品或服务，可能使得其他经营者的经营活动变得困难的。

（1）概要

第 2 条第 9 款第 3 项和第 2 条第 9 款第 6 项 b 的一般指定第 6 款对不当倾销进行了规定。2009 年修法前的旧一般指定第 6 款分为前段和后段，其中，前段成为课征金对象并作为法定类型转移至《独占禁止法》第 2 条第 9 款第 3 项，后段留在了现行一般指定第 6 款。

价格竞争是《独占禁止法》要维持、促进能率竞争的核心竞争手段,其基于市场需求动向、自我的生产效率、同行业者的价格设定等自由的价格设定行动,带来竞争的活力。因此,为了尽可能避免对价格设定行为的规制性干预而带来萎缩效果以及规制过剩风险,对于违法性判断基准的设定应当是非常谦抑谨慎的。

例如,由于活跃的价格竞争,某个经营者被从市场排除时,在被驱逐的经营者眼中,竞争对手的价格设定往往被看作"不当倾销",但从竞争政策的角度来看,当然不能对其进行谴责,只有该低价销售具有妨害公平竞争的性质时,才需限制。

第 2 条第 9 款第 3 项的违反要件有四:"没有正当理由"、"以显著低于供给所需成本的价格"提供商品和服务、继续供给、使其他经营者的经营活动变得困难。一般指定第 6 款的违反条件有三:"不正当地"、"以低价"提供商品和服务、使其他经营者的经营活动变得困难。

(2)不当对价的水平(对价要件)

第 2 条第 9 款第 3 项规定,不当的对价水平是指"显著低于供给所需成本的价格",一般指定第 6 款规定为"低价"。这些对价基准在旧一般指定中分别于前、后段进行了规定,"供给所需成本"可以理解为倾销行为者的总销售成本,而"低价"可以理解为以低于总销售成本为前提。此处的总销售成本严格来说是每单位的平均总成本,是在采购成本或制造成本上加上销售成本和一般管理费。如此,将低于总销售成本作为要件的原因就在于,如果行为者的价格设定高于总销售成本,而竞争者仍然被排除出市场,那么归根结底是因为竞争者效率低于行为者,所以其被驱逐出市场也并非不合理(一般不会成为《独占禁止法》的规制对象)。另外,为避免对经营者造成萎缩效果,最好明确给出怎样的价格水平不违反《独占禁止法》。与此相对,不顾成本的低价格设定或商品、服务供给，以抢夺竞争对手的顾客，这种行为无法反映出企业的努力或正常的竞争过程，在多数情况下该行为的行使除了排除竞争对手这一目的外，找不出其他的经济合理性理由。该情况会使得与行为者同等或更高效的经营者的经营活动变得困难，基于竞争政策的观点，有必要进行规制。

不过，以低于总销售成本的价格销售，短期内对经营者来说并非异常。这是因为总销售成本中含有设备投资费和研究开发费这样的有固定性质的成本，因此，至少在短期内，即使价格低于总销售成本，如果继续供给，相关供给商品、服务的损失会逐渐变小，则以该对价进行供给就具有合理性。

因此，关于作为法定类型的“显著低于供给所需成本的对价”，学说和《不当倾销指南》明确了低于“不提供倾销对象商品就不会产生的成本”之对价这一标准[关于此，请参照第二章第一节4(3)①]。该标准作为规制不当倾销的推定标准在欧美等被广泛采用，即每单位的平均可变成本或平均可回避成本之概念。根据此标准，越是供给商品损失就越大，所以无论对倾销行为者还是与倾销行为者同等效率的经营者来说，都会直接导致其损失并会对其继续经营等造成影响。该成本标准的具体计算方法是：关于低于有着可变性质成本的对价，是否属于可变性质的成本从以下角度进行评价判断，即是否是随着倾销对象商品的供给量之变化而增减的成本；是否是与倾销对象商品的供给具有密切关联性的成本（例如，原材料成本、采购成本）。另外，平均可变成本和平均可避免成本的区别在于可变成本是根据供给量而变动的成本，不包含固定成本，而可避免成本是在决定停止供给时，如果存在固定成本的支出，那么该成本就包含在可避免成本内。再者，长期来说很多成本都是可变的，所以就什么是可变成本作出判断时，应该基于引发问题的倾销行为之意思决定所涉及的倾销期间，针对个案进行判断。

需明确的问题是，有时倾销的价格水平高于平均可避免成本而低于总销售成本。在美国，虽然有力的见解认为对高于平均可避免成本的价格应该进行合法推定，但也不应将违法的范围限定于此。这是因为，长期来看，包括设备投资成本在内的所有成本都具有可变性质，即便是高于平均可避免成本而低于总销售成本的价格水平，其也有可能随着行为的样态而对与倾销行为者同等的或更有效率的经营者构成威胁，比如伴随着对投入固定成本的新加入市场者的阻碍，或对于竞争者设备投资等相关判断的恶劣影响等。例如，在某商品的总销售成本中，开发投资等固定成本占大部分，可变成本极低，此种情况下，以下战略具有现实意义，即通过持续进行无法回收固定成本水平的价格设定而使得新加入市场者放弃进入（对善隣公司的警告＝公平交易委员会警告平 12.3.24）。一般指定第 6 款所说的“低价”就是指这样的情况。我们可以认为，通过个别地证明主观因素和行为样态等追加要素，就可以认定存在不正当性（一般指定第 6 款）。例如，滨口石油案（排除措施命令平 18.5.16 审决集 53 卷 867 页）中，在石油产品零售的倾销中，虽然销售价格高于采购价（可变成本），但是低于采购价格加上人工费等销售经费后的总销售成本，关于此低价销售石油产品行为，公平交易委员会考虑到其具有排除竞争者的意图，认为其违反旧一般指定第 6 款后段（现行一般指定第 6 款）。

5－17 雅玛多运输邮政公社案（东京高判平 19.11.28 审决集 54 卷 699 页【百 62】＝ 7－1 7－5 ）

旧一般指定第 6 款后段是指，“提供服务等的价格低于总销售价格,即便其程度并不显著或供给状况并非持续,从维持公正竞争秩序的观点来看,以不当的价格提供服务等的行为也应该被认定为不公平的交易”。

5－18 中部读卖新闻社案(东京高决昭50.4.30日高民28卷2号174页【百60】=9－3)

中部读卖新闻社在以东海3县为销售地区发行中部读卖新闻(报纸名)时,大部分报纸版面是由业务合作伙伴读卖新闻社提供的,每月的订阅费设定为500日元。关于此行为,东京高等法院认为该企业的成本价格之所以低,并不是由于该企业努力提高效率的结果,而是有其特殊原因。在计算成本价格时,应当排除特殊情况,以一般同等规模的企业为维持其运营而通常在经济上应计入的成本开支项目为基准。因此,东京高等法院认为排除业务合作援助这一特殊情形后的成本计算为812日元,本案中的价格属于低于成本的价格。

5－19 新能公司案(排除措施命令平19.11.27审决集54卷502页【百61①】)、东日本宇佐美案(排除措施命令平19.11.27审决集54卷504页【百61②】)

新能公司在枥木县小山市经营着3个加油站,面向一般消费者销售普通汽油。其与同样经营3个加油站的东日本宇佐美相互反复降低销售价格,压价幅度最大时低于采购价格10日元,在最长37日内,以该价格销售普通汽油,此情形属于“以显著低于供给所需成本的价格持续供给”。

(3)总销售成本的共同成本分摊

总销售成本中包含了广告宣传费、一般管理费这样的多个商业领域的共同成本,因此,为了计算倾销对象商品的总销售成本,必须根据合理的标准分摊共同成本。《不当倾销指南》也指出,只要倾销行为者的主张被认定符合实际情况的合理分摊基准,则可以按照倾销行为者选择的分摊基准进行成本分摊。但是,企业会计上的成本并不是根据竞争政策上的目的来计算的,其具有相当大的裁量性,因此,存在很大的经营者自身操作的余地。

如上所述,虽然总销售成本的计算(举证活动)伴随着实际上的困难,但有时也能根据个案的事实关系,从竞争政策的角度出发对倾销行为者的企业会计成本进行修正。例如,在有的案例中,因有密切相关企业的援助而过低地估算了其成本等特殊情况时,会将通常来说应计入的成本开支项目作为应计入项目而计算出成本(中部读卖新闻社案 = 5 - 18)。

同时经营垄断领域和竞争领域两个行业的经营者,其共同成本的分摊方式有以下三种:①独立(standalone)方式(根据该方式,先计算出单独开展竞争领域业务时所必需的成本,将剩余成本作为垄断领域的成本,共同成本作为竞争性业务的成本);②增量成本方式(根据该方式,先计算出单独开展垄断领域业务时所必需的成本,将剩余成本作为竞争领域的成本,共同成本作为垄断性业务的成本);③共同成本分摊(ABC)方式(根据该方式,按照分别开展垄断性业务、竞争性业务所必需的工作时间、占有面积、体积等的比率,将共同成本分摊给二者)。在雅玛多运输邮政公社案(= 5 - 17)中,原告雅玛多运输主张,关于被告邮政公社的邮包(包裹)业务,应该用单独方式计算“供给所需成本”(旧一般指定第6款前段)。但是,判决认为,在适用旧一般指定第6款时,一般来说,将共同成本通过ABC方式分摊给多个业务比较合理,只采用单独计算方式,拒绝ABC计算方式(作为政策论暂且不论),不能被作为旧一般指定第6款的解释而直接采用。

(4)市场价格

关于价格水平,有见解认为必须低于市场价格。这是因为在中部读卖新闻社案(=5-18)和雅玛多运输邮政公社案(=5-17)中,法院判示:作为一般论,对价不仅"低于市场价格"且"低于供给所需成本(成本)"的情形是不当倾销规制的对象,这是在作出以下假设的基础上形成的见解,即行为者是将市场价格作为被给定之物并据此行动的价格接受者。不过,"市场价格"并不是法律条文上的要件,虽然我们可以看出法院也认为"市场价格"当然要超过"供给所需成本",但实际上,在很多情况下,具体的"市场价格"难以确定,也有可能发生短期内市场价格低于成本的情况。另外,由于市场价格根据商品的供求而变动,且会受到有实力的经营者之生产、销售数量的影响,因此,在实际存在不当倾销问题的市场状况下,行为者并不是将市场价格作为被给定之物被动地设定对价的价格接受者。因此,不应认为"低于市场价格"是必要条件。

(5)"持续"

"持续"是指倾销行为不是暂时性的,而是在相当长的时间内反复进行的或者存在这种盖然性。另外,倾销不一定需要不间断地进行。根据商品特性和购买行动,即使是在特定日期反复进行的倾销,如果被认定会对竞争者的销售产生持续性影响,则满足"持续"要件。

(6)“可能使得其他经营者的经营活动变得困难”

这是指行为被认定为存在导致其他经营者的经营活动变得困难这一结果的盖然性。对此,综合考虑以下三个因素并进行判断是比较恰当的:①被认为进行倾销的经营者的业务规模和形态;②问题商品、服务的性质、供给数量、期间、方法;③被认为因倾销而受到影响的其他经营者的业务规模和形态等(雅玛多运输邮政公社案 = 5 - 17)。

(7)是否需要“弥补”要件

“弥补”要件来源于美国判例法理,其是指倾销行为造成行为者的利益牺牲(损失)可以在竞争者退出(或者协调回归)后,通过行使市场支配力产生超额利润来回收,“弥补”的盖然性作为不当倾销成立的要件。该法理出于慎重看待倾销规制之目的而形成,即如果问题市场上存在多个竞争单位,进入市场的障碍也较小,即使进行了倾销行为,事后市场支配力被行使的可能性也并不大,那么,不当倾销规制所产生的抑制价格竞争的效果才更应该预防。

本书认为至少就不公平的交易方法中的不当倾销规制来说,没有必要把“弥补”作为要件。其理由是,既然某行为是以除了排除竞争者外无法做出合理说明的价格水平而进行的倾销行为,并且会导致竞争者经营活动的困难化,那么,就应该认定其具有公平竞争阻害性。例如,丸悦案、哈罗马特案(劝告审决昭 57.5.28 审决集 29 卷 13 页、18 页)中,两个超市反复进行牛奶的对抗性降价并以显著低于采购价的价格进行销售。该案件中的问题行为的目的是以特价商品吸引顾客,作为倾销的效果,该行为使得牛奶专卖店的经营活动变得困难。

(8)公平竞争阻害性

在法定类型中记有“没有正当理由”这一语句,在一般指定第6款中记有“不正当”这一词语。关于后者,就是否存在公平竞争阻害性需要个别地进行判断这一点来说,并不存在争议。那么,前者应该作何理解呢?如上所述,关于设定低于平均可变成本或平均可避免成本之价格水平的倾销行为,其价格被推定为“显著低于供给所需成本的价格”,如果该行为持续进行,则充分满足了不当倾销行为要件,但是,如后文所述,需要个别判断有无公平竞争阻害性的情况也并不少见。

例如,最高法院认为,关于地方公营企业以显著低于总销售成本的价格来提供服务一事,根据附有“没有正当理由”语句的旧一般指定第6款,应该主要站在维持公正竞争秩序的立场上,综合考虑具体情况下行为的意图、目的、形态、竞争关系的实际情况及市场状况等,从而对不当倾销所涉及的公平竞争阻害性进行判断(都营芝浦屠宰场案 = 5－2)。

(9)正当化事由

即使是满足行为要件的倾销行为,如果对其正当化事由进行考量,也有可能最终认定其不存在“阻害公平竞争的可能”。就此,《不当倾销指南》列举了以下例子,对于像生鲜食品这样的可能急速变质的商品或者像季节商品那样过了销售旺季的商品进行甩卖的情况;受供求关系影响,价格下降的情况;倾销对象商品的原材料的再次置办价格低于取得成本时,根据商品和原材料的市场状况设定低价的情况;在决定商品价格后,因难以预料的原材料价格高涨而导致销售价格低于成本的情况等[《不当倾销指南》3(3)]。

都营芝浦屠宰场案（＝5－2）中，以下事实得以认定，即相关行为是为了食用肉廉价且稳定地供给这一政策目的而为之，并不存在排除竞争者之意图，且与倾销行为者Y处于竞争关系的经营者大多数设定了比Y更低的对价，并且，Y的倾销是对市场价格的被动应对等。另外，在有的案例中，出于以下原因而认定行为具备“正当理由”，即地方公共团体在人口稀疏地区面向交通弱势群体以低票价运营福利巴士，这一行为出于公益目的，且在人口稀疏地区只能以这样的形式提高居民的交通便利性（町营福祉巴士案＝山口地下关支判平18.1.16审决集52卷918页1－3）。

2. 不当高价购买

> 第2条⑨六b　以不正当的对价进行交易。
>
> 【一般指定】⑦不正当地以高价购买商品或服务，使其他经营者的经营活动变得困难的。

不当高价购买是规制需求者以不当对价交易的规定。虽然迄今为止尚无规制适用案例，应该以怎样的违法性基准来判断“不正当的高价”水平也尚未明确，但是，参照不当倾销规制的宗旨，可以认为其是指以下情形，即以对于同等效率的竞争者来说不符合收支平衡的高价进行购买，除了排除竞争者之目的以外，没有其他合理性。

三、不当的顾客引诱、强制交易

1. 欺骗性顾客引诱

> 第2条⑨六c　不正当地引诱或强制竞争者的顾客与自己进行交易。

【一般指定】⑧对于自己提供的商品或服务的内容或者交易条件及其他相关事项，通过使顾客误认为比实际或竞争者的相关商品或服务显著优良或有利，从而不正当地引诱竞争者的顾客与自己进行交易。

(1)概要

基于第2条第9款第6项c的一般指定第8款将多层次直销、传销、采用夸大预计销售额来招募特许加盟店等欺骗行为全体作为规制对象。与此相对，(3)中所述的《景品表示法》仅以欺骗性表示为规制对象。另外，一般指定第8款规定了对包括经营者在内的一般顾客的行为，但是《景品表示法》仅限于对消费者的行为。实际上，关于不当的顾客引诱之规制，大部分是根据《景品表示法》而进行的。

(2)要件

①行为要件

商品、服务的内容是指其品质、规格等；交易条件是指价格、数量、支付条件等；其他交易相关事项是指原产地、是否是国产商品等。关于此类信息，让顾客误认为比实际的事物或竞争者提供的事物显著优良或有利。要认定“显著”，需要根据是否超越了社会性普遍容许的夸张限度来判断。虽然规定了“让顾客误认为”，但实际上并不需要顾客的误认事实发生，只要是客观看来会让其产生误认就足够了。关于“竞争者的顾客”，不仅包括已经与竞争者交易的顾客，也包括潜在的有可能与竞争者交易的顾客。

②公平竞争阻害性

“不正当地”即本款的“阻害公平竞争之虞”，是指在歪曲顾客的合理且自由选择的同时，有可能抢夺正常进行标识等的竞争者的顾客，即背离以价格、品质为中心的竞争而利用不公正竞争手段的行为。如果一般指定第8款中“不正当地”以外的行为要件之事实能够被举证证明，则可以认为该行为具有以竞争手段的不公正性为内容的公平竞争阻害性，因此，不需要特别证明这一点。亦没有必要证明问题行为会对所划定市场上的竞争带来阻害性的效果。行为的扩大（相对方的数量、连续性、反复性、传播性等）是公平交易委员会选择案件的基准，而非违反要件。

5－20 假日魔术案（劝告审决昭50.6.13审决集22卷11页）

位于金字塔形销售组织最高位的头目（general）等为了获得巨额收入，让相当数量的分销商（distributor，最下位的销售员）成为其下线。但是能发展为下线的分销商有限，随着时间的推移，劝诱发展下限分销商会变得愈加困难，但是，头目在针对被劝诱者的讲习会上，通过照明、音乐、电影、说话技巧、握手等来活跃会场气氛，同时引用过去获得过巨额收入的事例，暗示谁都能轻松获得巨额收入。按照正常的商业习惯，这是针对消费者以不正当的利益引诱竞争者的顾客与自己进行交易的行为，符合昭和28年一般指定第6款，违反了第19条（从现行法来看，其符合一般指定第8款）。

（3）《景品表示法》

①与《独占禁止法》的关系

不当景品类及不当表示防止法（《景品表示法》）以不当景品类和不当表示为规制对象，《景品表示法》作为不经过审判就能迅速发出排除命令的《独占禁止法》之特例法于1962年制定。2009年修法将禁止表示“有可能阻害公平竞争”修改为“认为有可能阻碍一般消费者的自主且合理的选择”，同时，删除了第1条的目的规定中的“确保公平竞争”，其消费者法的性质得以强化（该法由公平交易委员会移交至消费者厅）。但是，由于一般指定第8款（及第9款）规定的公平竞争阻害性包含了竞争手段的不公正性，这与“有可能阻碍一般消费者的自主且合理的选择”之要件极为相似，因此，可以理解其规制基准的阈值（也就是说要件的门槛要求）并没有发生变化。

②不当表示的主体

为吸引消费者而进行不当表示的“经营者”（《景品表示法》第5条）是指该“参与了决定表示内容的人”。这不仅包括“自己或与他人共同积极决定了表示内容”的经营者，也包括“基于他人表示内容的说明而决定该表示内容”的经营者，还包括“委托其他经营者决定”的经营者（⇨5－21）。在贝肯士案中，零售商从服装进口批发商处被告知在罗马尼亚缝制的裤子是意大利制造的说明，其相信了此说明并委托他人安装质量保证标签等，该零售商也被认为是进行了不正当表示的经营者。

5－21 贝肯士案（东京高判平20.5.23审决集55卷842页【百128②】）

《景品表示法》规定公平交易委员会为了达到其目的可以命令经营者采取排除一般消费者的误认之措施以及防止其再次发生的措施；以及该法第4条第1款（现第5条）并非对实施不当表示的违反者施予民事、刑事的责难，追究其责任或课以刑罚之规定，如果考虑到上述情况，那么实施了不当表示的“经营者”［第4条第1款（现第5条）］应理解为“参与了表示内容之决定的经营者”，这不仅包括上述第一种情况的经营者，也包括第二种和第三种情况的经营者，这样的理解比较适当。

③不当表示

《景品表示法》第5条把不当表示分成三种进行规定。第一种是关于商品、服务的品质、规格及其他内容，表示为比实际事物或其他经营者的事物显著优良的不当表示（第1项）。例如，计划实施13次的海外旅行中有4次是看不到“24小时不沉的太阳”的，但是宣传册却作出了在所有旅行中都能看到的会令人产生误解的表示（日本交通公社案＝审判审决平3.11.21审决集38卷3页）。

标榜健康食品、瘦身器具等功效的广告是否属于本项所说的优良误认表示这样的问题不在少数。就此，被内阁总理大臣委任了相关权限的消费者厅长官（《景品表示法》第33条第1款）为了判断此表示是否符合第1项，可以要求实施此表示的经营者提交资料作为支持该表示的合理根据。经营者不提交资料的，则该表示视为符合第1项之规定，这一非实证广告规制在2003年修法时被导入法律（现第7条第2款）。这是基于以下考虑，即商品、服务的功效实施表示者，应该有与之相关的最准确的信息，即使让经营者提供此信息也不违背公平的理念。如果提交的资料不能作为支持该表示的合理根据，则会被认为“未提交该资料”［在被称为“Tabacool”的商品的包装纸上做了醒目的表示，即“将尼古丁转变为维生素”，欧喜乐案＝东京高判平22.10.29审决集57卷(2)162页【百130】］。

第二种是关于商品、服务的价格及其他交易条件,被误认为比实际或其他经营者显著有利的有利误认表示(《景品表示法》第5条第2项)。故意将作为比较对象的价格显示为高价格,使人误认为自己的销售价格低廉,这样的双重价格表示即属此例。另外,在亚玛达对小岛案中,就以下问题存在争议,即关于“比亚玛达便宜”“减到比亚玛达便宜的价格”等的店内海报,是否构成会让人误认为比竞争者的事物显著有利的表示。在此案中,一般消费者的认识、期待与现实之间没有差距,因此,该行为被认定为不会引起误解(东京高判平16.10.19日判时1904号128页)。

第三种是消费者厅长官指定的关于商品、服务的交易相关事项有可能被一般消费者误认的表示(《景品表示法》第5条第3项、第33条第1款)。现在,商品的原产国、无果汁的清凉饮料、消费者信用的融资成本、诱饵广告、收费养老院等属于被指定的表示,前文贝肯士案是有关原产国告示的案件。

缺点事项的不表示是否属于不当表示,这在理论上是上述第一种到第三种共同的问题。如果因为在交易中不显示重要事项而被理解为对所表示物整体进行了某种表示的话,则可以说不表示也属于不正当表示(例如,根据建筑基准法,明明是附有不能新建、改建、扩建限制的不动产物件,却未表明此信息,则表示上述事项也有可能实施)。

④执法

对于违反第5条的禁止规定而进行不当表示的经营者,消费者厅长官可以命令其停止违法行为,并就必要事项作出命令以防再次发生(《景品表示法》第7条、第33条第1款)。本法的特色之一是,适格消费者团体可以要求停止优良误认表示和有利误认表示(《景品表示法》第30条),并且本法以公平竞争规约(《景品表示法》第31条)的形式,对与食品(乳制品、酒类等)、医药品、家电等表示相关的行业自主规制进行了规定。

⑤课征金制度等

《景品表示法》于2014年6月修改,都道府县知事也可以作出措施命令(《景品表示法》第7条)并为此进行相关调查(《景品表示法》第29条)来确定(《景品表示法》第33条第11款、同法施行令第23条第1款)。接着在同年11月的修改中,该法导入了课征金制度。这是因为酒店、餐厅等的菜单表示问题(伪装、错误表示)时有发生,因而有必要确保不当表示规制的实效性。《景品表示法》的课征金制度规定,a. 以优良误认表示、有利误认表示为对象[关于前者,如果不在规定的期间内提出资料证明表示的合理根据,则推定为优良误认,此非实证广告规制与课征金的关系也被导入法律(《景品表示法》第8条第3款)],b. 将该不当表示的对象期间(最长3年)的对象行为所涉及之销售额的3%作为课征金额(不满150万日元时免征收),c. 但是,在能被认定为不知道自己进行的表示是不当表示,或者就不知道的事情并未疏于充分注意的情况下,内阁总理大臣(根据委任,消费者厅长官)不能命令缴纳课征金(《景品表示法》第8条第1款但书,参见关于取消对日产汽车的课征金缴付命令的消费者厅裁决平30. 12. 21)。

另外,d. 关于对象行为,对于主动报告的经营者,课征金额将减少50%(《景品表示法》第9条,已经开始对象行为的调查,预知会被处以缴纳命令的情形下才报告的除外),e. 从弥补一般消费者损失的观点出发,根据消费者厅认定的计划,向受害人支付购入金额3%以上的退款时,可以从课征金中减去该金额(《景品表示法》

第10条第1款)。

引入课征金制度的修改后的《景品表示法》于2016年4月1日起实施,此后,超过30件的缴纳命令被发出(截至2018年12月末),并出现了通过退款措施减少金额的情况。

2. 以不当利益进行的顾客引诱

> 第2条⑨六c (略)
>
> 【一般指定】⑨ 以区别于正常的商业习惯的不正当的利益来引诱竞争者的顾客与自己进行交易。

(1)概要

一般指定第9款也是基于《独占禁止法》第2条第9款第6项c的指定,其将通过不正当的赠品、供应品、融资、损失填补等而进行的引诱行为作为规制对象。《景品表示法》只规制"伴随着交易"(第2条第3款)而被提供的景品类,与此相对,一般指定第9款将下列行为也作为规制对象,即不以商品、服务的购买为条件,通过邮政明信片、电子邮件等进行申请,通过抽签提供金钱或贵重物品等的"开放悬赏"等行为。

(2)行为要件

"竞争者的顾客"不限于实际与竞争者交易的顾客,也包括潜在的有可能与竞争者交易的顾客,这与一般指定第8款相同。

(3)公平竞争阻害性

本款的公平竞争阻害性与一般指定第8款相同,也要求存在歪曲顾客的合理且自由的选择并夺取竞争者的顾客之可能性(竞争手段的不公正性)。证券公司为了维持、扩大与顾客的交易关系,对一部分顾客进行的损失弥补行为即满足此要件。

5－22 野村证券案（劝告审决平3.12.2 审决集38卷134页）

关于有价证券的买卖及其他交易等，证券公司为了填补因该有价证券等而产生的顾客损失的全部或一部分，或者追加因该有价证券等而产生的顾客利益，而向该顾客等提供财产上的利益。这种行为违反了投资者以自己的判断和责任进行投资的证券投资责任自负原则，阻碍了证券交易的公正性，因此，被认定为违反了证券业正常的商业习惯。

（4）《景品表示法》

《景品表示法》所说的景品类是指作为吸引顾客的手段，伴随着自己供给的商品、服务的交易而提供的物品、金钱及其他经济上的利益（《景品表示法》第2条第3款）。内阁总理大臣［基于权限委任的消费者厅长官（《景品表示法》第33条第1款）］认为为了防止不正当地引诱顾客，确保一般消费者的自主且合理的选择，在有必要时可以限制景品类的最高价格、总额、种类、提供方法以及其他提供景品类的相关事项，或禁止提供景品类（《景品表示法》第4条）。

上述规制以告示的形式进行（《景品表示法》第6条第2款）。现在，根据针对所有行业都适用的“对一般消费者提供景品类的相关事项的限制”和“关于提供悬赏形式的景品类的相关事项的限制”两个告示，对过大的景品类提供进行以下规制。

（1）关于总付景品（不以悬赏形式而向所有购买者提供的景品），在交易价格的20%（该金额不满200日元时以200日元计）以内；

（2）悬赏的情况下，以交易价格的20倍（上限10万日元）为

限,且总额在悬赏相关销售预定总额的2%以内;

(3)共同悬赏(相当多数的零售业者共同进行的奖项)与交易价格无关,在30万日元以内,且在悬赏相关的销售预定总额的3%以内。

3. 搭售及其他强制交易

> 第2条⑨六c (略)
>
> 【一般指定】⑩给相对方提供商品或服务时,不正当地使其从自己或自己指定的经营者处购买其他商品或服务,以及其他强制其与自己或自己指定的经营者进行交易。

(1)概要

一般指定第10款前半段规定了搭售,后半段规定了其他强制交易行为。搭售的违反要件有三:①实行捆绑的商品、服务(以下称为主商品)和被捆绑的商品、服务(以下称为从商品)是不同的商品;②"使相对方购买"从商品;③具有公平竞争阻害性。

(2)"其他商品"

关于"其他商品",可以从以下角度进行判断,即被组合的商品是否各自具有独立性,并被独立地作为交易对象[《流通·交易惯例指南》第1部第2之7(3)、《排除型私人垄断指南》第2之4(1),东芝升降机服务案 = 5-4 5-24]。但是,对于通过组合多个商品,在内容和功能上增加了新的价值,与组合前的各个商品相比,产生了实质性变更的情况(例如,数码复合机[①]),或者被组合的商品通常作为一个单位进行销售、使用(例如,鞋和鞋带)等,可

① 译者注:日语中一般将整合了复印、打印、扫描、传真等功能的办公用机器称为复合机。

以将之判断为单一的商品。

(3)“使其购买”

关于“使其购买”，虽然要考虑对相对方的强制、限制的强度，但是客观来看，如果不购买从商品，就不提供主商品这样的关系成立，则可以根据不在少数的顾客是否被迫购买从商品来进行判断（藤田屋案=审判审决平4.2.28审决集38卷41页）。没有达到违背相对方意愿强制交易的程度，而是通过经济利益来引诱相对方的情况也包括在内。

即使在能够分别购买主商品和从商品的情况下，如果单独进行销售的主商品之供给量太少，很多需求者只能同时购买主商品和从商品，则此情形可以被认定为实质上使相对方购买其他商品。

关于将多个商品组合在一起进行降价销售的行为（“套餐折扣”或“捆绑折扣”），《排除型私人垄断指南》规定，套餐折扣价格比单独购买行为者的主商品和从商品的合计金额低而被很多需求者吸引时，实质上也与使相对方购买其他商品的情形相同。但是，在与某个竞争者成立了主商品和从商品组合的相关竞争关系的情况下，关于与该竞争者的竞争，根据《排除型私人垄断指南》的表述，可以从“低于不供给商品就不会产生的成本这样的价格设定”之角度，来判断是否属于排除行为[《排除型私人垄断指南》第2之4(1)]。

(4)公平竞争阻害性

搭售的公平竞争阻害性包括竞争手段的不公正性和减损自由竞争两种类型，个别案件着眼于这两个方面的其中之一进行违法性判断。过去，搭售作为典型的强制交易行为类型，其不正当性反映在竞争手段的不公正性上。但是，近年来，认为应着眼于减损自由竞争来探讨不正当性的见解更加有力。《流通·交易惯例指南》也提出了这样的考量方法，即和其他垂直交易限制一样，从减损自由竞争的角度来判断有无公平竞争阻害性(《流通・交易惯例指南》第1部第2之7)。

在竞争手段的不公正性方面，强制购买从商品、服务，可能妨碍顾客选择商品、服务之自由，该竞争手段本身即构成问题，所以对市场整体竞争的影响(=“行为的广泛性”)并不是违反要件。在这一点上，从公平交易委员会的执法案例来看，在认定公平竞争阻害性时，倾向于考虑对象行为的反复性、传播性等“行为的广泛性”(前文藤田屋案)，但其实我们应该这样考虑，即“行为的广泛性”只不过是公平交易委员会选择调查案件的基准。

在减损自由竞争方面，主要问题是主商品市场上的有力经营者实施搭售行为，是否会导致从商品市场产生市场闭锁效果。关于“市场上的有力经营者”“产生市场闭锁效果”，请参照四3之用语解说1、2。

5-23 日本微软搭售案(劝告审决平10.12.14审决集45卷153页【百63】)

微软公司的应用软件对于电脑用户来说需求极高，在对电脑制造商进行专利许可时，日本微软公司将其在表格计算软件方面市场占有率第一的“excel”与当时在文字处理软件方面市场占有率很小的“word”打包签订授权许可合同。其结果是，日本微软公司的“word”取代了另一家公司的文字处理软件“一太郎”，成为市场占有率第一位。该行为违反了一般指定第10款。

本案中,主商品是表格计算软件,从商品是文字处理软件。

5-24 东京升降机服务案(大阪高判平成5.7.30审决集40卷651页【百64】=5-4)

在进行东芝电梯的维护检查业务时,实际上垄断性地销售该公司电梯维修零件的东芝公司之子公司——东芝升降机服务公司(被告)向与独立的第三方维护业者签订了电梯维护合同的原告——大楼所有者要求,如果不同时购买零件更换施工服务,则拒绝提供维修零件服务。这使得买主失去选择商品的自由,阻碍经营者间公平的效率竞争,应当说是不正当的。

本案中,主商品是东芝电梯的维修零件,从服务是其零件更换施工服务。

四、对经营活动的不当限制

1. 总论

(1)概要

根据旧法第2条第9款第4项,不正当地限制对方经营活动进行交易的行为被规定于旧一般指定的第11~13款。根据2009年《独占禁止法》的修改,限制转售价格(以下称为转售行为)将作为法定类型转移到现行法第2条第9款第4项。但是,其与根据第2条第9款第6项d而指定的附排他条件的交易(现行一般指定第11款)以及附限制条件的交易(现行一般指定第12款)一样,从规定内容来看,与修改前并没有实质性变化。

关于对经营活动的不当限制之规制基于以下宗旨,即交易对价及其他交易条件、交易相对方的选择等本来应该根据交易当事人的自由判断来决定，如果对此进行限制，则通过提供优质廉价的商品和服务来进行的公平竞争会被人为地阻碍[第1次育儿用奶粉(和光堂)案 = 5 -25]。

(2)"限制"

可以被限制的经营活动之内容多种多样，但从公平的竞争秩序的角度来看，构成问题的主要是对价格、交易相对方、交易地域、销售方法等的限制。价格以外的限制、约束统称为非价格限制行为。

关于"限制"的认定，可以根据以某种人为手段对交易相对方经营活动所作的限制是否能够确保(具有)实效性来进行判断。因此，交易当事者之间达成协议的情况自不必说，在对方不服从的情况下，对其课以停止发货、削减回扣金额等经济上的不利益之情形也相当于限制。另外，即使是利益供给，如果其具有确保实效性之效果，也属于"限制"(资生堂转售案 = 同意审决平7.11.30审决集42卷97页 6 -15)。除此之外，关于以下情形，即采取了铺面巡逻或利用秘密号码来探查流通渠道等确保实效性的手段，亦被认定为"限制"(卫材案 = 劝告审决平3.8.5审决集38卷70页)。而且，其没有必要达到课以实质上的不利之程度，如果对方不服从，课以不利的通知或暗示就足够了。

与此相对，如果制造商只是设定了期望零售价格或批发价格，交易相对方(销售商)能够自由决定实际销售价格，则不属于对转售价格的"限制"[《流通·交易惯例指南》第1部第1之1(2)]。

5-25 第1次育儿用奶粉(和光堂)案(最判昭50.7.10日民集29卷6号888页【百66】)

“要认定存在‘限制’,不必要求将遵守交易条件作为合同上的义务来规定,只要在不遵守的情况下,通过附随一些经济上的不利,于现实中确保其实效性就足够了。”

“限制”的结束期的判断是从以下角度出发的,即作为限制的手段、方法的具体行为是否被取消,是否采取了取消该具体行为的积极措施,或者销售方是否能够不受制约地开展经营活动。并且,要考虑到作为限制对象之商品的一般价格动向等[索尼·计算机娱乐(SCE)案=5-31]。2009年修法对转售价格的限制行为征收课征金,这一论点的重要性比以前提高了。

(3)公平竞争阻害性

对经营活动的不当限制的公平竞争阻害性要求行为产生减损自由竞争的效果,但是,根据限制的内容,可以将之归于回避竞争型或排除竞争型中的任意一方或者双方。关于这一点,就转售行为来说,其回避竞争构成问题;就附排他条件的交易来说,其排除竞争构成问题。但是,就附限制条件的交易来说,其被赋予了对经营活动的不当限制这一类型的一般条款性地位,因此,根据限制的内容和行为样态等,回避竞争或排除竞争中的任意一方或双方构成问题。

另外,第2条第9款第4项记有“没有正当理由”这一语句,如果认定存在转售行为,则原则上是违法的。这是因为转售行为会减少或消灭交易相对方经营者之间的价格竞争,由此产生较大的阻碍竞争效果。与此相对,一般指定第11款和第12款记有“不正当”这一词语，可以根据具体行为、交易的对象、地区、样态等，个别地考虑该限制、约束对竞争的质和量的影响，从而判断有无公平竞争阻害性。关于地域限制和附排他条件的交易等非价格限制行为，有必要根据行为者的地位和行为样态等，个别地判断有无阻害竞争的效果，这是因为该类行为可能具有效率性以及促进竞争等积极效果。关于各行为类型公平竞争阻害性判断的更为具体的考量要素，会在各行为类型项下进行说明。

此外，母子公司之间的交易或兄弟公司之间的交易被认定为实质上等同于同一企业内的行为时，如果以该条款所举出的限制类型为中心，则该交易原则上不受不公平的交易方法的规制。关于是否实质上等同于同一企业内之行为的判断基准，《流通・交易惯例指南》规定，根据母公司所有的子公司股份的比率，母公司向子公司派遣役员等的情况，母公司对子公司的财务和营业方针的干预情况，母子公司之间、兄弟公司之间的交易关系（子公司的交易额在母公司、兄弟公司的交易中所占的比例），进行综合判断［《流通・交易惯例指南》（附则）母子公司、兄弟公司之间的交易］。

2. 限制转售价格

> 第2条⑨四　对于购买自己所提供的商品的相对方，没有正当理由，却附加以下任意一项所示的限制条件而提供该商品。
>
> a　针对相对方，规定其销售的该商品的销售价格，并使相对方维持该销售价格的行为，以及其他限制相对方自由决定该商品销售价格的行为。
>
> b　针对购买相对方所销售的该商品的经营者，规定其销售该商品的价格，让相对方使该经营者维持该销售价格的行为，以及其他让相对方限制该经营者自由决定该商品销售价格的行为。

(1)概要

第2条第9款第4项规定了直接或间接限制转售价格的行为。比如,制造商指定购买自己商品的批发商的销售价格,并使其以该价格进行销售的行为(同项a),以及指定从批发商处购买自己商品的零售商的销售价格,让该批发商使零售商以指定价格进行销售的行为(同项b),上述行为即符合本项规定。

2009年修法后,旧一般指定第12款的内容作为法定类型被原封不动地规定在《独占禁止法》第2条第9款第4项中,10年内反复进行违反行为的,会被课以课征金(《独占禁止法》第20条之5)。另外,与其他征收课征金的对象行为不同,在第2条第9款第4项中,规制对象被限定为对"商品"价格的限制。

(2)行为要件

关于直接或间接地对交易相对方的销售价格进行的"限制",其意义参照上述"限制"的说明。不过,根据错综复杂的交易实际情况,无论是在间接的交易对象背景下,通过与自己的子公司或相当于营业部门的销售公司向零售商进行销售的情形,还是在通过批发商进行交易的背景下,由于零售商的交易条件等也由行为者自己决定等,而被认定为实质上是以零售商作为相对方进行交易的情形,一直以来都是以其符合"购买自己所提供的商品的相对方"而进行处理的(日产化学工业案=排除措施命令平成18.5.22审判决集53卷869页【百67】)。

另外,关于限制对象的交易方经营者的范围,需要达到能限制品牌内价格竞争的程度的范围。只是针对交易方经营者中的两家大型量贩店进行限制,在该量贩店的销售价格会影响到其他交易方经营者销售价格的情况下,可以认定为限制转售价格行为(资生堂转售案＝同意审决平7.11.30审决集42卷97页6－15）。

(3)公平竞争阻害性

转售行为的公平竞争阻害性体现为减损自由竞争中的回避竞争。这是因为在制造商的转售行为范围内，该制造商商品的批发商之间或者零售商之间的价格竞争会受到限制或被消灭。另外，由于本条款规定有“没有正当理由”，如果实施该行为，则原则上会被认为具有公平竞争阻害性。

与此相关，转售行为虽然限制了品牌内价格竞争，但是否会促进品牌间竞争呢？如果会的话，是否需要对限制品牌内价格竞争产生的弊端与促进品牌间竞争带来的利益进行比较衡量呢？这构成一个问题。之前就有人指出，对品牌内价格竞争的限制会促进品牌间竞争的理论的可能性在于以下两点。第一点，可以通过零售商扩充促销服务和顾客支持来提高对象商品的品牌价值。同时，可以保护零售商，使其免受自己不提供服务而“搭便车”的廉价销售商所累。第二点，可以使新经营者更容易地进入市场。

关于这一点，有判例[第1次育儿用奶粉(和光堂)案＝5－25]判示，“即使行为者与其竞争者之间的竞争关系得到强化，但是，只要行为未必会在作为相对方的该商品销售商之间带来与自由价格竞争时同样的经济效果，就不能否定其具有竞争阻害性”，并不对两者进行具体地比较衡量(＝不考虑促进品牌间竞争的效果)，只要存在对一定的品牌内价格竞争的限制，即可认定有可能阻碍整个市场的竞争(品牌间竞争)。但是，关于该判例，有必要基于育儿用奶粉的商品特性来进行理解，即如果选择了特定的品牌，就不会变更为其他品牌。转售行为之所以具有实效性，是因为大多数情况下，行为者是市场上有实力的经营者，或是产品存在差别化。

因此，在转售行为被有效进行的情况下，实际上，虽然关于能否促进品牌间竞争存在疑问，但理论上，在即使品牌内竞争受到限制，品牌间竞争却被维持、促进的情况下，市场整体的竞争不会受到阻碍。因此，不应认为存在公平竞争阻害性这一见解也具有一定的说服力。《流通・交易惯例指南》也认可了此理论上的可能性并表述道：①基于转售行为，实际上产生了促进竞争的效果，并促进了品牌间竞争，由此，对象商品的需求增加，消费者利益的增加得以实现；②在通过转售行为以外的更加不具有竞争阻害性的其他方法无法使该促进竞争的效果产生的情况下，可以在必要的范围和期间内予以认可[《流通・交易惯例指南》第1部第1之2(2)]。但是，与不存在转售行为的状态相比，(存在转售行为时)就市场竞争，从消费者利益的角度来看得到怎样的改善，由于其缺乏进行比较的合理且明确的判断基准，因此，很难作为法律基准来适用。

维持中小零售商和特定行业的生存并不属于“正当理由”(⇨5-26)。

5-26 和麻纳卡毛线案[东京高判平成23.4.22审决集58卷(2)1页【百69】]

旧一般指定第12款(现第2条第9款第4项)的“正当理由”是指从维持公平竞争秩序的观点出发，该限制条件不会阻碍相对方在经营活动中的自由竞争。通过转售行为(本案行为)谋求中小零售商的生存这一情形意味着中小零售商不进行自由的价格竞争而谋求生存。因此，从维持公平自由的竞争秩序之观点来看，很明显其不具有正当性。维持手工艺手织业的生存与确保一般消费者利益的《独占禁止法》之目的也并非直接相关。因此，并不能说本案行为具有旧一般指定第 12 款所说的正当理由。

(4)第 2 条第 9 款第 4 项的外延

即使是转售行为或与其类似的行为，在以下情况下，也不适用第 2 条第 9 款第 4 项。

①交易对象并非“商品”的情况。第 2 条第 9 款第 4 项将针对“购买自己所提供的商品的相对方”的转售行为作为规制对象。因此，服务交易的情况或者根据专利许可（实施许可）合同，对实施专利而制造出的产品之价格进行限制的情况等，并不适用本规定，而是适用有关附限制条件的交易的一般条款第 12 款［20 世纪福克斯（FOX）案 = 5 - 29］。

②委托销售、经销等情况。在制造商作为委托人承担商品毁损灭失或卖剩等风险，依照自己的计算进行委托销售的情况下，或者在批发商只是作为中介发挥作用，实质性的价格交涉是在制造商和零售商之间进行的等情况下，即使制造商对交易方指定价格，通常也不违法。但是，即使采用委托销售的形式，但制造商并不承担风险的，不属于真正的委托销售，可以适用第 2 条第 9 款第 4 项［第 2 次育儿用奶粉（森永乳业）案 = 审判审决昭 52.11.28 审决集 24 卷 106 页］。

③作为转售适用除外制度的对象之情况（⇨参照第六章第 23 条）。

3. 附排他条件的交易

> 第 2 条⑨六 d　附不正当限制相对方经营活动的条件进行交易。

【一般指定】⑪不正当地以相对方不与竞争者进行交易为条件与相对方进行交易，可能减少竞争者的交易机会的。

(1)概要

一般指定第11款就附不当的排他条件的交易进行了规定。在附排他条件的交易中，存在供给者对需求者施加排他条件的情形；需求者对供给者施加排他条件的情形以及双方相互施加排他条件的情形。

本款中并没有"限制"这一词语，但本款是根据第2条第9款第6项d而指定的，因此存在"限制"是必要的。

以不与竞争者进行交易为条件而与相对方进行交易的典型例子包括：相对方的进货全部是从自己处购买的全量购买合同（⇨5－27）；制造商在与销售商的合同中，以只经营自己的商品为条件进行持续性商品供给的专卖店制度；销售商"一揽子"承担特定制造商的商品并进行销售，不让其向其他销售商供货的"一揽子"销售合同等。

5－27 大分县乳制品农业协同组合案（劝告审决昭56.7.7审决集28卷56页）

大分县乳制品农业协同组合以大分县内的乳制品经营者作为组合成员，其对县内生产的约90%的生乳进行"一揽子"收集和销售。该组合力图使得县内乳制品经营者（乳制品制造商）将拟进货的全部生乳均从自己处购买，此行为符合昭和28年一般指定第7款。

(2)行为要件

关于行为要件,请参照上述关于“限制”的说明以及私人垄断的“排他性交易”内容[⇨第二章第一节4(3)②]。

(3)公平竞争阻害性

附排他条件交易的公平竞争阻害性主要体现为减损自由竞争中的排除竞争。一般来说,以交易相对方不与自己的竞争者交易为条件而进行交易本身并不违法,但如果市场上有实力的经营者进行附排他条件的交易,从而产生市场闭锁效果的,则可以认定该行为具有公平竞争阻害性[《流通・交易惯例指南》第1部第2之2(1)a]。这种排除效果更为严重时,也构成私人垄断中以“排除”对竞争产生实质性限制的情形。

用语解说1:市场上有实力的经营者

认定“市场上有实力的经营者”时,大致的标准是市场占有率超过20%,如果低于这个标准(=安全港基准)就不会违法[《流通・交易惯例指南》第1部之3(4)]。作为份额计算对象,“市场”之划定基本上是从对需求者来说的替代性之角度来判断的,根据需要也可以从对供给者来说的替代性之角度来考量。以前规定的大致基准是市场占有率在10%以上或者其顺位在前3位,但是2016年修法后,安全港基准被提高了。

用语解说2:市场闭锁效果

“市场闭锁效果”是指对于被拒绝者(竞争者)来说,“可能造成以下状态,即无法轻易地保证可以找到替代性的交易方,经营活动所需成本提高,损害了新进入市场和新商品开发等的积极性,排除新进入市场者和现有竞争者或者减少他们的交易机会”[《流通・交易惯例指南》第1部之3(2)a]。

在判断是否符合“产生了市场闭锁效果的情况”时,可以综合考量以下因素进行判断:(1)品牌间竞争的情况(市场集中度、商品特性、产品差别化程度、流通路径、新进入市场的难易等);(2)品牌内竞争的情况(价格的波动情况、经营该商品的流通业者等的业态等);(3)行为者在市场上的地位(市场份额、顺位、品牌力等);(4)该行为对相对方经营活动的影响(限制的程度、形态等);(5)该行为相对方的数量及市场地位[《流通·交易惯例指南》第1部之3(1)]。另外,除了判断有无市场闭锁效果之外,还应该考虑对象行为可能产生的竞争促进效果。

此外,在进行判断时,也要考量其他经营者的行动。例如,多个经营者同时实施限制、约束的情况与仅一个经营者进行限制的情况相比,对于市场整体而言,其产生市场闭锁效果的可能性更高[《流通·交易惯例指南》第1部之3(2)a]。

5-28 东洋精米机制作所案(东京高判昭59.2.17审决集30卷136页【百65】)

"是否存在公平竞争阻害性……应该根据以下情况来决定,即由于行为者所为的附排他条件的交易,与行为者处于竞争关系的竞争者可以利用的流通路径会被置于何种程度的封闭状态。一般来说,当相关市场中处于有利地位的经营者就其产品在销售商中相当数量的人之间进行附排他条件的交易时,原则上可以认定该交易存在公平竞争阻害性。"

本判决是对审判审决(昭和56.7.1审决集28卷38页)的审决取消诉讼之判决。根据审判审决,精米机市场占有率为28%、被认为是业界第一制造商的东洋精米机制造所,与交易相对方销售商之间，签订并实施了以不购买与本公司产品竞争的其他公司之产品等为内容的特约店合同，这属于附排他条件的交易。东京高等法院指出，在公平交易委员会作出的“有力的立场”之认定中，关于市场份额过大的计算方法有误，作为“销售商中相当数量的人”之认定基础的销售商的总数(分母)的相关证据也存在问题等。因此，东京高等法院认定案件缺乏实质性证据并取消了审决。但是，关于公平竞争阻害性，东京高等法院作出了如下一般论，即如果有复数的制造商同时实施了附排他条件的交易，那么在这种特别情况下，会产生不认定公平竞争阻害性的余地。对此，有学者进行了强烈的批判，而如上文所述，《流通·交易惯例指南》记述为产生市场闭锁效果的可能性很高。

关于附排他条件的交易之正当化事由，《流通·交易惯例指南》列举了以下两种情形：(1)完成品制造商向零部件制造商给付原材料并使之制造零部件的情况下，要求其将使用该原材料制造的零部件只向自己销售的情形；(2)完成品制造商向零部件制造商提供技术诀窍并使之制造零部件的情况下，为了保持技术诀窍的秘密性或者防止其被挪用而认为有必要时，要求其只向自己销售的情形[《流通·交易惯例指南》第1部第2之2(1)c]。

4. 附限制条件的交易

> 第2条⑨六d(略)
>
> 【一般指定】⑫除符合(《独占禁止法》)第2条第9款第4项或前款的行为外，以不正当地限制相对方与其交易相对方之间的交易，以及其他相对方的经营活动为条件，而与该相对方进行交易的。

(1)概要

一般指定第12款是规定了《独占禁止法》第2条第9款第4

项的转售行为和一般指定第 11 款的附排他条件的交易以外的各种附限制条件交易的、关于“经营活动的不正当限制”的一般条款。一般指定第 12 款中记有“不正当”这一词语，根据对象行为的形态和限制的程度等，可以从减损自由竞争的角度，个别地判断是否存在公平竞争阻害性。但是，根据限制条件的类型，既有符合回避竞争型的情形，也有符合排除竞争型的情形。

(2)限制条件的类型及其公平竞争阻害性

①第 2 条第 9 款第 4 项以外的价格限制(回避竞争型)

《独占禁止法》第 2 条第 9 款第 4 项只适用于对“自己提供的商品”的销售价格限制，其他价格限制适用一般指定第 12 款。例如，服务交易的情形[20 世纪福克斯(FOX)案 = 5-29]；将被提供的商品加工后作为成品进行销售的情形(养乐多总公司案 = 劝告审决昭 40.9.13 审决集 13 卷 72 页 6-3)；使用被提供的商品提供服务的情形(小林科斯案 = 劝告审决昭 58.7.6 审决集 30 卷 47 页)；实施获得了许可的专利技术制造并销售商品之情形[《知识产权指南》第 4 之 4(3)]；就特许经营体系来说，本部对加盟店从本部以外进货的商品之销售价格进行限制的情形等。这些情形与转售行为一样，限制了销售商之间的价格竞争，因此，原则上认定其具有公平竞争阻害性[⇨请参照第 2 条第 9 款第 4 项(2“限制转售价格”)]。

5-29 20 世纪福克斯(FOX)案(劝告审决平 15.11.25 审决集 50 卷 389 页)

20 世纪福克斯日本(FOX Japan)公司就其发行的 20 世纪福克斯电影，限制上映者(电影院)向入场者收取作为对价的入场费，这符合旧一般指定第13款（现第12款）规定。

5-30 7-11案［福冈地判平成23.9.15审决集58卷(2)438页］

便利店的特许许可人强硬指示被许可人停止日配商品的降价销售（过期打折）。同时，其暗示了以下不利情况，即如果不服从则解除特许合同等。这种对相对方及其交易者的交易施加不正当限制条件而与该相对方进行交易的行为，符合旧一般指定第13款（现第12款）规定。

②对销售对象的限制（回避竞争型或者排除竞争型）

制造商对作为交易相对方的流通业者施加的对交易方的限制有以下三种形式。

(i)对廉价销售商的销售限制

对于某批发商，经营者以其交易方的零售商在进行倾销为理由，要求该批发商不向该零售商进行销售。此种情况下，该行为导致零售商之间的价格竞争减少、消失，竞争阻害效果变大。因此，比照对转售行为的考量，原则上认为该行为违法［《流通·交易惯例指南》第1部第2之4(4)］。

(ii)附加合账交易的义务

对于某批发商，经营者要求将其交易方的零售商特定化，零售商只能与特定批发商进行交易。在这种经营者将合账交易规定为义务的情况下（将零售商可以进行交易的批发商限定为一个时，称为“一店一合账制”），原本分销商应自由决定销售商的选择权受到了限制［第2次育儿用奶粉（明治乳业）案＝审判审决昭52.11.28

审决集24卷86页]。

关于公平竞争阻害性,《流通・交易惯例指南》做了以下表述,由于附加合账交易义务而"产生价格维持效果的",该行为违法[《流通・交易惯例指南》第1部第2之4(2)]。

用语解说3:价格维持效果

"价格维持效果"是指"由于非价格限制行为,该行为的相对方与其竞争者之间的竞争受到阻碍,该行为的相对方会按照其意志一定程度上自由地左右价格,造成维持或提高该商品价格之可能"[《流通・交易惯例指南》第1部之3(2)a]。

另外,是否属于"产生价格维持效果的情况"可以综合考虑下列要素进行判断。(1)品牌间的竞争情况(市场集中度、商品特性、产品差别化程度、流通路径、新进入市场的难易性等);(2)品牌内的竞争情况(价格的波动情况、经营该商品的流通业者等的业态等);(3)行为者的市场地位(市场占有率、顺位、品牌力等);(4)对该行为相对方的经营活动产生的影响(限制的程度、形式等);(5)该行为相对方的数量及市场地位[《流通・交易惯例指南》第1部之3(1)]。此外,除了判断有无价格维持效果,还应考量对象行为可能产生的竞争促进效果。

再者,作出此种判断时,其他经营者的行动也成为考量的对象。例如,多个经营者同时实施限制、约束的情况与仅一个经营者进行的情况相比,市场整体产生价格维持效果的可能性更大[《流通・交易惯例指南》第1部之3(2)a]。

附加合账交易的义务作为确保转售行为实效性的手段而被实施的情况下,可以将之与转售行为看作一体来理解其公平竞争阻害性。但是,即使在其与转售行为一并被实施的情况下,当其与转售行为相独立而认定其违法时,也要考虑上述各要素。

(iii)禁止同行交易(倒卖)

同行交易的禁止(禁止流通业者之间转卖)是对交易方的选定施加限制的行为,有可能与销售阶段的竞争限制相结合,因此,在“产生价格维持效果的情况”下,该行为是违法的。另外,出于禁止向廉价销售商销售产品之目的而实施的禁止同行交易原则上是违法的[《流通·交易惯例指南》第1部第2之4(3)]。

另外,有判决认定,化妆品制造商的销售公司对特约店(零售商)附加的咨询销售(面对面销售)义务在并不违法的情况下,该特约店不向与制造商无契约关系的零售商批发销售产品的行为是伴随咨询销售的必然义务,同样不违法(花王化妆品销售案=最判平成10.12.18审决集45卷461页【百71②】)。

5-31 索尼·计算机娱乐(SCE)案(审判审决平13.8.1审决集48卷3页【百70】=6-1 6-14)

在游戏机和游戏软件市场上占据第一位的制造商SCE,在构筑了与零售商直接交易的单线封闭流通路径的基础上,禁止零售商之间的倒卖,防止了产品向封闭流通路径外的流出。根据审决,禁止倒卖是限制销售商的客户选择,并容易与销售阶段的竞争限制相结合的行为,在可能由此使得商品价格被维持的情况下,原则上符合旧一般指定第13款(现第12款),但作为例外,从该行为的目的或作为达到目的之手段的必要性、合理性的有无、程度等方面来看,如果可以认定存在特殊情况时,并不能说该行为有可能给公正的竞争秩序带来恶劣影响的,则应判断为其不具有公平竞争阻害性。

关于正当化理由,SCE 主张,禁止倒卖的合理性在于该行为是以把握实际需求、确保向一般消费者提供商品信息为目的的。但审决认为,这样的目的也可以通过竞争限制效果更小的其他代替手段而达到,由于 SCE 实施禁止倒卖行为的必要性和合理性很低,从而否定了其主张[⇨请参照第一节 3(3)“正当化事由等的考虑要素”]。

③对销售地域的限制(回避竞争型)

在经营者对分销商进行的销售区域限制中,存在规定以一定地区为主要责任地区,在该地区内,有义务进行积极的销售活动(责任区域制)以及将店铺等销售据点的设置场所限定或指定于一定地区内(销售据点制)的情形。这两种情形在保障商品的高效销售据点和售后服务体制等意义上,具有促进竞争的效果,因此通常不认为违法。

与此相对,如果分配一定的地区并限制地区外的销售(严格的地域限制)是由“市场上有实力的经营者”进行的,且由此“产生价格维持效果”,则该行为违法。另外,如果分配一定的地区并限制根据地域外的顾客要求而进行的销售(对地域外顾客的被动销售限制),且由此“产生价格维持效果”的,则该行为亦违法(《流通·交易惯例指南》第 1 部第 2 之 3)。关于“市场上有实力的经营者”,请参照 3(3)用语解说 1,关于“价格维持效果”,请参照 4(2)②用语解说 3。

④对销售方法的限制(回避竞争型或者排除竞争型)

经营者出于确保自己商品的安全性、品质,维持品牌形象等合理目的,对零售商的销售方法施加限制,这本身并不构成《独占禁止法》上的问题。就此,可以列举以下例子,如关于说明销售、品质管理的方法、店铺内的陈列场所、销售方法、传单等广告、表示等所作的指示。但是,如果以对这些销售方法的限制为手段,限制零售商之间的竞争、排除竞争者,则可以认定存在公平竞争阻害性。

5－32 强生案[排除措施命令平成22.12.1审决集57卷(2)50页【百75】]

一次性隐形眼镜市场占有率为第1位、拥有很高品牌力的强生为了限制零售商之间的价格竞争,要求交易方零售商不得在广告中显示商品销售价格,此行为构成附不当限制条件的交易。

5－32 中,因为限制零售价格本身的行为未被认定,所以并不符合第2条第9款第4项。但是,由于认定了限制价格表示的行为,所以比照准限制转售价格行为进行处理,其原则上违法。《流通·交易惯例指南》也阐明了同样的宗旨[《流通·交易惯例指南》第1部第2之6(3)]。

5－33 资生堂东京销售案(最判平成10.12.18日民集52卷9号1866页【百71①】)

化妆品最大生产商的销售公司对签订了特约店合同的零售商在合同上施加以下义务,即与消费者进行面对面的咨询后,进行产品销售。该销售方法具有相应的合理性,在该限制对其他零售业者也同样适用的情况下,不符合旧一般指定第13款(现第12款)。

关于 5－33 ,最高法院的判决所提出的一般论与《流通·交易惯例指南》[第1部第2之6(2)]的考量方法相同,但不得不说这作为判断公平竞争阻害性的法律基准是没有意义的。最高法院也只是表明其具有一定的合理性,对相对方同等地课以销售方法的限制,“其本身”不会对公正的竞争秩序产生恶劣影响,并不能说只要满足这个标准,在所有的情况下都能避免不正当性。《流通·交易惯例指南》也认为,以限制销售方法为手段,在零售商之间的竞争受到限制的情况下,可以认定该行为具有公平竞争阻害性。需要注意的是,本案判决仅表明在解决案件所需的范围内,对销售方法的限制不符合旧一般指定第13款(现第12款)的情况,并未表明其符合旧一般指定第13款(现第12款)的情况所需具备的违法性基准。

⑤对经营竞争商品限制(排除竞争型)

对于交易方经营者,限制其与自己的竞争者交易或经营竞争性产品时,就其行为方式及公平竞争阻害性来说,该行为与附排他性条件的交易相同[⇨请参照一般指定第11款(3“附排他条件的交易”)相关说明]。

⑥知识产权相关限制

在专利等的实施许可合同中,许可方对被许可方的经营活动施加限制的行为有时会构成《独占禁止法》上的问题。公平交易委员会公布了知识产权指南,表明了对问题行为的考量方法。

5-34 微软非系争条款案(审判审决平20.9.16审决集55卷380页【百93】= 5-1)

拥有Windows OS知识产权的美国微软公司,在与PC制造商索尼、松下、三菱电机等签订的Windows OS的OEM销售许可合同中，关于 Windows 系列（包括将来产品、后续产品）中嵌入的 PC 制造商的 AV（Audio Visual）技术，规定了限制 PC 制造商提起侵犯专利权诉讼等的非系争条款。此行为被认定为有可能损害 PC 制造商对电脑 AV 技术的研究开发热情，阻碍新技术、改良技术、新产品等的出现。另外，微软公司获得了可以在 Windows 系列中无偿使用个人电脑 AV 技术相关专利的权利，其能够向本公司的被许可人提供不会被提起专利侵权诉讼的稳定的个人电脑 AV 技术，因此，其自身地位得以强化。其结果是，有可能对个人电脑 AV 技术交易市场中的竞争秩序产生不良影响，这符合旧一般指定第 13 款（现第 12 款）。

本审判表明，公平交易委员会在将个人电脑 AV 技术交易市场作为对竞争产生了恶劣影响的市场而进行划定的基础上，根据当时的专利、技术许可合同指南进行了判断。

五、交易地位的不当利用

对交易地位的不正当利用之规制可以根据以下规定进行，即《独占禁止法》第 2 条第 9 款第 5 项、基于第 2 条第 9 款第 6 项 e 的一般指定第 13 款及特殊指定（大规模零售业特殊指定、物流业特殊指定、新闻业特殊指定 3 项）以及《转承包价款支付延迟等防止法》（以下简称《转包法》）。但是，此处就特殊指定以外的其他规定进行阐述。

1. 滥用交易中的优势地位

第 2 条⑨五　利用自己在交易上优越于对方的地位，逸脱于正常的商业习惯不正当地为下列任一行为的：

> a　要求有持续交易关系的对方(包括将要进行持续交易的对象,b 亦同)购买该交易商品或服务之外的其他商品或服务。
>
> b　要求有持续交易关系的对方为己方提供金钱、服务或其他经济性利益。
>
> c　拒绝从交易对方处收取交易相关的商品;在从交易对方处收取商品后,令交易对方回收商品;拖延支付交易价款或者减少价款额度;以及其他设定、变更、实施对交易方不利的条件的行为。

(1)概要

第 2 条第 9 款第 5 项规定了滥用交易中的优势地位之定义。根据 2009 年修法,符合本项规定、持续进行的行为会被课以课征金(第 20 条之 6)。因此,将旧一般指定第 14 款进行了部分修改并将之规定于法律中。

(2)"逸脱于正常的商业习惯不正当地"(=阻害公平竞争之虞)

要说滥用优势地位的行为(第 2 条第 9 款第 5 项)在什么意义上具有阻害公平竞争之可能性,其反映在对交易主体基于自由且自主的判断来进行交易的自由竞争基础之侵害。因此,没有必要划定包括滥用优势地位的行为者和交易相对方的市场并判断滥用行为是否会在该市场产生减损竞争的效果。滥用交易中的优势地位之行为侵害了相对方的自主决定权(交易与否,协商并决定以怎样的条件进行交易),这本身就可以被内在地认定为具有阻害公平竞争的可能性。

公平交易委员会《关于滥用优势地位的〈独占禁止法〉上的考量方法》(2010.11.30,以下简称《优势指南》)等表明了此宗旨,同时补充指出,“交易的相对方在与该竞争者的关系中,属于竞争上不利的一方;行为者在与该竞争者的关系中,有可能于竞争上是有利的”。这是为了说明滥用优势地位之规制与维持公正且自由的竞争有关,并非意味着如没能证明该点(译者注:对竞争对手造成竞争上不利的点),就不能认定公平竞争阻害性。

另外,《优势指南》中记述,“行为的广泛性”似乎与阻害公平竞争成功与否有关。但是,滥用行为是否广泛进行仅作为公平交易委员会选择要处理的案件之基准,并不是说如果滥用行为没有在社会范围内广泛进行,就没有妨碍公正竞争的可能性(就岐阜商工信用合作社案来说,在1对1的关系中也认定了滥用优势地位行为。请参照最判昭52.6.20民集31卷4号449页【百122】7-14)。

(3)行为要件

如果要符合第2条第9款第5项,则需要满足以下要件,即“利用自己在交易中的地位优越于相对方”这一点,进行了a、b、c所规定的滥用行为(本部分将具有优势地位的经营者记述为Y,将其交易相对方记述为X)。

①“利用自己在交易中的地位优越于相对方”

关于此点,私人垄断(第2条第5款)中作为必要条件的(行为开始后的)市场支配力或者市场支配地位并非必要。对X来说,持续与Y进行交易变得困难这一情况会给业务经营带来很大的障碍,所以即使Y对X提出明显不利的要求,X也不得不接受,此种情况下的Y满足该地位条件(《优势指南》)。

认定交易中的优势地位可以考量以下要素进行判断,即X对Y的交易依存度(X对Y的销售额占X整体销售额的大小)、Y的市场地位(例如,Y在百货商店业界销售额是第1位的、通过与之进行交易X的信用会提高、X可以预见稳定的需求等情况)、X变更交易方的现实可能性(X将交易相对方变更为Y以外的交易者Z的可能性,X是否进行了某种设备投资,该投资难以转用于与Y交易之外的用途等)以及其他显示出与Y交易之必要性的具体事实。在认定有无优势地位时,有案件(日本玩具反斗城案=审判审决平27.6.4审决集62卷119页【百79】)将以下要素也纳入了考量范围,即Y的行为是否属于滥用行为;滥用行为的内容;就X接受Y的条件来说,是否存在特殊情况等。

> 5-35 三井住友银行案(劝告审决平17.12.26审决集52卷436页【百76】)
>
> 一方面,三井住友银行的总资产额在银行业界处于第1位。另一方面,与该银行进行融资交易的经营者,特别是中小企业中,存在这样的经营者:他们目前难以凭借从其他金融机关的融资等来代替从该银行的融资并进行资金补贴。如果不能从三井住友银行获得融资则会给经营活动带来障碍,因此,这些经营者在继续融资交易的前提下,不得不遵从该银行提出的融资交易条件之外的各种要求。处于此种立场的经营者在交易中的地位与三井住友银行相比具有劣势。

②滥用行为

(i)强制购买(第2条第9款第5项a)

强制购买是指使继续交易的相对方购买作为交易对象的商品、服务以外的商品、服务。在三越案(=5-36)中,让供应商购买不需要的高价手表、绘画、地毯等的行为即属此类。正如条文括号里的内容所示明的,“继续交易的相对方”中,不仅包括实际持续进行交易的相对方,还包括打算继续进行交易的相对方(在b中也相同)。

a与c不同,a并未将给交易相对方造成“不利”作为要件特别规定下来。可以将之理解为,如果进行a所规定的行为,则该行为的“不利”是内在化的,因此,不需要特别证明其不利(在b中也相同)。

5－36 三越案(同意审决昭57.6.17审决集29卷31页)

百货店业界第1位的三越利用交易关系,使得强烈希望与三越继续交易的供应商购买以下物品,即该公司开发并直接进口的利润率很高的商品、与电影制作公司共同制作的电影的预售入场券、在轻井泽举行的烟花大会的入场券等。此行为符合昭和28年一般指定第10款。

(ii)使相对方提供经济上的利益(第2条第9款第5项b)

b规定的是使持续交易的相对方提供诸如承担卖场改装成本、派遣店员帮手等经济上之利益的行为。该行为的典型例子是,Y为了进行盘点、货架更换等只对自己有利的业务,要求X自担成本派遣员工来从事该作业。以下行为亦属此类,即X虽然不直接为商品促销作出贡献,但Y为了自己的活动、卖场的改装、广告等而让X承担赞助金(⇨5－37)。

5－37 唐吉诃德案(同意审决平19.6.22审决集54卷182页)

处于优势地位的经营者为了进行盘点和货架更换业务,

由采购负责人就从事作业的店铺、日期等事宜联系供应商，在没有事先达成合意的情况下，要求供应商负担成本并派遣其员工从事该作业的行为，以及并未与供应商预先明确负担金额、计算依据、用途等，就使其向新店铺提供赞助金的行为，符合旧一般指定第14款第2项。

另外，即使在Y让X提供金钱和服务的情况下，也不能说X不会产生作为回报的直接利益。例如，供应商X有时遵从家电量贩店Y的要求向Y派遣员工，其只销售X的商品。由此，对X来说，这会产生销售额的增加、对消费者需求的把握等直接利益。应如何理解此种情况呢？关键问题是Y的员工派遣请求是否侵害X的自主决定权。因此，要综合考虑有无事先的自愿的合意、被派遣的员工是否只从事X的商品销售、派遣成本是否由Y承担等来进行判断。但是，如果接受Y的提供利益之要求，则将来交易将继续扩大这样的X的间接利益当然不属于“作为回报的直接利益”。

(iii)设定或变更会对相对方造成不利的交易条件，或实施此种交易(第2条第9款第5项c)

c中列举了以下行为，即拒绝接收(例如，根据Y的订单，X要交付其制造的商品时，Y以销售不振、卖场的改造、货架更换等为理由，拒绝接收该商品)、不当退货(例如，Y将购买的商品用于展示而导致污损，以此向X退货)、延迟付款(Y因自身单方面原因，在合同规定的支付日期内不向X支付价款)、减少货款(尽管接受了X提供的商品或服务，但Y因业绩恶化、预算不足、客户取消订单等自己单方面的原因，减少合同约定的价款等)。

另外，单方面决定价格或者Y受领商品后，由于单方面原因要求 X 重新制作等行为也符合 c 之规定。7－11 案(⇨5－38)就是关于旧一般指定第 14 款第 4 项所说的“交易的实施”,被认定为造成了不利的案件。

虽然很难判断商品和服务的交易条件之设定(例如,交易价格的决定)是否符合 c 之规定,但可能也只有通过考量 X 和 Y 有无协议、与通常的购买价格或销售价格的背离程度、Y 与 X 以外的交易方的交易价格等方面来进行判断了。

5－38 7－11 案[排除措施命令平成 21.6.22 审决集 56 卷(2)6 页【百 78】]

便利店本部要求加盟店停止商品甩卖的行为,使得加盟店在全额负担被废弃商品的成本这样的机制下,失去了通过甩卖减轻负担的机会,而加盟提成费的金额并不受被加盟店废弃商品的成本左右,因此,从正常的商业习惯来看,交易的实施对加盟店造成了不利。

2.《转包法》

为了补充《独占禁止法》关于滥用优势地位的规制,日本于 1956 年制定了《转包法》。《转包法》在形式上具体地规定了根据《独占禁止法》常常难以认定的优势地位和滥用行为(第 2 条第 7～9 款、第 4 条)。同时,在上层经营者进行制造委托等的情况下,使其承担将记载有给付内容和货款金额等的文件交付给下层承包商的义务(第 3 条)。另外,《转包法》规定,公平交易委员会可以对上层经营者进行劝告,在承包价款被减的情况下,建议其采取措施以弥补下层承包经营者所遭受的损害,如向下层承包经营者支付减额部分金额等(第7条)。

《独占禁止法》和《转包法》并不是一般法和特别法的关系,某行为符合两种法的情况下,并非优先适用《转包法》(理论上存在适用《独占禁止法》的可能)。但是,《转包法》第8条规定,上层经营者遵守基于《转包法》的劝告时,不适用《独占禁止法》第20条、第20条之6,这实际上是优先适用了《转包法》。

(1)上层经营者(总包方)和下层承包经营者(分包商)

《转包法》适用于委托制造、委托修理、委托作成信息成果物、委托提供服务中的"上层经营者"和"下层承包经营者"的交易。交易中具有优势地位的"上层经营者"和处于劣势地位的"下层承包经营者",根据资本金额、出资总额和交易内容来进行形式上的认定(见表5-2)[第2条第7款、第8款,《〈转承包价款支付延迟等防止法〉施行令》(平成13政令5号)第1条第1款、第2款。"上层经营者"栏中记载的经营者向右侧相邻的"下层承包经营者"栏的经营者发出订单]。

表5-2　上层经营者和下层承包经营者的定义

交易	上层经营者	下层承包经营者
A. 委托制造、修理物品;B. 委托作成程序信息成果物;C. 委托提供运输、仓库的物品保管、信息处理服务	资本金额、出资总额超过3亿日元的法人	个人或资本金额、出资总额在3亿日元以下的法人
A. 委托制造、修理物品;B. 委托作成程序信息成果物;C. 委托提供运输、仓库的物品保管、信息处理服务	资本金额、出资总额超过1000万日元,在3亿日元以下的法人	个人或资本金额、出资总额在1000万日元以下的法人

续表

交易	上层经营者	下层承包经营者
委托作成信息成果物、委托提供服务(B、C 以外)	资本金额、出资总额超过 5000 万日元的法人	个人或资本金额、出资总额在 5000 万日元以下的法人
委托作成信息成果物、委托提供服务(B、C 以外)	资本金额、出资总额超过 1000 万日元,在 5000 万日元以下的法人	个人或资本金额、出资总额在 1000 万日元以下的法人

(2)上层经营者的禁止行为

第 4 条第 1 款规定了上层经营者的禁止行为(委托提供服务时,不包括拒绝受领和不当退货),包括拒绝受领(第 1 项)、延迟付款(第 2 项)、减少价款(第 3 项)、不当退货(第 4 项)、压价购买(第 5 项)、强制购买自己指定的物品或服务(第 6 项)、报复措施(第 7 项)。

第 4 条第 2 款禁止上层经营者通过以下行为不正当地损害下层承包经营者的利益(在委托提供服务的情况下,第 1 项除外)。让下层承包经营者将从自己处购买的原材料等的对价先于承包款的支付日期支付(第 1 项);在支付日期前难以享受折扣的票据的交付(第 2 项);让对方提供经济上的利益(第 3 项);变更给付内容,使之重新给付(第 4 项)。

(3)运用

公平交易委员会根据第 7 条作出劝告的数量,近年来以大约 10 件推移着(2017 年为 9 件),零售商和批发商一边委托制造商标商品,一边减少其货款的案件在增加。此外,未达到公开目标经营者名称的劝告之程度而停留在指导阶段的案件从 2010 年开始在4000件以上(2017年为6752件,为过去最高值)。从2017年导致劝告或指导的行为类型来看,违反程序规定(订单文本的交付、制作、保存的义务)的5971件,违反实体规定的5778件。后者的具体内容包括,转承包价款延期支付3129件(占违反实体规定的54.2%)、减少转承包价款金额661件(占违反实体规定的11.4%)、压价购买1179件(占违反实体规定的20.4%)等。公平交易委员会就下层承包经营者所蒙受的损失,要求上层经营者采取以下恢复原状措施,如返还转承包价款的减额部分(减额案件)、延迟利息的支付(延迟付款案件)、商品的领取(退货案件)、受领商品(拒绝受领案件)、所提供利益部分的返还(不正当地提供经济上的利益案件)等。

3. 不当干涉交易相对方役员等的选任

> 第2条⑨六e　不正当地利用自己在交易中的地位与相对方进行交易。
>
> 【一般指定】⑬利用自己在交易中的地位优越于相对方这一点,逸脱于正常的商业习惯不正当地针对交易相对方的公司,要求该公司的役员等(指本法第2条第3款的役员等,以下相同)的选任要事先遵从自己的指示,或者使其接受自己的批准。

一般指定第13款是基于《独占禁止法》第2条第9款第6项e的指定。其行为要件是,利用自己在交易中的地位优越于相对方这一点,针对作为交易相对方的公司,事先让其服从自己的指示选任役员等,或让其就此得到自己的批准。"逸脱于正常的商业习惯不正当地"的意思,即根据交易相对方公司的自由意志选定役员等、通过自主判断进行交易这样的自由竞争之基础受到了侵害。

5－39 三菱银行案（劝告审决昭 32.6.3 审决集 9 卷 1 页）

近江绢丝是三菱银行的客户。在近江绢丝进行工厂建设资金的融资时，三菱银行派遣相关的役员等并确保了其在近江绢丝的 3 名董事处于社长、副社长地位。此外，三菱银行无视董事会的权限和自主性，决定了“董事代表相互协商事项”并单方面规定了董事的权限，由此掌握了近江绢丝的经营权。三菱银行的上述行为并未被认定为银行出于债权保全而为的适当行为，其符合昭和 28 年一般指定第 9 款和第 10 款，违反了《独占禁止法》第 19 条。

六、对竞争者的不正当妨害交易、内部干涉

1. 妨害交易

> 第 2 条⑨六 f　不正当地妨害自己及自己为股东或役员的公司的国内有竞争关系的其他经营者与其交易方之间的交易，或该经营者为公司时，不正当地引诱、唆使、强制该公司的股东或役员作出不利于该公司利益的行为。
>
> 【一般指定】⑭就自己及自己为股东或役员的公司的国内有竞争关系的其他经营者与其交易方之间的交易，采用阻止合同成立、诱引不履行合同等其他任何方法，不正当地妨害该交易。

（1）概要

一般指定第 14 款之违法要件有三：①行为者与被妨害对象的经营者在国内处于竞争关系；②妨害交易；③具有公平竞争阻害性。

只要存在公平竞争阻害性，就可以认定为妨害竞争者的行为，

即便也符合其他不公平的交易方法行为类型,也能作为妨害交易的行为加以处理。在此意义上,本款具备作为排除竞争者类型的不公平的交易方法之一般条款的性质。

(2)公平竞争阻害性

基于一般指定第14款的性质,其公平竞争阻害性也依据多种多样的行为样态在竞争手段不公正性与减损自由竞争两者之间居一,或者两者皆有。

(3)"妨害"

一般指定第14款的条文比较抽象,"妨害交易"包含了多种多样的行为。由于本款的范围广泛,仅仅根据"妨害交易"的概念很难与正常的竞争行为进行区别。因此,如果能够适用其他更为具体化的行为要件的规定处理情形,例如,拒绝交易、附排他条件交易等,则应当适用该规定,第14款应当是补完性的兜底条款。

迄今为止,适用本款之妨害行为的类型主要有下列行为:

①胁迫·威压·诽谤·中伤、物理性妨害、内部干涉等,从行为外形就能判断为反社会·反伦理性竞争手段的不公正的行为(熊本鱼案=劝告审决昭35.2.9审决集10卷17页)。

5-40 神铁出租车案(大阪高判平26.10.31审决集61卷260页【百86】)

神铁出租车(被告)的司机们对出租车待客处等待乘客的个人出租车经营者们(原告),采用的阻挡站在出租车前或坐在出租车后门旁,插队到出租车前等的妨害行为属于采用物理性实力妨害原告与乘客达成旅客运送契约,构成一般指定第14款之不正当妨害交易。

[5－40]是第一个判决采用物理性实力妨害构成一般指定第14款之不正当妨害交易的法院案例。与此同时，也有高等法院层级的案例（⇨参照第七章第一节6）首次基于《独占禁止法》第24条判决停止对竞争者的妨害交易侵害行为。大阪高院认定阻挡等的物理性妨害为妨害交易的行为，而对于有组织性地将乘客诱导乘坐排在原告的出租车后面的被告出租车的行为，其并不构成妨害交易。但也有批评观点认为，该行为违反了出租车行业中待客处的出租车排队一般是以先来后到顺序载客的一般行业惯例，因此该诱导行为也应被认定为不公正的竞争手段。

②抢夺竞争者顾客的行为构成侵害债权的不法行为类型（东京重机工业案＝劝告审决昭38.1.9审决集11卷41页）。

③通过拒绝交易等排除竞争者的情形（⇨也可参考一1“拒绝交易”及三3“搭售及其他强制交易”）。

在东芝升降机服务案（＝[5－24]）中，东芝公司与独立维护业者（竞争者）签订维护合同的电梯主的（维护施工替换用的）零部件交货期限延长3个月，从而使该竞争者的维护合同遭到解除，东芝公司的行为被判定为违反旧一般指定第15款（现第14款）。同样的事例还有以显著超过供给自身客户零部件价格进行定价的东急停车系统案（劝告审决平16.4.12审决集51卷401页【百81】）。

[5－41]第一兴商案（审判审决平21.2.16审决集55卷500页【百82】）

在专业通信卡拉OK机的销售、租赁领域占有超过44%（第1位）的第一兴商制定了打击竞争者XING公司的经营方针，通过该领域内持有有力管理乐曲的子公司拒绝与XING公司签约并通知其他卡拉 OK 机的批发销售业者等。该经营方针下的一系列行为被认定为不公正的竞争手段,会给被妨害对象之交易带来恶劣影响,违反旧一般指定第 15 款(现第 14 款)。

5－42 尤尼克斯案(劝告审决平 15.11.27 审决集 50 卷 398 页【百 84】)

占羽毛球用鸟类羽毛国内销售数量第一位的尤尼克斯要求零售业者不要销售廉价的进口产品,如不遵守将停止向该公司供应廉价羽毛,同时也向羽毛球赛事举办者表达不要接受及使用进口羽毛球,否则该公司将停止赞助赛事。此一系列的行为被判定为不正当地妨害了进口商与其交易方之间的交易。

5－43 DeNA 案[排除措施命令平 23.6.9 审决集 58 卷(1)189 页【百 85】]

手机 SNS 领域最大的公司 DeNA 要求社交游戏制作经营者不能向其竞争对手 GREE 公司提供游戏,对不配合的经营者将删除其在自己公司网页上的链接网址。由于 DeNA 被判定为有力经营者,且被要求的社交游戏制作经营者也超过半数,GREE 公司难以通过自己网页来提供新的社交游戏,因此 DeNA 公司的行为被认定为不正当地妨害了 GREE 公司与社交游戏制作经营者之间的交易。

④在进口总代理店合同之下,进口总代理店或者供给业者为维持价格阻害第三方平行进口。

这里所指的“平行进口”,是指进口总代理店以外的第三方不通过进口总代理店合同的渠道,通过其他的渠道来进口该代理对象商品(正品商品)。平行进口一般要比进口总代理店卖得便宜,进口总代理店为了维持零售价格,经常会采用各种方法来阻害第三方平行进口。《流通·交易惯例指南》中列举了进口总代理店或者供给业者为维持价格阻害第三方平行进口而进行的下列行为违法。

①平行进口业者通过向国外的交易方购买等方法从国外的流通渠道进口正品商品时,对该交易方提出停止向该平行进口业者供货的要求;

②以拒绝与平行进口业者进行交易作为与零售商交易的条件;

③要求批发商拒绝向购买平行进口商品的零售业者提供合同对象商品;

④没有充分根据以该商品为假货或侵害商标权为由要求进口平行商品的经营者停止销售该商品;

⑤从销售平行进口商品的零售业者的店铺囤购平行进口商品;

⑥在进口总代理店或者供给业者以外的经营者修理平行进口商品有显著困难,或者从该类经营者以外购买用于修理的必要零配件有显著困难时,没有正当理由拒绝修理或拒绝供给零配件,或者要求销售业者拒绝修理或拒绝供给零配件;

⑦没有正当理由,要求交易对象的杂志、报纸等广告媒体拒绝登载平行进口商品的广告等妨害平行进口商品的广告宣传活动。

5-44 星商事案(劝告审决平8.3.22审决集42卷195页【百83】)

匈牙利·赫伦公司的商品(红茶茶杯等)进口总代理店星商事发现有平行进口商品进货渠道,通过赫伦公司要求外国的总代理店等停止向平行进口商供给该公司商品，该行为被认定违反旧一般指定第15款（现第14款）。

2. 对竞争公司的内部干涉

> 第2条⑨六f（略）
>
> 【一般指定】⑮对与自己或自己为股东及役员的公司处于竞争关系国内公司的股东及役员，通过行使股东权、转让股份、泄露秘密等其他任何方法，引诱、教唆、强制其作出对该公司不利的行为。

本款规定了通过干涉竞争对手公司的内部意思决定或业务执行，使该公司的股东或役员作出对竞争者不利的行为。关于内部干涉的方法，“任何方法”均可，其公平竞争阻害性为竞争手段的不公正性。迄今为止尚无违反本款而被规制的事例。

第三节 不公平的交易方法的排除措施与课征金

一、不公平的交易方法的排除措施

> 第20条 【不公平的交易方法的排除措施】①在有违反前条规定的行为时，公平交易委员会可按照第8章第2节的规定手续，命令该经营者停止侵害，删除合同条款及其他为排除该行为所必要的措施。
>
> ②第7条第2款的规定适用于违反前条规定的行为。

1. 本条之趣旨

本条是关于不公平的交易方法排除措施的规定。对于违反不公平的交易方法的行为，与其他违反《独占禁止法》行为一样，公平交易委员会可以采取命令排除该行为等所必要的措施。该规定第1款针对的是现存的违反行为，第2款针对的是既往的违反行为。

2. 排除措施的内容

针对既往的违反行为的排除措施命令适用第7条第2款，其内容及论点基本相似。关于排除措施的具体内容，第20条除了规定停止侵害之外，还列举了删除合同条款，但归根结底，也是为排除违反行为必要范围内的排除措施内容而设立，其本质上与第7条并无不同。

二、不公平的交易方法的课征金

1. 总论

2009年《独占禁止法》修改将不公平的交易方法部分行为作为课征金对象(第20条之2至第20条之7)。有很多观点认为，作为金钱制裁对象的行为类型的要件，不应仅仅是告示，而需要由法律来规定。因此修改后的《独占禁止法》第2条第9款第1~5项中规定(法定类型)了原则违法的行为和应强化抑制力的呼声非常高的行为作为课征金对象的行为类型。

具体来说，自由减杀型的4类型(共同拒绝交易、价格歧视、不当倾销、维持转售价格)与自由竞争基盘侵害型的滥用优势地位共5种行为类型成为课征金的对象。由于不公平的交易方法只要求对竞争侵害达到“有阻害公平竞争之虞”的程度即可，因此，学界对于所有的不公平的交易方法，特别是自由减杀类型的4种行为的课征金处罚会否对正常的经营活动带来寒蝉效应等有着较强的怀疑意见，认为应当慎重。因此，共同拒绝交易、价格歧视、不当倾销、维持转售价格这4种类型需要满足“反复”之要件、滥用优势地位类型需要满足“持续”之要件，通过提高违法要件门槛以期慎重对待课征金处罚。

2. 自由减杀型(4 类型)的课征金

> 第 20 条之 2 【共同拒绝交易的课征金】经营者有符合如下各项所列举的违反第 19 条所规定的行为(第 2 条第 9 款第 1 项)时,公平交易委员会应当命令该经营者以如下方式向国库缴纳课征金:从该行为发生之日起至该行为终止之日止……该经营者向拒绝……供给的经营者的竞争者提供的同款 i 的商品或者服务[违反同款 ii 中规定的行为,该经营者向同款 ii 规定的其他经营者(以下在该条中称拒绝经营者)所供给的同款 ii……的商品或服务(包括该拒绝经营者为提供该……商品或服务所需要的商品或服务;拒绝经营者向拒绝……供给的经营者的竞争者供给的该同样商品或服务以及拒绝经营者向该经营者提供的该同样商品或服务)],该经营者按政令规定的方法所算定销售额的百分之三(该经营者为零售业者时为百分之二,批发业者时为百分之一)的额度向国库缴纳课征金。但是,该经营者的该行为在受到第 7 条之 2 第 1 款……或者第 7 条之 2 第 4 款的命令时,不能对其命令缴纳课征金。
>
> 一　关于该行为相关案件,从基于第 47 条第 1 款第 4 项规定的处分最初发出之日(……称调查开始日)起上溯 10 年,前条……(限涉及第 2 条第 9 款第 1 项)或基于该条规定受到命令的(后略)。
>
> 二　……该经营者因该违反行为收到事前通知之日起上溯 10 年,前条……或基于该条规定受到命令的。
>
> 第 20 条之 3 【价格歧视的课征金】(略)(与第 20 条之 2 基本相同。关于语句规定的微小差异请参考解说)

> 第20条之4　【不当倾销的课征金】(略)(与第20条之2基本相同。关于语句规定的微小差异请参考解说)
>
> 第20条之5　【维持转售价格的课征金】(略)(与第20条之2基本相同。关于语句规定的微小差异请参考解说)

(1)4类型的共通规定

①课征金算定率

课征金算定率为销售额的3%(该经营者为零售业者时为2%,批发业者时为1%)。课征金的加重、减免的诸措施皆不适用。

②重复违反要件

违反行为被征收课征金限定在:违反经营者自调查开始之日等上溯10年以内,因与该违反行为同类型的违反行为被处以排除措施命令、缴纳课征金命令以及违法宣言审决(皆需确定生效)。因必须为同类型行为的重复违反,所以也被称为"重复违反要件"。

③违反行为期间(算定期间)

4类型的课征金的算定期间与排除型私人垄断的课征金一样,为"该行为发生之日起至该行为消灭之日止"(=违反行为期间),最长为3年。关于行为的始期与终期参考排除型私人垄断的条款(第二章第五节二、第7条之2第4款2)。

④重复征收的调整(各条的但书)

各违反行为有可能同时符合不正当的交易限制或私人垄断的要件。违反行为者因不正当的交易限制或私人垄断的违反行为被命令缴纳课征金时,不能同时命令其缴纳违反不公平的交易方法的课征金。

另外,一个违反行为同时符合复数的不公平的交易方法的课征金的规定要件时,目前仅针对价格歧视同时也构成不当倾销的情形有调整规定(第 20 条之 3 但书),其他的情形并没有作出规定。例如,对于为确保维持转售价格实效性而采取的拒绝交易或价格歧视(准拒绝交易型)没有调整规定。但是应当认为,如符合某一违反行为,则当然会排除适用其他违反行为的规定。

⑤"销售额"的扣除基准等

分量不足、退货、减价等情形下的扣除基准(独禁令第 22 条);合同对价与交付对价之间存有显著差异时的处理(独禁令第 23 条);关于 100 万日元的下限额度(各条但书)与不正当的交易限制同样(⇨参考第二章第五节二、第 7 条之 2 第 1 款的说明)。

(2)对于共同拒绝交易的课征金

①概要

本法第 20 条之 2 规定了关于共同拒绝交易(第 2 条第 9 款第 1 项)的课征金。作为课征金对象,共同拒绝交易仅限于符合第 2 条第 9 款第 1 项要件的法定类型的拒绝"供给",不包括拒绝"购买"。这是因为排除型私人垄断行为课征金对象也是限定在供给行为,因此作为私人垄断萌芽行为的共同拒绝交易也进行类似限定。

②"销售额"的计算方法(课征金征收对象的交易)

(i)直接的拒绝供给

直接的拒绝供给中,交付给被拒绝经营者的竞争者的对象商品·服务的对价合计为"销售额"。

(ii)间接的拒绝供给

违反经营者使其他经营者(拒绝经营者)拒绝供给时,(1)违反经营者交付给拒绝经营者的对象商品·服务(包括拒绝经营者为供应商品·服务而所需的商品·服务)的对价;(2)违反经营者交付给被拒绝经营者的竞争者的对象商品·服务的对价;(3)拒绝经营者交付给违反经营者的对象商品·服务的对价。以上三者的合计为“销售额”。

(3)价格歧视·不当倾销

①概要

本法第20条之3与第20条之4分别规定了价格歧视(第2条第9款第2项)与不当倾销(第2条第9款第3项)的课征金。价格歧视又分为不当倾销型及准拒绝交易型。第20条之3同时适用该两种类型。另外,违反行为者如果基于第2条第9款第3项被认定不当倾销而处以课征金的,处罚后不能再基于第20条之3处罚课征金。

②“销售额”的计算方法(课征金征收对象的交易)

价格歧视以被交付的对象商品·服务的对价的合计作为“销售额”。因此,不当倾销型中,倾销的商品·服务是课征金对象;而准拒绝交易型中,不当的高价格的商品·服务是课征金对象。

不当倾销以被交付的廉价销售的对象商品·服务的对价的合计作为“销售额”。

(4)维持转售价格

①概要

本法第20条之5是关于维持转售价格(第2条第9款第4项)课征金的规定。第2条第9款第4项仅适用于关于“商品”的维持转售价格。维持转售价格分为违反经营者直接限制其交易相对方的销售价格(同项a),以及通过交易相对方,限制购买该商品的经营者的转售价格的情形(同项b)。

②“销售额”的计算方法(课征金征收对象的交易)

无论上述哪种形式,成为课征金征收对象的都是从违反经营者交付给直接的交易相对方的商品,被附加条件交付给直接的交易相对方的商品对价的合计来作为“销售额”。

3. 滥用优势地位的课征金

> 第 20 条之 6 【滥用优势地位的课征金】经营者有违反第 19 条所规定的行为(限符合第 2 条第 9 款第 5 项所规定的持续违反的行为)时,公平交易委员会应当依据第 8 章第 2 节的手续,命令该经营者以如下方式向国库缴纳课征金:从该行为发生之日起至该行为终止之日止(如该期间超过 3 年,则自该行为消失之日起上溯 3 年),按政令规定的方法所算定的与该行为相对方之间的销售额的百分之一缴付课征金(如该行为是对接受商品・服务供给的相对方而为时,则计算按政令规定的方法所算定的与该行为相对方之间的购入额,如行为的相对方为复数,则按政令规定的方法计算与该行为的各相对方之间的销售额或购入额的合计金额)。但是,如该金额未满 100 万日元,则不能命令其缴付。

公平交易委员会在有经营者违反第 2 条第 9 款第 5 项 a、b、c 规定的滥用优势地位且持续违反时,应当命令其缴纳课征金。课征金的额度以从该行为发生之日起至该行为终止之日止(最长 3 年),违反行为者与被滥用相对方之间的销售额(违反者为销售方时)或购入额(行为者为购入方时)的 1%(未满 100 万日元的,不能命令其缴付)。

应当注意的是,违反第 2 条第 9 款第 5 项 a、b、c 的行为的课征金与第 20 条之 2 至第 20 条之 5 规定的不同,只要是“持续”的行为首次违反也可以处罚,而且不是以违反行为对象的商品而是以与相对方所有交易额度为基础来计算课征金。

在滥用优势地位的课征金首例审决中，依照滥用优势地位规制之宗旨（妨害交易相对方基于自由且自主的判断进行交易，同时使得该交易相对方在与其竞争者的关系上处于竞争不利地位，且使得该行为者在与其竞争者的关系上处于竞争有利地位，有阻害公平竞争之虞，因此应当对此类行为加以规制），即便是滥用优势地位行为为复数，或者是针对复数的交易相对方的行为，如果该行为被认为是有组织、有计划的一系列行为，此一系列的行为可以被视为行为者滥用优势地位的整体行为时，则作为《独占禁止法》上的滥用优势地位的一个整体行为进行规制。计算课征金的基础的违反行为的期间也从该滥用行为的最初实施日作为“行为实施日”，将该滥用行为消失之日作为“行为结束日”（日本玩具反斗城案＝审判审决平 27.6.4 审决集 62 卷 119 页【百 79】）。

虽然将行为者滥用优势地位的行为作为整体来进行规制的案件很多，但大部分的滥用优势地位的案件中，并没有按照行为类型或交易方来进行区分。违反第 2 条第 9 款第 5 项 a、b 或 c 规定的滥用行为的课征金期间，从滥用行为的最初实施之日起至滥用行为消失之日止，而且只计算优势地位的行为者与劣势地位的交易方之间的交易额的 1% 来得出课征金的金额。

第六章　适用除外

1.《独占禁止法》第 6 章之趣旨

《独占禁止法》不区分行业与领域，以“经营者”“经营者团体”作为适用对象，对所有的经济活动都予以广泛规制。但是基于与其他法律及政策的关联性，《独占禁止法》对特定的行为有必要作出例外的规定，或者是应该对一定的行为不会违反《独占禁止法》而作出确认性的规定。《独占禁止法》第 6 章规定了三种适用除外，即行使知识产权的行为（第 21 条）、组合的行为（第 22 条）、部分维持转售价格行为（第 23 条）的适用除外。

2. 基于个别法的适用除外

除了《独占禁止法》，其他法律中有时也会规定《独占禁止法》的适用除外。此类的基于个别法的适用除外在 20 世纪 50 年代至 60 年代，为了满足在一定要件及程序下认可卡特尔而被制度化。但是，根据 1999 年的适用除外制度的修订，很多制度被废止，现存主要的制度有关于损害保险的保险业法，关于损害保险费率计算团体的法律，关于运输业的海上运送法、道路运送法、航空法等。另外，为了保障消费税顺利且正确地转嫁，有的法律还在一定期限内认可中小经营者转嫁卡特尔与标示卡特尔[《消费税转嫁对策特别措施法》(2021 年 3 月为止)]。

> 第 21 条 【基于知识产权法的权利行使】本法之规定不适用于被认可为行使著作权法、专利法、实用新案法、意匠法及商标法之权利的行为。

1. 本条宗旨

本条为《独占禁止法》中唯一与知识产权法相关的条文，关于该规定是否有必要的问题也是争论已久。对于形式上看起来违法的行为，由于本法条被限定解释在“被认可为行使……权利”，因此，目前学说中，大部分支持只有违反了知识产权制度宗旨的行为才受到《独占禁止法》的规制。

公平交易委员会制定了《关于行使知识产权的〈独占禁止法〉指南》(平 19.9.28，最终修改平 28.1.21)，对包括本条解释在内的涉及知识产权行使中的限制行为时《独占禁止法》的适用问题作出了全盘解读及观点阐明。

2. 知识产权与《独占禁止法》

对于《独占禁止法》保护对象的市场竞争的促进来说，在现有商品与技术之间的“静态”竞争之维持之外，激励研究开发与创新行为来产生新商品和新技术成果的“动态”竞争也同样重要。《独占禁止法》第 1 条的立法目的明确规定了“排除对技术的……不当限制……发挥经营者的创意”，体现出《独占禁止法》对“动态”竞争的关注，现如今该方面的意义也越发重要。

《独占禁止法》与知识产权法总体上有共同的目的，即通过促进研究开发及利用其成果来达到更高阶段的经济发展，为了该共同目的的实现，两法协同发展。《知识产权基本法》第 10 条规定，“在推进保护知识产权及其有效利用的政策实施中，需要留意其公平利用与保护公共利益，同时也要充分考虑促进公平且自由的竞争”。与此相对，本条则是规定了在《独占禁止法》的解释中需要对知识产权制度的宗旨与知识产权的特性加以考虑。

3. 本条的解释

本条虽然从字面上看起来好像是对行使知识产权的行为给予了全面的适用除外，但是在实际的实施中从来没有解释为排除《独占禁止法》对知识产权滥用性的行使行为的规制。

公平交易委员会的实务与判例立场采用了背离宗旨说作为本条的解释。该学说强调《独占禁止法》与知识产权法有着共同的终极目的，是互为补充的关系，本条规定了确认性的适用除外，问题的行为背离了知识产权制度的宗旨而并非正当的权利行使，因此被排除在适用除外的对象范围外。

公平交易委员会《知识产权指南》所列解释可以整理如下：

①本条规定，基于知识产权法的“被认可为行使权利的行为”是《独占禁止法》适用除外的范围，不适用本法规定。

①a 本条也同样适用本条法律中没有列举的种苗法、关于半导体集成电路的电路配置法等所保护的知识产权。另外，《不正当竞争防止法》所保护的商业秘密，虽然不是排他性权利，但在性质上也准照适用。

②是否符合“权利的行使”的判断是基于权利者是否是为了

实现知识产权法所赋予排他性权利的实现而为之的观点来进行的。

②a 因此，对与权利的行使无关的行为，直接适用《独占禁止法》。典型的例子就是权利存续的期间终止、权利消尽后的行为等知识产权法保护范围外的行为。另外，有效的权利是前提。

③权利者拒绝让他人使用的行为或者限制使用范围的行为，属于外在上"被视为行使权利的行为"。

④即便是属于外在上"被视为行使权利的行为"，只要被认定背离了知识产权制度的宗旨或者违反了其目的，则不属于"被认可行使权利的行为"，从而不适用于本条，直接适用《独占禁止法》。

④a 在进行该判断时，也考虑对竞争的影响（参考《知识产权基本法》第 10 条）。

⑤基于上述的研讨而判断适用于《独占禁止法》的行为，再来考虑它是否满足《独占禁止法》的违法要件。

因此，关于涉及知识产权的行为是否适用《独占禁止法》，一般要经过三个阶段，即是否是基于知识产权法的权利行使；是否背离了知识产权制度的宗旨；是否满足《独占禁止法》的违法要件。但是，这仅仅是理论上的阶段性说明，现实中这样的判断是同时、整体地进行的。

背离宗旨说的具体案例如下：

6－1 索尼·计算机娱乐（SCE）案（审判审决平 13.8.1 审决集 48 卷 3 页【百 70】＝ 5－31 6－14 ）

本案争论焦点是，关于行使"电影著作物"所具有的"颁布权"（第 26 条第 1 款，第 2 条第 1 款第 19 项）而禁止零售店销售二手游戏软件的行为是否属于本条的适用除外的对象。本案审决认为禁止销售二手游戏软件的行为起到了增强限制转售价格效果的作用,与其为一体,包含了禁止销售二手游戏软件的行为在内的限制转售价格行为整体上具有公平竞争阻害性。因此,即便禁止销售二手游戏软件的行为"外在上被视为行使权利的行为,但背离了知识产权制度的宗旨或违反了该制度的目的",从而否认适用除外[其后,二手游戏软件大阪案(最判平14.4.25民集56卷808页)也作出了游戏软件的颁布权随着合法销售而消尽的判决,因此禁止销售二手游戏软件的行为在知识产权法的解释上也不属于"行使权利的行为"]。

6-2 日之出水道机器数量、价格限制案(知财高判平18.7.20判例集未登载【百92】)

本案是关于专利权等的实施许可数量限制的民事案件。判决认为:《独占禁止法》第21条规定了被认可为专利权等的行使行为而不适用《独占禁止法》的确认性适用除外,如背离了奖励发明、考案、意匠创作以促进产业发展的专利制度等的制度宗旨及目的的不正当的权利行使,不属于《独占禁止法》的适用除外的范畴(该案的处理本身否定了背离宗旨)。

另外,作为不属于"行使权利"的案例,还有如下审决:

6-3 养乐多案(劝告审决昭40.9.13审决集13卷72页)

本案是拥有发酵乳饮料的专利权及商标权的加工业者在

实施专利许可时,禁止与约定遵守转售价格的零售业者之外的经营者进行交易的案件,该价格限制不属于权利行为,因此不被认定为适用除外[同样的案例有在电影上映过程中限制电影门票的20世纪福克斯案(=劝告审决平15.11.25审决集50卷389页5-29)]。

6-4弹子机制造专利池案(劝告审决平9.8.6审决集44卷238页【百10】=2-7)

该案为共同拒绝许可的行为被认定为排除型私人垄断的案例,如果是权利人单独拒绝许可,可"视为行使权利的行为",如果是复数权利人共同拒绝许可,则不被认可为知识产权法上的行使权利的行为类型{在来电铃声曲案中[=东京高判平22.1.29审决集56卷(2)498页【百51】5-9]也一样}。

上述公平交易委员会的《知识产权指南》、审决及判例所采纳的解释既尊重了条文的文义解释,又很好地调和了对立的学说,是非常巧妙的解释论。既然有明示的适用除外的规定,就无法无视。只要防止不当的扩张解释,确保《独占禁止法》合理解释运用,背离宗旨说一般来说还是比较有效的。在此意义之下,本条即便有解释及立场上的不同,但起到了提醒关注知识产权法与《独占禁止法》的关系,在涉及知识产权问题的《独占禁止法》适用时应当谨慎判断的作用。

4.《知识产权指南》

关于知识产权的《独占禁止法》问题,起初,其是伴随着国外引进技术合同不正当条款的审查而产生的。公平交易委员会在1968年制定了《国际性技术引进合同的认定基准》，其后，在1989年将国内合同也纳入而制定了《关于专利、专有技术许可合同中不公平的交易方法的规制的运用基准》，接着，在1999年改为《关于专利、专有技术许可合同的〈独占禁止法〉指南》。该修改除了保留了之前的关于不公平的交易方法的内容，还增加了基于私人垄断及不当的限制交易的相关内容。

2007年的《知识产权指南》是在上述背景之下，作为关于利用知识产权的《独占禁止法》关联问题之见解的综合性表达，具有以下四个特征：第一，与以前的指南只针对专利、专有技术不同，本指南将对象扩展到“知识产权中与技术关联的”。第二，明确指出即便是不公平的交易方法，要评价其在《独占禁止法》上的影响，原则上也需要界定相关市场，并且设定的相关经营者市场份额的“安全港”为20%。第三，充实了关于减损竞争效果分析的横向性的描述。第四，新追加了“妨碍利用技术的行为”（拒绝许可、购买囤积相关技术等）的描述。

其后，《知识产权指南》“妨碍利用技术的行为”条款追加了关于标准必要专利（standard essential patent）的规定（平28.1.21修改）。该规定针对承诺了“公平、合理、非歧视”（Fair, Reasonable And Non-Discriminatory, FRAND）的许可条件而被采用为技术标准的必要专利权者违反约定，拒绝有意者的许可请求，或者要求高额的许可费等的行为作出了明确规定，指出该行为可能构成排除型私人垄断或不公平的交易方法（其他的拒绝交易、妨害竞争者的交易等），对近几年全球竞争法及知识产权法学界热议的论题表明了观点。

[6－5]蓝光有限责任公司案（公平交易委员会平 28.11.18 公布【百 94】）

承诺基于 FRAND 许可条件的蓝光光碟标准必要专利由蓝光公司管理。怡敏信公司（Imation）申请该标准必要专利的许可未达成协议时，蓝光公司向其零售业者发出通知，声称销售未取得许可的商品会侵犯其专利权，专利权拥有者有要求停止侵害的权利。该通知行为被公平交易委员会判断为不公平的交易方法（对竞争者的交易妨害）。最后，公平交易委员会认为该行为没有再犯的可能性，因此没有必要发出排除措施而结束审查。

与知识产权相关的《独占禁止法》的问题多种多样，一般来说，先明确相关知识产权的特点及权利行使行为的形式，然后基于《独占禁止法》行为的一般性分析标准及手法来进行个别具体的判断，在该过程中，适当考虑知识产权所具有的促进竞争的效果也很重要。关于与知识产权相关的具体违法案件，可参考各章的案例（八乐梦医疗用病床案＝劝告审决平 10.3.31 审决集 44 卷 362 页【百 15】[2－9]；第一兴商案＝审判审决平 21.2.16 审决集 55 卷 500 页【百 82】[5－41]；星商事案＝劝告审决平 8.3.22 审决集 42 卷 195 页【百 83】[5－44]；微软非系争条款案＝审判审决平 20.9.16 审决集 55 卷 380 页【百 93】[5－34]）。

> 第22条　【组合的行为】满足本条下列各项之要件，且依法律规定成立的组合（包括组合的联合会）的行为，不适用本法规定。但是，为不公平的交易方法或实质性地限制相关市场的竞争不正当地提高价格的情形除外。
>
> 一　基于小规模经营者或消费者的相互扶助目的的；
>
> 二　任意设立且成员可任意加入及退出的；
>
> 三　各成员具有平等的表决权的；
>
> 四　在对成员进行利益分配时，其限度由法令或章程规定的。

1. 本条宗旨

本条是出于小规模经营者或消费者的相互扶助目的而成立的组合（包括其联合会）的行为的适用除外的规定，主要是指基于《中小企业等协同组合法》（以下简称《中协法》）而设立的行业协同组合，以及基于农业协同组合法而成立的农业协同组合（以下简称农协）。单个个体无法成为有效竞争单位的中小经营者团结起来提高了竞争力，获得能与大企业对等交易及竞争的地位，符合《独占禁止法》的基本理念，亦为竞争政策所鼓励，乃《独占禁止法》立法之初就有的规定。

鉴于该适用除外的宗旨，该规定限制了适用除外的对象团体，明确了适用除外的认定要件（所谓“协同组合原则”），也规定了适用除外的例外情形。

6－6 岐阜县混凝土协同组合案（审判审决昭50.12.23审决集22卷105页）

本案认为，由于有小规模经营者以外的经营者加入为成员，因此本案不能适用除外而被判定为构成第8条第1款的销售价格卡特尔。本案指出了本条适用除外的宗旨：“对于经营规模较小,单个个体无法成为有效竞争单位的经营者,使其能通过组合的经营协同化而组织起来,强化这些经营者的竞争力,由此促进公平且自由的竞争。”

2. 适用除外的对象组合

本条适用除外的对象组合在本条的宗旨及各款中明确规定了要件,即限定于协同组织的组合。森林组合、信用金库、劳动金库也包含在内,但是民法上的组合、商法上的匿名组合、中小企业团体组织法上的商工组合等不属于本条的适用除外之对象。

3. 适用除外的要件

即便是协同组织的组合,要适用除外也需满足下列4个要件(在各自的组合法里也有相关规定)。

(1)小规模经营者的相互扶助目的。关于小规模性,各组合法中均规定了具体的要件,如果满足这些要件,则视同满足本项要件。在《中协法》中,关于制造业,要求只能由资本金不超过3亿日元或者员工数不超过300人的经营者构成,不满足该要求的行业协同组合由公平交易委员会判断是否满足本项要件(《中协法》第7条)。另外,公平交易委员会认为实质上不属于小规模经营者的,也能向其发出退出命令(《中协法》第107条)。

有很多案例因不满足本项的小规模要件而被适用《独占禁止法》,被判定为经营者团体的限制行为而违反第8条各项。

6－7 东日本餐用毛巾协同组合案(劝告审决平7.4.24审决集42卷119页【百41】)

禁止互相争夺客户的行为被判定适用第8条第4项。

(2)自由加入及退出。在加入条件中有既有的成员的同意及经验年数的,被视为不满足本要件。

6-8 全国医院用食材批发业协同组合案(劝告审决平15.4.9 审决集 50 卷 335 页)

因需要各区的区会的同意作为加入条件而被判定为限制销售区域,适用第 8 条第 4 项。

(3)平等的议决权。

(4)利益分配的限度。尚无不满足该两项要件被判定适用《独占禁止法》的案例。

4.“组合的行为”

适用除外对象的“组合的行为”一般是指基于各组合法的行为,除此之外的行为为对象外。例如,《中协法》中列举了“关于组合成员的经营范围内的共同经营”(《中协法》第 9 条之 2 第 1 款第 1 项),在该经营范围内的必要的限制行为(例如,共同供货时对各组合成员的供货数量进行分配的行为)属于适用除外。但是,以限制组合成员的经营活动为目的的限制行为、协同组合与其他经营者的共同行为则不属于本条的“组合的行为”。另外,独立于协同组合的经营活动的协同组合支部的行为也一样。

协同组合与其他经营者或其他的协同组合达成价格协议的行为因违反《独占禁止法》第 3 条而被判定为不正当的交易限制的案例有很多。

6－9 大阪地区混凝土协同组合案(劝告审决昭55.2.13审决集26卷110页)

在大阪地区,有5家从事混凝土共同销售经营的协同组合因达成了销售价格的协议而被查处,但是本案未说明与本条的关联性。

此外,有案例明确指出不属于"组合的行为",因而被判定违反第8条第1项。

6－10 网走管内混凝土制品协同组合案(排除措施命令平27.1.14审决集第61卷138页【百131】)

组合关于销售价格的共同决定"并不是关于实施销售的决定,而是对组合成员的客户……关于销售的交易对象以及价格的共同决定,不属于《独占禁止法》第22条所规定的组合的行为"。

另外,福井县经济农业协同组合联合会案(＝排除措施命令平27.1.16审决集第61卷142页【百17】2－11)中,公平交易委员会认定协同组合的行为构成支配型私人垄断。虽然其并未指明与本条的关系,但是,一般认为涉案行为除了限制竞争的目的、效果以外无其他目的、效果的,不属于"组合的行为"。

5. 适用除外的例外

协同组织的组合的行为,如果①使用了不公平的交易方法、②在相关市场实质性地限制竞争不正当地提高了价格的,不适用适用除外(第22条但书)。

①是指组合作为经营者对其他的经营者采用了不公平的交易

方法的情形。该类情形有较多的适用案例,有对组合成员实施的情形(强制利用),也有对其交易相对方实施的情形(排除竞争者)。

6－11 大分大山町农业协同组合案[排除措施命令平21.12.10审决集56卷(2)79页【百74】]

运营农产物直销所的农业协同组合要求与自己进行交易的供货业者(大部分是非组合成员)不要在与自己竞争的直销所登记向其竞争对手供货,该行为被判定为构成附约束条件交易的不正当竞争行为。

6－12 奈良县混凝土协同组合案(劝告审决平13.2.20审决集47卷359页)

阻止外部人购买水泥被判定为对竞争者交易进行妨碍的行为。

由于农协的违反案例过多,公平交易委员会发布了《关于农业协同组合行为的〈独占禁止法〉指南》(平19.4.18,最终改正平30.12.27),详细罗列了可能构成不正当的交易方法的农协的相关行为。

此外,因为协同组织的组合采用不公平的交易方法不属于适用除外的对象,因此如果该行为实质性地限制了相关市场竞争,也可能构成私人垄断,但目前尚无适用案例。

6－13 全国农业协同组合联合会(全农)案(劝告审决平2.2.20审决集36卷【百73】)

全农占有果蔬类作物用纸箱供给量50%的份额,为了阻断农协组织供货系统外的渠道，全农对与其进行交易的纸箱制造商或者纸箱原材料纸的生产商附加了不正当的交易条件，限制其经营活动，该行为被判定为构成不公平的交易方法。但也有批评意见认为，该行为排除了系统外的渠道的供给，应该认定其构成私人垄断。

另外②规定是基于如果将由于限制竞争而不正当地提高价格的行为也作为适用除外的对象行为的话，从协同组织的组合之适用除外制度目的来看是不恰当的，因此不属于适用除外的范围。不需要提高价格行为的实现，且“不正当”是指基于与大企业对抗之协同组合制度主旨来判断，而不是重视提价幅度的。该例外制度迄今并无适用案例。

第23条 【限制转售价格】①本法之规定不适用于公平交易委员会所指定的品质一样、容易识别的商品，该商品的生产者或销售经营者限制该商品的销售对象与转售价格（其对象经营者或其购买该商品进行销售的经营者的销售价格，下同），以及为维持之正当的行为。但是，如果该行为不正当地损害一般消费者的利益，以及销售该商品的经营者之行为违背了生产该商品的经营者的意思时，不在此列。

②③（略）

④发行著作物的经营者或该发行著作物的销售经营者决定该著作物的销售对象经营者与该著作物的转售价格，为维持之正当行为，与第1款同样。

⑤⑥（略）

1. 本条主旨

商品的生产、销售业者限制其交易相对方(销售业者)转售该商品的价格(交易相对方将该商品销售给下一层级的交易方时的价格,一般销售给消费者的情况居多)的行为构成“限制转售价格”(第2条第9款第4项)之不公平的交易方法,违反《独占禁止法》第19条的规定(⇨第五章第二节四)。本条规定于1953年修法时导入,基于政策性观点将限制转售价格(以下简称转售)纳入适用除外的范围。主要有公平交易委员会指定商品的“指定转售”(第23条第1款),以及关于“著作物”的基于法律规定的“法定转售”(同条第4款)。以往曾将化妆品、肥皂、洗涤剂等诸多的家庭用品指定为转售对象,1997年4月已尽数取消。包括“法定转售”在内,该制度的意义及合理性受到了诸多质疑。

2. 指定转售

公平交易委员会指定商品的“指定转售”制度主要是为了“防止销售业者的不正当倾销或诱饵销售的行为损害相关制造业者的商标信用,或者不正当地损害其他销售业者的利益”[第1次婴幼儿奶粉案(明治商事)=最判昭50.7.11民集29卷6号951页]。

指定的要件有三:(1)容易识别出品质一样;(2)一般消费者日常使用的商品;(3)自由竞争得以进行为必要。第三点被解释为虽然转售行为限制了品牌内竞争(销售该生产商的品牌的商品的经营者之间的竞争),但是品牌间(就该商品的生产、销售者之间的不同品牌间的竞争)的竞争得以维持,因此负面效果较小。但是,由于转售行为要想得到有效实施需要行为者具有较大的市场份额或者产品具有差异性,品牌间的竞争并不活跃的情况较多,因此该制度本身具有一定的矛盾。

3. 法定(著作物)转售

关于著作物的法定转售制度的主旨其实并不明确,通常认为是对“二战”前就已盛行的定价销售的商业习惯的追认。另外,按照著作物的种类特性,报纸需要送到每家每户,而书籍、杂志等需要确保多样的出版物的发行及实体店铺的展示销售等事后的说明,但并不能充分解释转售行为的必要性。

从该主旨出发,一般认为该条所指“著作物”应限定在1953年立法时有定价销售的商业习惯的著作物才合理。公平交易委员会也一直将该“著作物”限定解释为报纸、书籍、杂志、唱片、音乐磁带及CD六种商品,并且如果将“著作物”与非著作物配套销售,则该商品不被认为是著作物,不属于适用除外的对象。

6-14 索尼·计算机娱乐(SCE)案(=5-31 6-1)

电视游戏软件的转售行为被判定为违法,驳回了被审人要求适用著作物转售的适用除外的主张。

4. 适用除外对象行为及其例外

适用除外对象行为限定在经营者单独“决定转售价格……为维持之正当的行为”。因此,经营者共同或者经营者团体集体进行的转售行为不属于适用除外的范围,超出维持价格所需限度的(例如,限制地域、客户)也同样。另外,不正当地损害一般消费者利益以及违背生产者意图的也不属于适用除外的范围(第23条第1款但书)。

另外,不能对以生活协同组合等法令而成立的协同组合等为对象来实施维持转售价格行为(第23条第5款)。因此大学生协会可以对书籍进行打折出售的根据就是基于此法条规定。

6－15 资生堂转售价格案(同意审决平 7.11.30 审决集 42 卷 97 页)

在化妆品尚为指定商品时期,资生堂与生协的役员等个人及关联法人等达成了转售合同。

该行为被判定实质上是以生协为对象来实施维持转售价格行为,因而违法。

5. 转售行为适用除外法律修改论

1989 年后,有各种观点指出法定转售制度存在诸多问题。首先,各唱片公司将音乐 CD 的价格几乎都设定在同一价格水准,从国际范围来看价格虚高,并且世界各国很少将音乐 CD 规定为适用除外。目前采用的方法是发行后经过一段时间,零售商可以自由设定价格(及限期转售)。

其次,也有意见指出出版物转售本来是规定出版社任意实施,事实上已成为义务,非但限制了品牌内竞争,也限制了品牌间竞争,有可能造成大量的退货、过度的有奖销售现象的出现。

最后,有意见指出著作物转售制度可以起到保障著作权者等利益,促进多元的著作物的制作及流通,基于文化的、公共的观点来看应当予以考量。公平交易委员会的判断是,虽然从竞争政策的观点来看应当废止该制度,但是由于没有得到国民的共识,因此从目前来看应当保留制度(《关于著作物转售制度的措施》平 13.3.23),但应努力促使部分转售、扩大限期转售、长期订购折扣等制度的导入来实现制度的灵活运用。

第七章　民事救济

本章将考察《独占禁止法》违法行为的受害者能够得到怎样的救济。具体来说，主要有诉讼当事人的请求内容，包括关于停止不公平的交易方法（第一节）、《独占禁止法》违法行为的损害赔偿（第二节）的第24条、第25条、第26条之外，确认债务不存在及确认契约上的地位等，通过相关案例来学习《独占禁止法》违法行为的私法上的效力。

第一节　停止侵害

第24条　【停止侵害】因违反第8条第5项或第19条所规定之行为，利益被侵害或有被侵害之虞的人，由此产生了显著损害或有产生之虞时，可以要求侵害其利益的经营者或经营者团体或有侵害之虞的经营者或经营者团体停止侵害或者预防侵害。

1. 概说

本条是《独占禁止法》于2000年5月修改时导入，于2001年4月正式实施的关于私人请求停止不公平的交易方法的规定。由于公平交易委员会无法应对所有的《独占禁止法》违法行为，且作为民事救济的事后的损害赔偿也不能充分保障权利，因而导入本条。该停止侵害制度基本出发点是扩充民事救济手段，同时在受害者救济的必要范围内阻停《独占禁止法》违法行为的全部或部分，起到恢复公平且自由的竞争、遏制违法行为的效果，同时也有利于公益。

接下来分以下几点展开解说：停止侵害的对象行为；利益侵害；显著损害；请求的内容；请求停止侵害的案件现状；文书提出命令、秘密保持命令；其他。

2. 停止侵害的对象行为

私人发起的停止侵害的请求对象是违反第8条第5项或第19条规定的行为，即经营者团体使经营者构成不公平的交易方法的行为，或者经营者为不公平的交易方法行为。将不公平的交易方法作为对象的立法理由是，由此产生的损害有必要要求经营者停止侵害；可以作出停止侵害的有效救济命令；多数情况下侵害的是特定的私人利益；交易当事人了解详细的事实关系［《关于独占禁止法违法行为的民事救济制度研究会报告书》（1999年）］。另外，私人垄断与不正当的交易限制需要满足“实质性地限制相关市场的竞争”的要件，是对市场竞争整体的重大侵害,损害了不特定多数私人的利益,因此应当由公平交易委员会来判断。关于企业结合,也是如此。为了维持竞争性的市场构造,需要把握企业结合的实际情况,所以也应当由公平交易委员会来判断。

当私人垄断(第2条第5款)、不正当的交易限制(第2条第6款)构成不公平的交易方法时,可以据此请求停止侵害。例如,M·D·S·诺迪恩案(=劝告审决平10.9.3审决集45卷148页【百88】[2-2])中的排他行为可以作为附排他条件交易;有线宽带网络公司案(=劝告审决平16.10.13审决集51卷518页【百11】[2-1])中的排他行为可以作为歧视价格,从而可以据此请求停止侵害。共同地排除他人的不正当的交易限制也可以作为共同拒绝交易行为(基于第2条第9款第1项、第6项a的一般指定第1款、第2款)。

同样,违反《转包法》的行为也能作为滥用交易上的优势地位。2009年修法后,违反《景品表示法》的行为由于有阻害"一般消费者自主且合理地选择"之虞(不当表示),违反了确保"一般消费者自主且合理地选择"的告示(不当奖品类),如其也可构成《独占禁止法》上的欺骗性诱引顾客或基于不正当利益诱引顾客(基于第2条第9款第6项c的一般指定第8款、第9款),则可成为请求停止侵害的对象(⇨参考第五章第二节五《转包法》,四1、2《景品表示法》的相关内容)。

在事实审口头辩论终结之时,不公平的交易方法的行为须处于确实有停止侵害之必要的程度且现实中也处在持续状态(⇨[7-1])。

[7－1]大和运输邮政公社案(东京高判平19.11.28审决集54卷699页【百119】=[5－17][7－5])

要"停止或预防"不公平的交易方法的行为,在判决作出命令之时,从停止或预防的语义来看,原则上是在事实审口头辩论终结后来实现,因此作为停止侵害的要件,"不公平的交易方法的行为"在事实审口头辩论终结之时须处于确实有停止侵害之必要的程度且现实中也处在持续状态。作为主观诉讼的停止侵害之基础的利益侵害、显著损害也需要在事实审口头辩论终结之时现实存在或者有发生的盖然性。

3.利益侵害

停止侵害对象的违法行为所侵害或者有侵害之虞的"利益",是指在公平且自由的市场竞争中所进行的交易而得到的经济性价值及其他利益。因此,如因被告的倾销而导致成员停业退出,进而使得原告商业行会的会员费减少以及为向公平交易委员会举报收集数据、准备申告资料等,并不属于第24条所规定的"利益"损害(⇨[7－2])。需要通过停止侵害来救济的损害在近期有产生的盖然性的话,也就满足了利益有被侵害"之虞"。该要件也需要在事实审口头辩论终结之时现实存在或者有发生的盖然性(⇨[7－1]"显著损害"亦同)。另外,"利益被侵害或有被侵害之虞"并非诉讼要件,而应被解释为实体法上的要件(⇨[7－3])。

[7－2] 石油不当倾销请求停止侵害案（东京地判平19.10.15 审决集54卷696页＝[7－3]）

此处的利益是指在公平且自由的市场竞争中所进行的交易而得到的利益。没有销售汽油的原告东京都石油商业行会的利益并没有因被告的行为而受到侵害或者有受侵害之虞。

[7－3] 石油不当倾销请求停止侵害案（＝[7－2]）

《独占禁止法》第24条的规定与实体法上的停止侵害请求权的发生要件事实不同，并非规定了基于该停止侵害请求权而遂行诉讼资格，因此被告们在本案的抗辩失当。

4. 显著损害

满足上述要件的人如果不满足“由此产生了显著损害或有产生之虞”的，也不能请求停止侵害。关于什么是“显著损害”，有以下三种学说。第一种学说认为，观察侵害行为与被侵害利益，如果侵害行为比认可请求损害赔偿之情形更为恶劣，被侵害利益更大时（比认可请求损害赔偿之情形更加具有高度的违法性时），则可认定满足了“显著损害”之要件。第二种学说认为，“显著损害”是指值得认可停止侵害请求的有意义的损害，该要件的意义主要是为了排除不应救济的损害。第三种学说认为，“显著损害”应解释为由禁止不公平的交易方法而防止发生的利益侵害，或者与在判断属于不公平的交易方法的法学上的观点直接相关的利益侵害（例如，间接拒绝交易的情形下，被要求进行拒绝行为的经营者与被拒绝者有交易，此时也会产生一定的损害，但是“显著损害”只产生在被拒绝者一方，而被要求进行拒绝行为的经营者一方不会产生“显著损害”)。

在下级审的法院判例中有基于第一种学说的判决(⇨7-4),也有判例认为该要件考虑到与基于《不正当竞争防止法》等其他法律的请求停止侵害权之间的均衡,或需要避免严苛地解释要件从而导致请求停止侵害的制度利用价值被削减,这虽仍属于第一种学说的范围,但是稍微进行了一些技术性缓和(⇨7-5)。在第25条以及《民法》第709条之外追加导入本条规定的主旨、目的是扩充受害者能选择的民事救济手段,同时阻止公平交易委员会无法应对的《独占禁止法》违法行为的全部或一部分,恢复公平且自由的竞争。考虑到这些前提,“显著损害”不能进行过严的限制解释(作为立法论,专利法、著作权法、《不正当竞争防止法》等知识产权法及消费者合同法等法律中皆没有的该要件应当予以废除为上)。

7-4 关西国际机场报纸销售拒绝交易案(大阪高判平17.7.5审决集第52卷856页)

因存在显著损害而应当认可停止侵害请求的情形是指,违反《独占禁止法》第19条的行为比认可请求损害赔偿之情形具有更高的违法性,也即被侵害利益比认可请求损害赔偿之情形更大,侵害行为比认可请求损害赔偿之情形更为恶劣,此时应当认可请求停止侵害。显著损害是否存在,应当根据该违法行为与损害的状态、程度等进行判断。

7－5 大和运输邮政公社案(东京高判平 19.1.28 审决集第 54 卷 699 页【百 119】= 5－17 7－1)

一般认为,要认可停止侵害请求,需要违反行为比认可请求损害赔偿之情形具有更高的违法性,在此之上,还要考虑到与基于《不正当竞争防止法》等其他法律的请求停止侵害权之间的均衡,或需要避免严苛地解释要件从而导致请求停止侵害的制度利用价值被削减。例如,经营者有被排除出市场之虞或被阻止进入市场参与竞争等,《独占禁止法》对违法行为的查处也难以挽回其损害,或者经济赔偿也难以充分救济的情形下,应该认为满足了该要件。

5. 请求的内容

第 24 条规定,经营者可以请求停止侵害或预防侵害。在该文义之下,除了不作为,原告是否能够请求作为,法院是否可以命令被告作为义务,特别是在拒绝交易的情形下尤成问题。根据①该规定的文理解释,②作为义务的强制执行乃不可能,③有判例认为,通常是基于存在的契约关系等民事权利才能够要求一定的作为,如果第 24 条认可该作为请求,但是在立法论上并没有预备此类命令(三光丸案 = 东京地判平 16.4.15 审决集第 51 卷 877 页)。

但是,关于①,在为请求停止侵害或预防侵害,需要一定的作为问题上,《不正当竞争防止法》与《独占禁止法》有共同点。该法在 1993 年修改前,关于私人的停止侵害请求权上,虽然也没有明文规定可命令作为义务(除关于商业秘密的不正当行为外),但判例上却给予了认可(构成侵害之物的废弃、服务于侵害行为的设备的移除等)。关于②,代替执行或间接强制也并非不可能。在③的契约关系不存在的情形下,该论据并不妥,没有说服力。有力学说认为,为请求停止侵害或预防侵害而必须的一定的作为,可以请求继续交易或包括开始交易,也能命令之。

软银光缆接入请求案(东京地判平26.6.19审决集第61卷243页【百120】)中明确地作了以下判断,即因不作为而违反不公平的交易方法所禁止的行为的,为了请求停止或预防不作为的侵害,可以命令的措施应包括作为义务。

6.请求停止侵害的案件现状

根据公平交易委员会的审决集、年度报告、各种数据库等公开资料,能确认的基于本条提起的请求停止侵害的案件在60件以上(截至2018年12月末)。其中,撤回的有15件,和解的有12件,判决、决定的有37件。主张的不公平的交易方法违法类型较多的有妨碍交易、滥用交易上的优势地位、其他的(单独)拒绝交易、不当倾销、共同拒绝交易、搭售等。大部分案件原告在对存在不公平的交易方法行为的举证方面失败,也有少数例外。如有判决认可停止竞争巴士公司在一定区间免费运行的请求[宇都宫地大田原支判平23.11.8审决集58卷(2)248页,但被东京高判平24.4.17审决集59卷(2)107页的判决撤销]。另外,也有假处分申请案的判决认定不正当的妨碍交易的行为已辩明(日语原文:疏明)(干冰案=东京地判平23.3.30【百121】),但在别案中主张违反附排他条件交易等因而无效的另外的诉讼(东京地判平25.3.19)却被驳回(皆未刊载判例集)。其后,神铁出租车案(=大阪高判平26.10.31审决集61卷260页【百118】5-40;最决平27.9.25审决集62卷464页)首次认可了原告的停止侵害请求。

在已公开的判决书中,第24条被期待的挖出潜在违反案件的作用不能说没有实现,但现实中第 24 条很多时候被当事人用于特殊的私人纷争。通过阻停违法行为,恢复自由秩序,达到利于公益的目的,目前看来第 24 条并未实现。

7. 文书提出命令、秘密保持命令

在 2009 年修法中,《独占禁止法》新设立了关于文书提出命令的特别规则(第 80 条至第 83 条)。该条的立法理由是:因为与制度导入前的预想不同,现实表明关于第 24 条的诉讼,连不公平的交易方法的举证都是非常困难的,因此,要求提交有关违反行为的举证资料,以期能有助于救济受害者及恢复公平且自由的竞争。

例如,在要求停止不正当倾销的案件中,原告必须证明被告的商品、服务的价格明显低于其“供给所需成本”(第 2 条第 9 款第 3 项)。但该举证所需证明资料只有被告拥有。在这种情况下,虽然原告可以申请文书提出命令(《民事诉讼法》第 219 条),但是有些情况下持有人可以拒绝提交(《民事诉讼法》第 220 条第 4 项 c、d),如记载了关于技术或职业机密的事项且保密义务中未被免除的文书或专供文书持有人使用的文书。

因此,《独占禁止法》中设置了特别规则,持有者没有“正当理由”拒绝提交文书时,法院发出文书开示命令(第 81 条第 1 款)。是否为“正当理由”,法院将因公开秘密等造成对文书持有人的不利和未提出文书而造成诉讼当事人的不利进行比较衡量来作出判断。

为了判断有无“正当理由”,法院可以令持有人在不向其他人公开且保密的状态下出示文书(“in camera”手续。第 80 条第 2 款)。当法院认为有必要公开所出示的文书并听取意见时,可以向请求开示的申请人、诉讼当事人等(代理人、被雇佣人及其他员工)、诉讼代理人或辅助人公开该文书(第 80 条第 3 款)。在此情况下,为了防止该经营者的商业秘密被不正当使用、公开,法院可以根据当事人的申请,命令受开示人不得将该商业秘密用于本诉讼以外的目的,不得向他人公开(第81条第1款)。

8.其他

关于依据第24条请求停止侵害的诉讼,“第九章执法”中设立了以下三项规定。

(1)担保提供命令

基于本条所提出的请求停止侵害,有可能以不正当的目的提起,例如,明知竞争者的低价格销售并没有低于成本,但却企图通过诉讼来达到牵制对手的目的。在辨明原告可能有不正当目的的情况下,法院可以根据被告的申请,命令原告提供相当的担保(第78条第1款、第2款)。

(2)法院与公平交易委员会的关系

《独占禁止法》规定,在请求停止侵害诉讼中,①法院需通知公平交易委员会;②法院可以向公平交易委员会就该案适用《独占禁止法》及其他必要事项征求意见;③公平交易委员会得到法院的许可后,可以向法院就该案件适用《独占禁止法》及其他必要事项发表意见(第79条第1款至第3款)。

之所以设立这样的规定,主要出于如下考虑:第24条诉讼有助于恢复公平且自由竞争这一公益目的,因此公平交易委员会认为以一定的形式参与是合理的;公平交易委员会作为《独占禁止法》的行政主管机关,法院参考其意见是有益的;对于防止法院和公平交易委员会之间就《独占禁止法》的解释和运用产生抵触也是有意义的。

(3)审判管辖特例

请求停止侵害的诉讼管辖权规定如下(第84条之2第1款):①根据《民事诉讼法》第4条(被告的普通审判籍的管辖=被告的住所、主要的事务所·经营场所的所在地),同法第5条第9款(违法行为地)的管辖地方法院;②可以向管辖该地方法院的高等法院所在地的地方法院;③向东京地方法院提起。例如,被告总店位于京都市的情况下,原告可以向京都地方法院、大阪地方法院或东京地方法院提起第24条之诉。另外,对于同一不公平的交易方法,原告同时请求损害赔偿与停止侵害的,向有停止侵害之诉管辖权的地方法院提起诉讼(第84条之2第2款、《民事诉讼法》第7条)。此外,属于第24条之诉的同一或同类的行为涉及多个法院时,法院可以依当事人的住所·所在地、证人的住所、争论点·证据的共性等,按照申请或者依据职权将诉讼的全部或一部分移交给有管辖权的其他法院(第87条之2)。

这些规定都是在维持《民事诉讼法》中关于审判管辖规定的基础之上,从《独占禁止法》诉讼的专业性、判断的统一性的立场出发,对审判管辖所设置的特例。

第二节 损害赔偿

第25条 【损害赔偿】

①实施了违反第3条、第6条或第19条规定的行为的经营者(实施了违反第6条规定的行为的经营者仅限于在该国际性协定或国际合同中实施不正当的交易限制或亲自行使不公平的交易方法的经营者)以及实施了违反第8条规定的行为的经营者团体向受害者承担损害赔偿的责任。

②即使经营者及经营者团体证明不存在故意或过失,也不能免除前款规定的责任。

1. 概要

本条第 1 款规定，违反了《独占禁止法》的实体规定（企业结合相关内容除外）的经营者或经营者团体对受害者承担损害赔偿责任，本条第 2 款规定，经营者或经营者团体即使证明了不存在故意或过失，也不能被免除赔偿责任。

之所以设置这种无过失损害赔偿制度，一般认为其目的在于通过与第 26 条的确定排除措施命令等前置主义结合，减轻受害者的举证责任，使损害更容易被恢复，通过要求违法行为人向受害者承担损害赔偿义务，与排除措施命令等相互作用，达到抑制违反《独占禁止法》行为的效果。

从与《民法》第 709 条的关系看，本条是免除举证故意、过失的特别规定，并不对民法上非侵权行为的特殊违法行为要求承担特别的赔偿责任，因此违反《独占禁止法》的行为满足侵权行为要件的情况下（通常违反《独占禁止法》满足侵权或违法性的要件），也可根据民法请求损害赔偿（⇨7－6。下文在必要范围内也会涉及民法项下的损害赔偿请求）。

但是，本条项下的损害赔偿请求诉讼，除如上所述与无过失损害赔偿责任有关外，存在法院向公平交易委员会任意征求意见制度（第 84 条）、一审由东京地方法院专属管辖（第 85 条第 2 款）、作为诉讼要件须有已确定的排除措施命令等（第 26 条第 1 款）、损害赔偿请求权自排除措施命令等确定之日起经过 3 年时效消灭（第 26 条第 2 款）等方面，与民法项下的损害赔偿诉讼、损害赔偿请求权不同。因此，将同一经营者作为相对方的民法第 709 条项下的损害赔偿请求诉讼和与本条相关损害赔偿请求诉讼的诉讼标的不同。由于前者的既判力不及于后者，所以即使根据民法的串通投标住民诉讼请求被驳回,招标人也可以根据本条请求损害赔偿[热海市垃圾焚烧设施串通投标案 = 东京高判平 25. 3. 15,审决集 59 卷(2)311 页【百 113】]。

> 7 – 6 惠比寿食品企业组合案(最判昭 47. 11. 16 民集 26 卷 9 号 1573 页 = 9 – 1)
>
> 《独占禁止法》规定的审判制度主要着眼于从保护公益的角度纠正违反该法的状态,其目的不是救济被违法行为影响的受害者个人利益。之所以在该法第 25 条规定特殊的损害赔偿责任,以及基于该法第 26 条规定的前述损害赔偿请求权如果没有确立的审决,则不得在裁判中进行该主张,仅仅是为了使得各个受害者受到的损害更容易得到弥补,这是与审判中命令的排除措施相互配合起到抑制违反《独占禁止法》行为效果的附随制度。关于因自己的合法权利受到违法行为损害之人寻求救济的手段,只要其行为属于民法上的侵权行为,无论是否有审决,均可另外请求损害赔偿。

2. 违法行为的存在

(1)对象行为

违法行为人承担无过失损害赔偿责任的行为有,经营者实施①私人垄断,②不正当的交易限制,③不公平的交易方法,④以属于不正当的交易限制或不公平的交易方法的事项为内容的国际性协定、合同,⑤经营者团体实施的第 8 条第 1 项至第 5 项规定的行为。2000 年修法,追加了④和⑤。但是,④仅限于自身实施不正当的交易限制或不公平的交易方法的经营者。第 6 条不仅适用于自身实施了不正当的交易限制或不公平的交易方法的经营者，不公平的交易方法的对象也可能作为命令对象被发出排除措施命令[天野丹麦诺和工业(Novo Industry)公司案 = 最判昭 50.11.28 民集 29 号 1592 页，该案中，被要求承诺了属于不公平的交易方法的合同条款的星野制药也被实施了劝告审决。见第二章第三节二 3 和 4(3)]。自 2000 年修法起至 2009 年修法止，违反《景品表示法》的行为也因本条的关系而被视为不公平的交易方法(旧《景品表示法》第 6 条第 2 款)，因此当时根据本条也可起诉不当表示和不当赠品类违反行为(3 的高山茶筌不当表示案就是其例)。

(2)违法行为的举证和审决

原告就存在该等违反《独占禁止法》的行为承担举证责任，已确定的审决的事实认定有实质性证据的，不仅在审决取消诉讼(旧法第 80 条第 1 款)，在损害赔偿请求诉讼(根据本条和民法的诉讼)中，也曾存在是否约束法院的问题(如果约束，一般情况下，原告的举证责任会显著减轻)。关于这一点，最高法院作出了以下判断：在没有类似旧法第 80 条第 1 款(实质性证据法则)规定的损害赔偿请求诉讼中，公平交易委员会进行的事实认定不会约束法院，公平交易委员会的事实认定仅有事实上推定存在违法行为的效力，根据过去的劝告审决、同意审决、审判审决的审决种类，事实上的推定力存在差异，从审决的主文所作出的排除措施命令来看，该推定效力理论上作用于所有被认定与排除措施有关的违反该法行为(⇨7－7)。

7－7 石油价格协定损害赔偿请求案(鹤岗灯油诉讼)(最判平元.12.8 民集 43 卷 11 号 1259 页【百 112②】= 7－8)

劝告审决以接受劝告为要件，而违法行为的存在的认定并非构成要件,从该点来看,相比以公平交易委员会基于违法行为相关证据的事实认定为要件的审判审决,以及以被审人对违法行为事实的自认为要件的同意审决,劝告审决的事实推定的程度较低。另外,从在审判程序、审决后的诉讼等中争论的时间、经济损失或者社会影响等来看,对于劝告的应诺是在违法行为的存在不十分明确的情况下进行的,一般认为,不可仅根据存在劝告审决这一事实就推定在该劝告审决的审决书中存在记载的违反《独占禁止法》的行为。

(3)排除措施命令等的推定力

2005 年修法废除了劝告审决、同意审决制度后,关于公平交易委员会在排除措施命令中认定事实的推定力是否比修改前的劝告审决更强存在疑问。因为 2005 年修法后赋予了接受命令之人提交证据和陈述意见的机会(旧法第 49 条第 3 款),故未经审判确定的排除措施命令即使不如审判审决,也可以认为其比 2005 年修法前的劝告审决具有更强的推定力。另外,可以认为 2005 年修法后的经审判程序的驳回审决(驳回有关撤销排除措施命令的请求的审决)、违法宣言审决与修改前的审判审决具有同等效力。2013 年修法中导入的意见听取程序也保证了当事人(第 51 条,应作为排除措施命令对象的经营者、经营者团体)就预定的排除措施命令的内容、认定事实、主要证据、法律法规的适用等发表意见、提交证据、经主导程序的指定职员的许可向审查官提问的机会(第 54 条第 1 款和第 2 款)。虽然其取决于实际的法律运用,但是公平交易委员会是在意见听证程序后发出排除措施命令等的,在这个命令已得到确定的情况下,可认为排除措施命令等的事实推定力比 2005 年修法前的劝告审决具有更强的推定效力,亦可认为其与通过事先审判程序确定的审决(审判审决)具有类似的推定效力。

(4)从排除措施命令等推定的违法行为的范围

关于原告购买的商品、服务是否属于《独占禁止法》违法行为的对象。近年的串通投标案件中,自治体等原告不仅被要求举证对方当事人(经营者)是串通投标的基本协议的当事人,还要举证其在该自治体等进行的投标中实施了个别串标。在这种情况下,即使在公平交易委员会已确定的排除措施命令等案件中,排除措施命令等是否个别地、具体地记述(示例)了个别串标会影响法院认定违法行为(个别串标)是否存在的情形也较多(虽是基于民法的诉讼,东京高判平 18.10.19 审决集 53 卷 1110 页【百 117】)。不公平的交易方法(滥用优势地位)相关案件也存在同类问题[东京高判平 25.8.30 审决集 60 卷(2)261 页【百 115】]。

(5)其他

在第 25 条下的损害赔偿请求诉讼中,即使在公平交易委员会的审判审决中私人垄断排除行为被认定为"一系列的且一体化的行为",也不妨碍法院认定存在 3 个不同的排除行为[尼普洛(Nipro)损害赔偿请求案 = 东京高判平 24.12.21 审决集 59 卷(2)256 页【百 13】]。因在损害赔偿请求诉讼中,需要明确导致损害的违法行为,因为提高价格、拒绝接单等各违法行为类型不同,其损害额度的计算方式也不同。

3. 受害者

违反《独占禁止法》之人承担赔偿责任中的"受害者"是指遭受与该违法行为具有相当因果关系的损害之人,无论其是经营者还是消费者,是实施违法行为之人的竞争者还是交易相对方。交易相对方不仅包括直接的交易相对方,而且包括间接的交易相对方。这一点在依据本条提出诉讼和依据民法提出诉讼之间没有区别(⇨[7-8])。

审决列举违法行为后,主文中对所示行为大范围命令停止侵害的情形下,因该命令停止的行为而遭受损害之人,即为可依据第25条提起损害赔偿请求诉讼的“受害者”(三井住友银行案=东京高判平19.11.16审决集54卷725页)。以保护培育传统工艺品的茶筌为目的开展业务的团体(合作社)也被认为是不当表示的“受害者”(高山茶筌不当表示案=东京高判平19.3.30审决集53卷1072页)。

[7-8]石油价格协定损害赔偿请求案(鹤岗灯油诉讼)(=[7-7])

在以违反《独占禁止法》的行为(不正当的交易限制)为责任原因的侵权行为诉讼中,把能够提起该损害赔偿请求之人限定为进行不正当的交易限制的经营者的直接交易对方缺乏根据,与一般情形一样,只要可以肯定该违法行为和损害之间存在相当因果关系,则无论是经营者的直接交易对方还是与直接交易对方进行交易之人等间接交易方,都应成为可请求损害赔偿之人。

4. 无过失赔偿责任

本条第2款规定,即使经营者或经营者团体证明没有故意或过失,也不能免除其赔偿责任。如上所述,该款的目的是通过减轻受害者的举证责任使损害更容易被恢复,同时附加行为人补偿受害者所受损害的义务,以此起到抑制《独占禁止法》违法行为的效果。

但是,随着本条项下诉讼的提起,越来越明显的情况是受害者的举证难并不一定在于违法行为人的故意或过失。这是因为在大部分违反《独占禁止法》的案件中,行为人不可能没有故意或过失(反而在只有劝告审决、排除措施命令的情况下,就违法行为的存在、对于间接购买者而言的因果关系、损害和损害额的举证可能存在困难),因此在这方面,一般认为本条与需要举证证明故意或过失的《民法》第709条项下的起诉相比实际没有太大差别。但是,在野村证券股东代表诉讼案(最判平12.7.7民集54卷6号1767页【百123】)等案件中,由于对损失填补违反《独占禁止法》缺乏认识导致认为董事无过失,因此在此类案件中,依据本条向经营者提起请求赔偿的诉讼具有独特意义。

5. 因果关系

认定违反《独占禁止法》的行为与受害者的损害之间的因果关系,根据违法行为的类型、受害者是竞争者还是交易对方、直接交易对方还是间接交易对方等不同,证明难度也有所差别。公平交易委员会的违反《独占禁止法》的行为相关损害金额计算方法的研究会报告《关于〈独占禁止法〉第25条项下损害赔偿请求诉讼损害金额计算方法等》(1991年),对于①提价卡特尔的直接购买者(消费者、销售商),②串通投标情况下的招标人,③拒绝交易情况下的被拒绝交易的经营者,④维持转售价格行为情况下的转售价格被限制的销售商,一般认定存在因果关系。

但是,即使在提价卡特尔的情况下,对于间接购买者的消费者,在对象商品未经加工、改变即进行流通,且在该过程中销售商确实把进货价格的涨价部分转嫁到销售价格进行转售时,一般至少就提价卡特尔导致的增加部分认定因果关系,但是除此之外,只能进行个别判断。另外,对于曾从现在被拒绝交易的供应商处进货的经营者,在该经营者不得不以比过去更高的价格从被拒绝交易的原供应商以外的经营者处进货时,存在因果关系。对于转售情况下的消费者和从受限制的经营者处进货的销售商,在认定其由于受限制的经营者无法低价销售而不能低价购买时,存在因果关系。

虽然法院认为在提价卡特尔的情况下,就供应商层面的卡特尔导致的价格上涨通过转嫁给批发价导致实际的零售价上涨的因果关系,由作为受害者的消费者承担举证责任是适当的[石油价格协定损害赔偿请求案(鹤岗灯油诉讼)= 7-7 7-8],但是这是将显著的困难强加给了作为间接购买者的一般消费者。因此,在下级审的判例中,关于批发价升高与零售价上涨之间的因果关系的主张、举证责任的分配,一般认为如消费者能主张、举证生产商根据价格协定提高了灯油的批发价,在被认定受价格协定影响的时间范围、地点范围内消费者购买灯油的零售店的零售价上涨的,可以事实上推定存在因果关系。生产商等为了推翻该推定必须举证零售价格上涨是由于价格协定项下的批发价格上涨以外的其他原因导致的[石油价格协定损害赔偿请求案(鹤岗灯油诉讼)控诉审 = 仙台高秋田支判昭 60.3.26 审决集 31 卷 204 页]。

6. 损害和损害额

(1)理论

受害者就损害的发生以及损害额也负有举证责任。一般认为损害是指有《独占禁止法》违法行为时的利益状态与没有《独占禁止法》违法行为时的利益状态的差额,前者小于后者时被认为存在损害。

受害者的损害额因①违法行为导致现有财产的流失、转移的类型;和②因违法行为而导致将来应得财产的获取受阻类型的不同,计算方法也有所差异。关于属于①的价格(上涨)卡特尔、串通投标、转售价格维持行为等,购买者或招标人的损害额为违法行为导致的上涨价格与无违法行为时可能存在的价格之间的差额(乘以购买数量的金额)。与此不同,关于属于②的共同或单独的拒绝交易、不当倾销、价格歧视、排除型私人垄断等,被排除的经营者的损害额为逸失利益(假定没有违法行为时可能获得的利益与现实利益的差额)。

(2)判例

即使理论上可以这样把握损害额,但是"假定没有违法行为时可能存在的价格"(假定价格)和"假定没有违法行为时可能获得的利益"(假定利益)是现实中不存在的价格、利益,如何对其进行推定就成为一个问题。关于这一点,一直以来就有前后理论(例如,以价格卡特尔实施前夕的价格、串通投标被发现刚结束时的中标价格作为假定价格)、标尺理论(yardstick theory)(例如,以没有实施价格卡特尔的地区的对象商品的价格、没有进行串通投标的同类工程的中标价格作为假定价格)、市场占有率理论(例如,将被排除的经营者在其他未被排除的地域的市场占有率乘以被排除市场整体的销售额,可能计算得出被排除经营者的销售额,并将其乘以被排除经营者的平均利润率计算假定利润)等,这些理论中的部分被法院以下列方式采用。

①差额方式

在石油价格协定损害赔偿请求案(东京灯油诉讼)中,将消费者因涨价卡特尔遭受的损害按"(实际购买价格 - 实施前夕价格)×购买数量"计算(⇨7-9),但如果从卡特尔导致价格上涨时起至购买时止因存在(如石油危机时由于显著的供需紧张而导致的价格波动等)经济性因素而导致变动的,则该价格不能作为假定价格(⇨7－10)。

7－9 石油价格协定损害赔偿请求案(东京灯油诉讼)(最判昭62.7.2民集41卷5号第785页【百112①】=7－10)

假定没有实施价格协定时可能形成的零售价格(以下简称假定购买价格)是现实中不存在的价格,一般情况下,价格协定实施前后形成该商品零售价格的前提的经济条件、市场构造及其他经济因素等在没有变动的情况下,一般认为推定协定实施前夕的零售价格为假定购买价格是适当的。

7－10 石油价格协定损害赔偿请求案(东京灯油诉讼)(=7－9)

但是,协议实施后消费者购买商品时,对零售价格有影响的经济因素发生显著变动时,不能仅从协定实施前夕的零售价格推定假定购买价格,除前述零售价格之外,还应讨论该商品价格形成上的特性、经济变动的内容和程度以及其他形成价格的因素进行推算。

在串通投标的情况下,很多案件存在违法行为之前也可能有同样的串通投标的情况,因此将违法行为前夕的价格作为假定价格是不合适的。在此情况下,存在不少法院根据串通投标结束后竞争投标的中标价格、非为违法行为对象的同类工程的平均中标价率等认定假定价格的情况(⇨7－11 7－12)。

7－11 高速道路信息表示设备工程串通投标案[东京高判平22.10.1审决集57卷(2)385页＝7－12]

关于假定中标价格，将违法行为实施前夕的中标价格推定为假定中标价格是适当的，但是也存在在被认定的违法行为之前也有违法行为的可能，当该违法行为存在时，以违法行为结束后在公正且自由的竞争投标下的现实的中标价格为基础，推算假定的中标价格是适当的。

7－12 高速道路信息表示设备工程串通投标案(＝7－11)

因投标对象物件的规模、规格等的不同，在没有可供比较的同一物件、不能根据现实的中标价格推算的情形下，一般认为采用非为违法行为对象的物件的现实中标价格与预定价格的比率(中标价率)是适当的。在此情况下，一般认为有必要抽取实施违法行为期间以及价格形成前提的经济条件、市场结构以及其他经济因素没有显著变动的期间的相当数量的同类事例。

②逸失利益方式

在日本游戏枪协同组合案(＝7－13)中，由气枪和塑料弹珠(BB弹)制造商构成的被告协同组合让批发商拒绝与零售商中的、从以前开始就制造较重的塑料弹珠后又新制造了发射威力强的气枪的非组合成员的原告进行交易的行为属于旧法第8条第1

款第1号(现行法第8条第1号),也属于侵权行为,逸失利益的请求获得支持。当时采用的是市场占有率理论。

7-13 日本游戏枪协同组合案(东京地判平9.4.9审决集44卷635页【百6、43、116】= 3-3 5-5)

关于新发售的软弹枪的损害,以违法行为前同一产品的一天的销量(约92挺)为基础计算该年度的销量份额,认定为约0.83%。在考虑到原告是首次制造气枪尚未获得较高评价以及一般情况下气枪的销量在发售后半年左右会减少的情况,认为自原告的游戏枪发售起6个月后的份额约为0.6%是适当的。因此,市场整体的销量乘以0.6%得到的数量的销售额与现实中的销售额的差额乘以原告的毛利率(50%)得出的金额被认定为损害额。

关于不当倾销,理论上也可依据市场占有率理论推定没有违法行为时受害者(竞争者)可能的市场占有率,并在此基础上计算损害额。但是,由于该推定存在显著困难,因此有判决以没有不当倾销时的推定价格与现实价格的差额乘以违法行为期间的销量来计算损害额(名古屋预拌混凝土协同组合案=名古屋地判平11.2.10审决集45卷475页)。

7. 损害赔偿请求案件的现状

(1)第25条项下诉讼

自《独占禁止法》实施以来,出版的判例集、审决集、公平交易委员会年度报告以及数据库登载的依据第25条提出的损害赔偿请求诉讼已超过70件。进入2000年以后,串通投标的受害者(与通过串通投标中标的经营者签订合同的招标人）依据本条提起赔偿请求诉讼的案件急剧增加，占总数的近2/3。

除一审尚在审理中的案件外，诉讼结果已经判明的案件（包括未确定的）分别为2起驳回起诉（不存在确定审决）、3起撤诉、20起驳回诉讼请求、25起和解、22起支持请求（包括部分支持）的案件。在驳回诉讼请求的20起案件中，包括间接受害者起诉的当时因果关系、损害、损害额举证困难的案件（松下电器产业损害赔偿请求案＝东京高判昭52.9.19高民30卷3号第247页、石油价格协定损害赔偿请求案（东京灯油诉讼）＝7－9 7－10），以及多起在有串通投标的情况下已收到违约金等，难以举证还有其他损害等案件。

大部分支持（包括部分支持）请求的判决是串通投标案件，可以说当直接购买者的招标人在进行请求时，如在公平交易委员会已确定的审决、课征金缴纳命令等中认定了个别串标投标，在第25条项下的关于串通投标诉讼中认定存在违法行为较为容易。虽然案件的重要争论点是损害以及损害额，但是在受害人尚未收到高于损害额的违约金等时，倾向于认定损害。关于损害额的计算，绝大多数案件采用实际合同金额与想定中标价格的差额。也有（以合同前也可能实施了串通投标为理由）推定中标价格按串通投标结束后同类工程的一定期间的平均中标价率等来计算的情况（高速道路信息表示设备工程串通投标案＝7－11 7－12）以及法院根据《民事诉讼法》第248条（该条规定，“在确认发生了损害的情况下，从损害的性质很难举证其金额的，法院可以根据口头辩论的全部宗旨以及证据调查的结果，认定相当的损害金额”。可以认为该规定至少就损害金额，减轻了主张受损一方的证明程度，以及允许法院对损害裁量评价）认定的情形。涉案的个别串标的参加者即使不是中标者也需要承担连带责任，但是作为基本协议的参加者如没有参加特定的个别串标的经营者，多数情况下并不承担责任。

(2)依据民法等的损害赔偿请求案件

公平交易委员会的年度报告、审决集、各种数据库等登载的依据民法等的损害赔偿请求案件（原告或被告主张属于侵权行为的违反《独占禁止法》的行为，法院作出了一定判断的案件，包括住民诉讼、股东代表诉讼、不当得利返还请求诉讼）超过了160件。其中，串通投标诉讼数量超过半数（住民诉讼约占38%、招标人起诉串通投标的合同相对方的案件约占20%）。此外，在加盟总部与加盟店、金融机构与借款人、传销主使人与受害者、持续供应合同中卖方与买方之间的纠纷、股东代表诉讼等中也有称违反《独占禁止法》的主张。

被诉违反《独占禁止法》的侵权行为等的内容（《独占禁止法》的行为类型）对应纠纷当事人的关系，除有不正当的交易限制、欺骗性地引诱顾客、滥用优势地位、通过不正当的利益引诱顾客外，也散见于附不正当约束条件的交易，附排他条件的交易，转售、单独地拒绝交易等。支持请求的判决（大部分是部分支持）超过四成，大部分为串通投标案件。除此之外，作为法院认定的违反《独占禁止法》行为的类型，除与传销相关的旧一般指定第8款、第9款稍显抢眼外，滥用优势地位虽少但也有被认可的案例。

一方面，在没有审决、排除措施命令等的情况下或其尚未确定的情况下，也可以提起不依据《独占禁止法》第25条的损害赔偿请求诉讼（⇨第26条第1款），但如没有生效审决、排除措施命令等，请求被支持的可能性总体上很小［主要的例外案例有日本游戏枪协同组合案（=7-13）、东芝升降机服务案（=大阪高判平5.7.30审决集40卷651页【百64】）、茨城县不动产鉴定士协会案（=东京地八王子支判平13.9.6判六1116号273页）等]。另一方面，在审决、排除措施命令等已确定的情况下，请求被支持的可能性一般较大。但是，在串通投标案件中，确定审决在没有认定个别串标的情况下不支持声称的存在侵权行为的情况也不少[例如，上尾垃圾焚烧设施串通投标住民诉讼案（=东京高判平19.4.11审决集54卷739页）、八王子垃圾焚烧设施串通投标案（=东京地判平23.9.13判时2156号79页）]，也存在法院认定存在侵权行为，但是以不能确认给招标人造成了损害为由驳回请求的案件（东京都数字仪表控制系统串通投标住民诉讼案=东京地判平14.1.31审决集48卷802页），或以没有故意、过失为由否定役员等的赔偿责任的案件[野村证券、日兴证券的股东代表诉讼判决（最判平12.7.7民集54卷6号1767页【百123】）]。

第26条 【主张损害赔偿请求权的前提、时效】①非为第49条规定的排除措施命令（在没有作出排除措施命令的情况下为第62条第1款规定的缴纳命令，对实施了违反第8条第1项或第2项规定的行为的经营者团体的成员经营者作出的命令除外）已确定之后，不得在裁判上主张前条规定项下的损害赔偿请求权。

②前款的请求权在同款排除措施命令或支付命令确定之日起3年后，因时效消灭。

1. 确定排除措施命令等前置主义

在裁判上向经营者或经营者团体主张第25条项下的损害赔偿请求权的，以排除措施命令或缴纳课征金的命令（因经营者团体违反第8条第1项、第2项的行为造成成员经营者被处罚的情况除外)已确定为前提(诉讼要件)。这被称为确定排除措施命令等前置主义。判断是否违反《独占禁止法》需要公平交易委员会的高度专业见解和经验目的在于将已确定的排除措施命令等作为证据使受害者的举证更容易。

对于经营者团体违反第8条第1项或第2项的行为,有可能不向成员经营者作出排除措施命令,而只是根据第8条之3作出缴纳课征金的命令(例如,在经营者团体违法行为结束后5年内,如果不"认为有特殊必要的",则不作出排除措施命令,而应仅向成员经营者作出缴纳课征金的命令),在此情形下,由于经营者团体没有机会争辩是否构成违法行为,所以本条第1款括号内容将这种情形排除在外。

排除措施命令等的确定是指:①被命令对象自知晓有排除措施命令或缴纳课征金的命令之日起6个月以内不提起取消诉讼(《行政案件诉讼法》第14条第1款)的情况;②自有排除措施命令或缴纳课征金的命令之日起1年以内不提起取消诉讼(《行政案件诉讼法》第14条第2款)的情况;或③抗告诉讼被驳回诉讼请求、驳回起诉,该判决确定的情况。由于排除措施命令、缴纳课征金的命令因誊本送达而生效(《独占禁止法》第61条第2款、第62条第2款),故一般根据①或③确定。

2. 请求权的消灭时效

根据民法,侵权行为导致的损害赔偿请求权在被害人或其法定代理人知悉损害及加害者时起3年不行使的,因时效消灭,自侵权行为实施起经过20年的,也因时效而消灭(《民法》第724条)。

另外,《独占禁止法》项下的损害赔偿请求权不因受害者知悉损害或加害者而开始起算时效,自排除措施命令或缴纳课征金的命令确定之日起未经过3年的,不因时效消灭(第26条第2款)。

3. 其他

(1)意见征求制度

提起第25条项下损害赔偿请求诉讼的情况下,法院可以向公平交易委员会就“违法行为产生的损害金额”征求意见(第84条第1款)。依据2009年修法,以前的义务性的意见征求制度改为任意的意见征求制度。

因为是“违法行为产生的损害金额”,所以公平交易委员会不仅可就损害金额发表意见,而且就有无损害以及因果关系也可以发表意见。在现实中,公平交易委员会也对这些事项陈述意见(2009年修法后,相当数量的串通投标案件、连锁便利店案件中,法院向公平交易委员会征求了意见,公平交易委员会相应地陈述了意见)。当然,公平交易委员会的意见不会约束法院,但是作为《独占禁止法》的专门行政机关的意见,其应被给予一定的尊重参照使用。

(2)东京地方法院的专属管辖

关于第25条项下的损害赔偿请求诉讼,以前的一审法院为东京高等法院,由于2013年修法废止了审判制度,故变为向东京地方法院提出(第85条之2)。

第三节　违反《独占禁止法》的法律行为的私法上的效力

民事诉讼当事人(原告或被告)除第一节、第二节的禁令或损害赔偿请求外，在本诉或反诉中，或进行抗辩，或以某合同条款违反《独占禁止法》而无效为由主张债务不存在，或以合同的解除违反《独占禁止法》而无效为由请求确认合同上的地位。除此之外，由于违反《独占禁止法》的法律行为的效力以各种形式成为问题，接下来通过分析上述各类主张下的案件，来讨论违反《独占禁止法》的法律行为在何种情况下会被判断为在私法上无效（相反，在何种情况下又会被认为有效）。

1. 请求确认债务不存在的案件

这种模式主要是被要求履行债务的诉讼当事人主张导致发生债务的合同（条款）因违反《独占禁止法》而无效。岐阜工商信用组合案中，最高法院将被告商工信用组合向原告微小经营者提供各种贷款、以超过实际贷款额的部分为约束性存款、收取超过利息限制法的利息的行为视为一体，认为该等行为属于滥用优势地位（违反第 19 条）。但是，关于其私法上的效力，虽然理由并不明确，但除依照《民法》第 90 条违反公序良俗的情况外，不应以违反强行法规为由直接解释为（全部）无效（⇨7－14）。

7－14 岐阜工商信用组合案（最判昭 52.6.20 民集 31 卷 4 号 449 页【百 122】）

尽管信用协同组合的贷款违反《独占禁止法》第 19 条，但除该违法导致贷款合同违反公序良俗的情况外，不能因为其违反了强行法规即直接在私法上认定为无效。本案合同虽不能说违反公序良俗，但信用组合的实际利息超过了利息限制法规定的限制利率的，在该超过限度下贷款合同中有关利息、损害金额的约定应该认为无效。

根据最高法院所示的框架，此后的下级审法院判决多数作出了在违反《独占禁止法》的情况下，违反公序良俗而无效（或部分无效）的判断。此类案例有：在交易地位上存在差别的经营者之间缔结的20年内禁止从其他业者采购书籍杂志的合同条款属于1953年一般指定第10号（滥用优势地位），违反公序良俗，在私法上无效的朝日书籍销售案（东京地判昭56.9.30下民32卷9～12号888页）；用于建筑工程临时脚手架的器材制造商以违反禁止向自己的竞争者提供类似产品的合同条款时可向受托制造经营者请求违约产品的销售价格乘以销售数量的金额的10倍的损害赔偿的合同条款属于滥用优势地位，违反了公序良俗而无效的日本机电案（大阪地判平元.6.5判タ734号241页）等。

但是，在因违反公序良俗而在私法上无效的认定上，一般认为，判例不仅要考虑是否违反《独占禁止法》、违法程度是否显著，还要综合考虑推翻交易效力所带来的弊害、交易安全、法律稳定性、当事人的诚实信用、公平等（⇨7－15等）。

7－15 品川信用组合案（东京地判昭59.10.25判时1165号119页）

从《民法》第90条的观点来看，不是必须将本案各合同作为一体统一地判断全部有效还是无效，而是应综合考虑本案各合同签订的主旨、目的及其内容，其赋予双方当事人的利益和不利益以及其他本案各合同被认为违反《独占禁止法》等的各种情况，一般认为据此可能判断有效、无效及其范围、程度。

2. 请求确认合同上的地位、交付商品等的案件

此外,也存在持续供应合同的一方当事人以自己违反合同条款导致合同解除违反《独占禁止法》而无效为由,请求确认合同上的地位、交付订购商品的案件。在资生堂东京销售案(⇨7-16)、花王化妆品销售案[东京高判平9.7.31高民50卷2号260页(上告审=最判平10.12.18审决集45卷461页【百71②】)]中,与化妆品制造商的子公司销售公司(批发商)有持续交易关系的化妆品零售商(折扣店)因违反基本合同上的面对面(辅导)销售义务进行了职域销售(邮购的一种),向未负担该等义务的其他零售商实施了转售等而被单方解约的效力即是问题。

该类问题在民法中也被作为持续供给合同及其解约相关问题进行处理,不少判例判决除有诚实信用原则上的显著的情势变更或对方的侵权行为等不得已的事由外,不允许单方面解约(无效),也有不少判例不要求有不得已的事由,同时讨论单方面解决是否违反诚实信用原则或是否属于权利滥用的问题。是否违反《独占禁止法》在“不得已的事由”“违反诚实信用原则”“权利滥用”的判断上又有怎样的关系也是一个问题。

7-16 资生堂东京销售案(东京高判平6.9.14判时1507号43页,参照了上告审最判平10.12.18民集52卷9号1866页【百71①】=5-33)

控诉人(资生堂东京销售)不存在要求被控诉人(富士喜本店)中止打折销售的事实,也很难认定其以向零售商附加面对面销售义务的手段实施了限制价格的行为,因此不能说此

种销售方法违反《独占禁止法》或该法的宗旨。此外，探讨其他本案特约店合同的内容、期限以及至合同解约时的经过等各种情况，本案解约不存在应被认定为违反诚实信用原则或权利滥用的情况，本案解约是有效的。

如此，附加面对面咨询销售义务（禁止邮购销售等）不属于附加不当约束条件的交易（一般指定第12条）等，如果不违反《独占禁止法》，以不履行其义务为理由的解约，如无特别情况，不会被认为是权利滥用和违反诚实信用原则或者考虑其他情况的（如有"不得已的事由"），就会被判断为有效。另外，如果附加面对面销售义务被认为违反《独占禁止法》，则会一并讨论其他情况，以此为理由的解约没有"不得已的事由"的，会倾向于"权利滥用"或"违反诚实信用原则"而被判断为无效。总而言之，判断是否违反《独占禁止法》，有无"不得已的事由"以及解约权的行使是否属于权利滥用（或违反诚实信用原则）是重要因素。

第八章　公平交易委员会

1.作为专门行政机关的公平交易委员会的意义

公平交易委员会是以达成《独占禁止法》的目的为任务的国家行政机关(第27条第1款)。关于实现《独占禁止法》的目的为何需要专门机关,以及为何是行政机关,我们与《不正当竞争防止法》的执行来进行比较。《不正当竞争防止法》以因不正当竞争行为遭受营业上的利益损害之人请求停止侵害、请求损害赔偿的民事执行为原则,也有部分的刑事执行。

首先,《独占禁止法》的目的是否能通过赋予受害者民事上的请求权而被充分实现?第一,违反《独占禁止法》的行为的受害者(例如,因秘密进行的价格卡特尔而被迫高价购买的消费者)并非总能意识到自己受到了损害。第二,即使受害者怀疑发生了违法行为,自己也缺乏收集、举证违法行为所需的证据的权限和资源。第三,当每个人的损害较小的情况下,缺乏诉诸法院以期弥补损害的动力。因此,我们认为如果仅依靠民事执行来处理违反《独占禁止法》的行为,会导致执行不足。

另外,如果将《独占禁止法》的执行交给警察、检察机关,专注于刑事执行的机关是否能充分实现《独占禁止法》的目的呢?第一,刑事处罚的发动应当尽量保持谦抑性,另外,刑事处罚旨在对个人的有责行为进行制裁,而在企业或组织行为违反《独占禁止法》的情况下,刑事处罚应当仅限定于适合的情景之下。第二,在违反《独占禁止法》的行为中,也有较多难以与积极的竞争行为区分的行为,以及通常没有限制竞争效果的行为,对这些行为进行刑事执行是不恰当的。第三,对于适合通过刑罚制裁、抑制的违法行为,全部适用刑事执行是否合适也需要进一步研究(也有提出行政制裁制度化的方案)。

违反《独占禁止法》的行为不仅对特定之人造成具体损害,也会对整体经济造成重大损害(价格卡特尔不仅会对被迫支付高价的购买者造成损害,也会对因该高价不能购买的人造成机会利益的逸失,进而扭曲资源分配,对整体经济产生不利影响),积极的监管与经济成果相连。

考虑到这些方面,在《独占禁止法》的执行中赋予行政机关一定的积极作用是合理的。在此情况下,虽然让管理各个产业的行政机关安排处理其所管产业相关的《独占禁止法》的问题也不是不可能,但是从以下几点来看是不合适的。第一,产业主管具有培育产业、支援企业等各种各样的政策目的,基本采取裁量性的、引导性的措施,与公平中立的执法活动不相符。第二,如果变成各产业机关就各自主管内容适用《独占禁止法》(《独占禁止法》执行的“领域化”),则难以避免发生管辖争议或监管基准不一致的情况。

另外,从世界范围看,有的国家和地区也设立了以执行《独占禁止法》为任务的专门机关(被称为“竞争当局”)(但是具体的执行、程序各不相同)。

当然,这并不意味着不需要民事执行或刑事执行。特别是民事执行,其具有以下重要意义。第一,竞争当局存在资源限制,并不能处理所有的《独占禁止法》问题,最理想的是为认为受到损害的人设置能够实现自己主张的场所、程序。第二,即使竞争当局的执行已经足够,根据行为类型的不同,也不能指望其实现对各个受害者的救济(特别是恢复损害)。第三,也可以考虑将民事措施定位为活用受害者的积极性,作为制裁、抑制违法行为的补充手段。此外,刑事执行对恶性重大的核心卡特尔具有实效。

2. 公平交易委员会的作用和法律目的的实现方法

公平交易委员会以实现《独占禁止法》的目的为任务(第 27 条第 1 款),并不仅仅是承担《独占禁止法》的执行。《独占禁止法》以促进公正和自由地竞争为直接目的,以发展国民经济为最终目的(第 1 条)。因此,禁止和监管限制竞争行为的“《独占禁止法》的执行”和完善有效运行的竞争性市场环境的“竞争政策推动”[被称为“竞争倡导”(competition advocacy)]就必须像车的两个轮子一样运转,公平交易委员会同时承担这两方面的作用。

另外,在《独占禁止法》的执行中,除了案件的调查、处分等狭义的法律执行外,还活用了实施实际情况调查和改善指导等行政性手段、制作指导方针和回答事先咨询等启蒙性、预防性手段等,以及为实现《独占禁止法》目的的多种手段(⇨第九章)。

> 第27条　【设置、任务】①根据内阁府设置法(1999年第89号法)第49条第3款的规定,设置以实现第1条目的为任务的公平交易委员会。
>
> ②公平交易委员会由内阁总理大臣管辖。

1. 本条的宗旨

本条规定,为实现《独占禁止法》的目的,设置采用行政委员会组织形态的公平交易委员会作为国家行政机关,同时规定该机关由内阁总理大臣"管辖"。

2. 作为行政委员会的公平交易委员会

公平交易委员会是由委员长及4名委员组成(第29条第1款)的合议制行政机关,即学术上所称的"行政委员会"(也被称为"独立规制委员会")。日本虽然效仿美国的行政组织设置了多个行政委员会,但大多重组为省厅(译者注:日本行政机关级别,相当于我国部委)的内部部门,或改组为审议会,公平交易委员会例外地在组织和权限上没有重大变更而继续存在。

以所有行业和领域中生成、变化的经济活动为对象的《独占禁止法》的实体规定是抽象和概括性的,通过个别案件的处理以及指导方针的制定形成了具体的规则。而且,为了适当地对此类个别案件进行判断、形成规则,需要对经济实际情况有敏锐的认识和能有效监管的法律工具。另外,由于会对各个经营者或相关产业产生很大影响,因此公正中立且稳定地实施是不可缺少的,确保执法的透明性和可预测性也非常重要。因此,一般认为交给具有法律和经济相关专业知识的专家组成的合议制机关是适当的。

但是,对于公平交易委员会的组织和权限,至今也有各种各样的批评和宪法上的疑义。第一,过去存在公平交易委员会职权行使的独立性(第28条)违反了“行政权属于内阁”(《宪法》第65条)的宪法规定、不公平的交易方法的指定权限(第2条第9款第6项)和(2013年修法废止的)作为准司法程序的审判制度违反三权分立的宪法原则等违宪论的主张。但是,内阁总理大臣有公平交易委员会的人事和预算的权限,国会也有人事的同意权(第29条第2款),而且委任立法的范围是国会裁量决定的,也可以对公平交易委员会的处分进行司法审查,所以一般认为这样的违宪论是没有根据的。

第二,也有批评意见认为,将权限委任给专家是不合适的,因为其决策的过程花费时间长,且不负政治责任。但反过来也可以说该批评内容正是合议制机关的优势及益处,因此可以说现阶段基本没有废除合议制的主张。近年来,其他领域也出现了导入行政委员会制度的事例(运输安全委员会、核能监管委员会),在以专业技术性为基础,要求公正中立和具有一贯性、稳定性的判断的行政领域中,委员会制度越来越被认识到是一种有效的组织形态。

3.《独占禁止法》的执行程序和公平交易委员会的组织形态

即使公平交易委员会作为行政委员会的组织形态被认为具有合理性,从保障适当正确的程序(《宪法》第31条)的角度来看,长久以来对于公平交易委员会兼具案件审查功能和审判功能存在批评。在2005年《独占禁止法》修改前的事先审查型审判制度下,确立了公平交易委员会根据案件审查作出开始审判的决定,通过审判程序进行审决程序时,作为内部职能的分离,由承担审查、追诉职能的审查官与案件相关人员、被审人对峙,由受委员会委任的审判官独立主持对审结构下的审判,制作审决案,最后由委员会进行审决的机制。

但是,在强化《独占禁止法》和课征金制度的过程中,审判制度被再次放大，特别是通过2005年《独占禁止法》修改，由于以前的事先审查型审判变为事后复议审查型审判，公平交易委员会一旦作出正式的处分(排除措施命令、课征金缴纳命令)，即使同样在公平交易委员会进行审判，当初的处分被推翻的可能性也很小，故应废除事后审判制度的主张一举获得支持。之后，通过2013年《独占禁止法》修改，公平交易委员会的审判制度也终于被废除(2015年4月实施⇨第九章第一节)。

关于该修改，对于经事先的意见听取程序作出的公平交易委员会的处分，可以直接请求司法审查。这虽有助于保障适当的程序，但也存在担心可能导致作为合议制准司法机关的公平交易委员会的性质改变的声音。

4. 内阁总理大臣的所辖

在《内阁府设置法》第49条第3款下，公平交易委员会根据本条(《独占禁止法》第27条)被设置为内阁府的外局(《内阁府设置法》第64条)。另外，所谓公平交易委员会属于内阁总理大臣的"所辖"，是指虽然在职务方面不受内阁总理大臣的指挥命令，但在人事和会计等行政机关的事务处理方面归内阁府管辖。内阁总理大臣除有委员长和委员的任免权外(第29条第2款、第32条)，作为内阁府的主任大臣，其就预算的概算要求，所管法律，政令的制定、修改和废除具有请求内阁审议、制定内阁府令等的权限。公平交易委员会向国会提交年度报告和意见也经由内阁总理大臣进行(第44条)。

> 第27条之2　【所管事务】(略)
>
> 第28条　【行使职权的独立性】公平交易委员会的委员长及委员独立行使其职权。

1. 本条的宗旨

如果公平交易委员会的委员长和委员在履行其职务时互相制约或受到来自第三方的制约,则会背离合议制组织形态的本质。本条的规定不仅要求委员长和委员独立行使职权,还要求第三方(特别是作为任命人的内阁总理大臣及其他政府官员或执政党干部)负有尊重委员长和委员独立行使职权的义务(参见关于公平交易委员会的命令抗告诉讼中排除法务大臣指挥权的第 88 条规定)。

2. 独立行使职权的根据

认可独立行使职权的表现,一般包括应保证不受当时政府政策、意向左右的中立的执法,应尊重基于专门技术性的判断,在通过慎重的程序进行的案件处理中基于法官独立性(《宪法》第 76 条第 3 款)的处理等。

3. 独立性的范围、程度

职权是本法及其他法律法规授予公平交易委员会的职务权限,包括认可等的行政权限(第 11 条第 1 款等)、不公平的交易方法的指定(第 2 条第 9 款第 6 项)等的准立法权限、案件的审理与处分的全部权限。

但是,独立行使职权的程度根据权限内容有所不同。一般认为独立行使职权的特别重要的权限是对于具体案件审查、处理程序的执行权限。

与此相对,关于准立法权限,需要按照透明的程序结合各阶层国民的意见行使,这一点在制定指南等方面也是如此。特别是由于国会可以通过制定法律来推翻公平交易委员会制定的规则和指南,因此考虑国会的意向,或者事先说明并取得其理解也是很有必要的。目前公平交易委员会在制定规则或指定不公平的交易方法、制定指南等时，都会采取公布草案、征求包括政府部门内部意见在内的广泛的意见、参考提出的意见形成最终版的流程。这样的流程与独立行使职权并不冲突。

另外，委员长、委员在对个别案件进行合议时，被要求不得与该案件存在个人利益关系（包括在审查阶段的参与）。此外，最好设置准用法官除斥（《民事诉讼法》第 23 条、《刑事诉讼法》第 20 条）的规定。

> 第 29 条　【公平交易委员会的组织等】①公平交易委员会由委员长和 4 名委员组成。
>
> ②委员长和委员的年龄在 35 岁以上，从有法律或经济知识和经验的人中，由内阁总理大臣经两议院同意任命。
>
> ③④（略）

本条规定了作为合议体的公平交易委员会的组织及其委员长和委员的任命资格、任命手续等。

鉴于《独占禁止法》、公平交易委员会的活动对企业行动、经济活动有重大影响，公平交易委员会的委员长、委员的任免极为重要这一点是不言而喻的。因为《独占禁止法》项下法律执行的方面较强，故要求成员具备法律素养，而以企业活动、经济活动为监管对象的经济分析也十分重要，故要求成员具备经济、经营方面的知识经验。

任命委员长、委员时，需有两议院的同意，虽然最好进行适当审查，但是最近发生了因得不到同意而人员长期空缺的情况。另外，曾经任命公平交易委员会的委员长、委员多数是像指定席位一样由来自相关部委的人员担当，但是近年来，法律界人士和法学、经济学的研究者被录用的例子也逐渐增多。

> 第30条 【委员长等的任期】/第31条【委员长等的身份保障】/第32条【委员长等的罢免】/第33条【委员长】/第34条【决议方法】(略)

这些规定为公平交易委员会的成员独立行使职权提供了制度性保障,不仅规定了委员长、委员的任期制、身份保障和罢免要件,也规定了有关委员长权能和委员会议事的最低限度。

> 第35条 【事务总局的组织】①为了处理公平交易委员会的事务,在公平交易委员会中设置事务总局。
>
> ②在事务总局设置事务总长。
>
> ③~⑧(略)
>
> 第35条之2 【事务总局的地方事务所】/第36条【委员长等的报酬】/第37条【政治活动、营利活动的禁止】/第38条【公开发表意见的禁止】(略)

公平交易委员会在恰当行使职权的基础上,需有处理其事务的组织,本条在规定设置事务总局的同时,规定了其内部组织。

自《独占禁止法》制定、公平交易委员会成立以来,虽然设置了事务局,但是作为强化公平交易委员会体制的一环,其在1996年《独占禁止法》修改后变更为事务总局。据此,作为事务组织的顶层,以前的事务局局长成为事务总长(与各省的事务次长同级),在事务总局设置官房和局(⇨如图8-1所示)。另外,截至2019年年末,事务总局的人员名额为839名。

另外,事务总局的职员中,需要加上具有检察官、律师等法律职业资格人员(第35条第7款),现在有很多具有法律职业资格的人员在此工作。

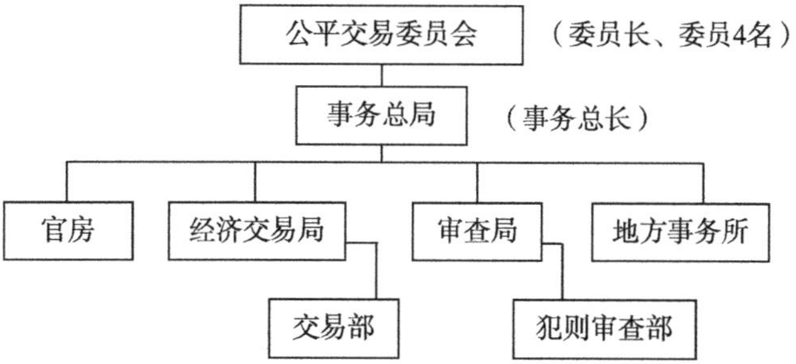

图8－1　公平交易委员会的组织

资料来源：根据公平交易委员会网站《公平交易委员会组织图》制作。

> 第39条　【禁止泄露秘密等】委员长、委员及公平交易委员会的职员以及曾任委员长、委员或公平交易委员会职员的人员不得将就其职务知悉的经营者的秘密泄露给他人或进行窃用。

1. 本条的宗旨

由于本法赋予了公平交易委员会调查所需的强制权限，其成员能接触经营者的秘密，所以本条是“为了确保对公平交易委员会的企业秘密保护的一般信赖，致力于使其权限顺利恰当地行使”的规定（⇨8－1）。

虽然国家公务员法规定公务员负有保守“在职务上知悉的秘密”的义务（《国家公务员法》第100条第1款），但是本条规定仅限于“经营者的秘密”，本法对违反行为的处罚（第93条）比国家公务员法的处罚略重。

2. 经营者的秘密

本条所称“经营者的秘密”，是指“①非为公众知悉的事实、②经营者希望保密、③客观地看对其进行保密被认为具有合理理由”(序号为笔者追加)(⇨8－1)。

8－1 环氧树脂泄密案(东京地判昭53.7.28刑月10卷6～8号1162页)

本案是公平交易委员会的职员向出版行业报告之人泄露各经营者的环氧树脂的“生产和销售数量、销售单价、销售额、代理店名、与代理店的交易条件、需求者名称、向各需求者的销售量及主要原料的供应商、购买数量、购买价格等”的案件,这些“构成各经营者的企业竞争力,也是获取客户的竞争战术,即对他人保密的信息”,判决符合上述③的要求。

第40条 【一般调查】/第41条【调查的嘱托】/第42条【公开听证会】(略)

第43条 【必要事项的公布】公平交易委员会为了准确运用本法,除经营者的秘密外,可一般性地公布必要事项。

1. 第43条的宗旨

第43条规定了公平交易委员会“为了准确运用”《独占禁止法》可以公布“必要事项”,以促进国民对该法的理解和支持,同时抑制违法行为,提高法律的实效性。行政机关当然可以公布必要的事项,这从保障国民“知情权”的角度看也是必要的,因此不能说本条是创设性的规定。

属于“经营者秘密”的事项被当然排除在公开对象之外,与个人隐私有关的事项也同样被排除。关于“经营者的秘密”,也有与第39条相同的解读,但是本条之下的公布作为公平交易委员会的组织行为是出于公益目的而实施的,因此对于公布的例外应当尽量进行限制,持此立场的学说受到广泛支持。

一般而言,公布是以提供信息为目的进行的,只要不是制裁性的、不利的处分,则不会被认为具有行政处分性。因此,在公布之前,最好设置对利害关系人说明等的程序。

2. 警告的公布

关于涉嫌违法案件的处理,公平交易委员会发出“警告”时,也会公布警告。警告是在即使没有得到足以作出排除措施命令的证据的情况下,只要涉嫌违反《独占禁止法》,即可要求相关经营者等采取改正措施的指示,因此对于公布警告存在批判。考虑到这一点,2009 年《独占禁止法》修改时,公平交易委员会的规则规定,进行警告时应给予事先陈述意见等的机会,以及以书面形式进行警告等(《审查规则》第 26 ~28 条)。

> 第 43 条之 2　【向外国竞争当局提供信息】①公平交易委员会可向相当于本法的外国法律法规的执法当局(以下本条中称外国竞争当局)提供认为有助于其职责……的顺利执行的信息。但是如果提供该信息被认为有可能妨碍本法的正常执行以及侵犯我国(译者注:日本)利益的,则不在此限。
>
> ②③(略)

1. 本条的宗旨

为了明确与外国竞争当局交换信息的法律法规上的依据和处理,本条确认性地规定,在一定条件下公平交易委员会可向外国竞争当局提供信息,2009 年《独占禁止法》修改对此进行了追加。

日本长久以来就与外国竞争当局有交换信息的活动(包括 OECD 理事会劝告项下的通报制度的活用),近年来,日本除与美国(1999 年)、欧盟(2003 年)、加拿大(2005 年)签订了禁止垄断合作协定之外,还与以亚太地区为中心的各国签署了经济合作协定(EPA,2002 年新加坡为第一个)的竞争相关章节,具体规定了以信息交换为中心的执行合作的方法和程序。此外,日本也与中国、韩国等国家的竞争当局签订了合作备忘录。

此类信息交换在法律法规的范围内且仅在符合日本利益的情况下进行,本条对相关要件进行了规定。

2. 信息提供的要件

向外国竞争当局提供信息,仅限有助于外国竞争当局履行职责的信息,在不妨碍《独占禁止法》正确执行以及其他不存在侵犯日本利益的风险下可以提供。公平交易委员会在提供信息时,需要确认以下三个方面:(1)相互性(被提供信息的当局可能将同样的信息提供给公平交易委员会);(2)保密性(根据被提供信息的国家的法律法规,确保保持与日本同等程度的保密);(3)禁止将信息用于目的以外情况(第 43 条之 2 第 2 款)。此外,还要求采取适当措施,以确保所提供的信息不被用于在国外的刑事程序(同条第 3 款)。

第 44 条 【向国会报告等】①公平交易委员会应当通过内阁总理大臣每年向国会报告本法实施情况。 ②公平交易委员会可就实现本法目的所需事项,通过内阁总理大臣向国会提出意见。

1. 本条的宗旨

鉴于公平交易委员会的特点(作为被认为具有行使职权独立性的行政委员会行使广泛权限),本条规定了公平交易委员会有向国会提交《独占禁止法》实施情况年度报告的义务(第 44 条第 1

款)和意见提出权(同条第2款),使公平交易委员会与国会具有直接关系。

公平交易委员会的年度报告俗称“独占禁止白皮书”,包含各种统计,资料价值很高。过去,违法案件的警告和经营者集中案件都会在年度报告中首次进行公布。但是近年来,相关案件都是在当时或年度报告公布前迅速公布。

另外,关于意见提出权,公平交易委员会既可以对《独占禁止法》的修改提出意见,也可以对广泛的竞争政策相关事项提出意见,但实际上,公平交易委员会没有行使过这个权限。可以认为这是因为在议院内阁制下,提出与内阁相同意见缺乏意义,而提出异议又缺乏实现可能性。

2. 经由内阁总理大臣

关于向国会提交年度报告和提出意见,都是通过内阁总理大臣进行的。这并不是因为公平交易委员会属于内阁总理大臣管辖(第27条第2款),而是因为关于提交给国会的事项,通过作为行政机关首脑的内阁总理大臣提交更合适。该程序只是通过内阁总理大臣,并不能认为是由内阁总理大臣提出的修改要求等。

第九章　执法

第一节　执法全貌

1.《独占禁止法》的执法特征

本章除会概览公平交易委员会对违反《独占禁止法》案件的审查和处分以及司法审查程序外，还会简单讨论刑事执行（关于民事救济参见第七章）。

从把握《独占禁止法》执法全貌的观点出发，我们尝试列举其四个特征。第一，“公平交易委员会中心主义”及其动摇。在《独占禁止法》执法方面，采取的是公平交易委员会发挥核心作用的机制。公平交易委员会通过排除措施命令、课征金缴纳命令进行行政执行自不必说，在刑事执行中也有专属举报的权限（第 96 条）。另外，由于本法设置了以已确定的命令为前提的无过失损害赔偿制度(第25条)等,该制度在受害者的民事救济中也被赋予了一定的作用。此外,2000年《独占禁止法》修改导入了受害者请求停止侵害制度(第24条)等,公平交易委员会中心主义已经得到缓和。

第二,可以指出制裁违法行为的重要性。日本不仅通过排除措施命令迅速排除违法行为以恢复竞争秩序,课征金这一行政上的措施抑制违法行为的体系也在1977年修法时被导入。课征金制度最初以剥夺卡特尔带来的不当收益为目的,但是该制度通过多次修改,通过提高对销售额的估算比例、设定加重或减少比例、导入减免制度等,其制裁功能得到了强化。另外,课征金适用对象的违法行为类型逐渐扩大,构成了对违反《独占禁止法》行为制裁的核心。

第三,公平交易委员会除采取排除措施命令等法律措施外,还会采取警告等措施,并灵活运用对经营者等的事前咨询的回复、通过交易实际情况等的调查的改正指导等非正式措施,致力于实现《独占禁止法》的目的。法律措施平均每年20起,其中大部分针对核心卡特尔,相比之下,非正式措施多种多样,涉及范围广泛的行为和活动,实际上影响很大。另外,关于违法嫌疑,本法新导入了通过公平交易委员会与经营者的协商迅速解决的确约程序,其活用也值得期待。

第四,公平交易委员会制定、公布了各种指南,明确了《独占禁止法》的解释和运用方针。公平交易委员会的指南对经营者和事业单位团体的经营判断、业务活动有很大的影响。由于《独占禁止法》的判断是必须依存于具体事实的个别判断,指南将案例分析的框架和方法进行了具体化,其在有望给予经营者等预测可能性的同时具有确保法律运用的透明的作用。

2. 审判制度废止的经过

过去,公平交易委员会对违法案件的处理程序被定位为以类似于裁判的审判程序为核心的“准司法程序”,在司法审查中被特别处理,与公平交易委员会组织上的特征(⇨第八章)相结合,被认为是公平交易委员会独立性和专业性的体现。但是,经 2013 年《独占禁止法》修改,审判制度被废止,公平交易委员会的排除措施命令和课征金缴纳命令被定位为与一般的行政处分相同,其特征大幅丧失。然而,虽然该修改自 2015 年 4 月起实施,也可以预想在其实施后,与修改前的程序双轨并行的状态也会持续相当一段时间。

在 2013 年修法前的程序中,通过简易的事先意见陈述等程序[相当于行政程序法上赋予申辩机会(《行政程序法》第 13 条第 1 款第 2 项、第 29 条以下)的事先程序],公平交易委员会作出排除措施命令、课征金缴纳命令,接受复议者的审判请求,以准据裁判的审判程序审理命令的合法性和适当性后,得出该结论的审决方可首次请求法院的司法审查。

该复议审查型的事后审判是 2005 年修法时被采用的制度,在此之前,事先审查型的审判程序实施了多年,其被评价为具备对审型事实认定程序的典型行政审判。但是,在 2005 年修法中,从纠正审判程序的长期化特别是有关违法行为的有无程序不完成时不能进行课征金程序的制度缺陷的观点出发,日本选择了通过简易事先程序先作出命令,将审判定位为事后复议审查的程序。

但是,对于事后审判,除有批判称即使在公平交易委员会作出命令后进行审判程序,也很难期待推翻当初的命令外,关于审判本身,一直以来对于公平交易委员会兼任检察官职能和裁判官职能的不合理构造的批判之声也很高。在应将事后审判改回 2005 年修法前的事先审判的有力的呼声中,政府向国会提出了2010年修法法案,其内容为废止公平交易委员会的审判制度,以及对于命令采取与一般行政处分相同的处理,即对其可以在地方法院提起抗告诉讼。虽然该法案后来成为废案,但与其内容实质上相同的修改法案于2013年5月被提交到国会,并于同年12月通过(2015年4月实施)。

3. 行政处分程序与司法审查的概要

违反《独占禁止法》案件的行政程序是从公平交易委员会怀疑存在违反《独占禁止法》的情况从而开始对其进行调查的(第45条)。对于秘密进行的核心卡特尔,多数是以卡特尔参与者申请课征金减免为调查开始的端绪。调查方法可以分为对关系人的营业场所等的现场检查、听取相关人员的意见、作出报告、提交命令等手段的“行政调查”(第47条)和获得法官令状实施强制性的临时检查、搜查、扣押的“犯则调查”(第12章)。犯则调查是预设案件会移送刑事程序而进行的调查,实际上仅限于恶性重大的核心卡特尔案件。公平交易委员会根据这些调查认为有必要就该案件追究刑事责任时,会向检察总长举报(第74条)。

公平交易委员会认定经营者存在违反《独占禁止法》的事实的,通过排除措施命令责令其排除违法行为,另外,在满足所需要件时,公平交易委员会会命令其支付以一定方式计算的课征金,但是为了执行这些命令,应采取事先听取意见的程序(第49条以下、第62条第4款)。2013年修法后,命令的事先程序绝大部分由相当于行政程序法的听闻(《行政程序法》第13条第1款第1项、第15条以下)的内容扩充而来,指定职员(意见听取官)主持意见听取程序,委员会在充分考虑意见听取官制作的意见听取笔录和报告后作出命令(第49条至第60条、第62条第4款)。

对于公平交易委员会的命令,虽然可以提起行政案件诉讼法规定的抗告诉讼(实际上成为“命令的取消诉讼”),但是被告是公平交易委员会本身(第77条),且一审裁判权为东京地方法院专属(第85条第1项)。过去,关于公平交易委员会审决的相关抗告诉讼,《独占禁止法》设置了各种特殊规定,但在2013年修法后的司法审查中,几乎没有设置上述以外的特殊规定。今后,比如命令的停止执行、违法行为的举证责任、对行政裁量的审查等,关于对应违反《独占禁止法》案件特质的司法审查标准、实务惯例最好能更加具体。

4. 公平交易委员会的审查程序问题

关于公平交易委员会的审查程序,一直以来其是从确保程序正义的角度被指出问题的。虽然通过修改审查规则等审查程序得到了一定改善,但是经济界、法律界不断要求导入对案件关系人等进行听取时律师在场、交付制成的供述笔录复印件、扩充相关证据的阅览和誊写、律师和委托人之间的保密特权等制度。围绕此类审查程序的问题,2013年修法附则的第16条,得出了以该法颁布后1年为目标的结论,决定采取所需措施,内阁府的《〈独占禁止法〉审查程序相关座谈会》于2014年12月汇总了讨论结果。根据座谈会的报告,公平交易委员会于2015年12月制定了《〈独占禁止法〉审查程序相关指南》,详细解说了现场检查、陈述听证等相关具体程序。

但是,这些措施仅停留在运用的改善上,由于不是制度性的对应,故在为了讨论课征金制度做法而设置的“《独占禁止法》研究会”上被再次讨论,其报告书于2017年4月完成。特别是围绕律师和委托人之间的保密特权,要求将其制度化的经济界和法律界,与以不仅是《独占禁止法》的问题等为由希望对其运用有所保留的公平交易委员会之间的对立持续存在。经过之后相关方面的调整，政府在2019年的通常国会（译者注：每年召开1次，于1月召开）上按《独占禁止法》研究会的建议内容提出了修改课征金制度的《独占禁止法》修改法案，预计会在公平交易委员会的规则中就律师和委托人之间的保密特权采取措施。

5. 刑事执行概要

对于除不公平的交易方法和经营者集中行为以外的违反《独占禁止法》的行为，《独占禁止法》设置了刑事罚相关规定。此外，就违反已确定的排除措施命令、妨碍公平交易委员会的行政调查、违反申报等义务的，《独占禁止法》也规定了相关必要处罚（第89条以下）。

公平交易委员会具有追究刑事责任进行刑事举报的专有权限（第96条），且如上所述，其还被赋予了预设移送刑事程序而进行犯则调查的权限（第12章）。公平交易委员会公布了《刑事举报和犯则调查方针》，明确了对恶性重大的核心卡特尔等积极进行刑事举报的方针。但是，刑事案件并不是很多，因此也有要求进一步积极进行刑事执法的呼声。

第二节　行政程序

一、案件调查

> 第45条　【案件调查的端绪】①任何人认为有违反本法的规定的事实时，可向公平交易委员会报告该事实，要求采取应采取的适当措施。

> ②有前款规定的报告时，公平交易委员会应对案件进行必要的调查。
>
> ③根据公平交易委员会规则的规定，在第1款规定的报告以书面形式摘要具体事实的情况下，公平交易委员会就该报告相关案件决定采取适当措施或不采取措施时，应迅速通知该报告人。
>
> ④公平交易委员会认为存在违反本法的规定的事实……时，可依职权采取适当措施。

1. 本条的宗旨

本条就公平交易委员会对案件审查的开始，规定了来自一般人的报告（实务上称为“申告”）和依职权探知的方式。除此之外，关于审查开始的线索（端绪），还有来自中小企业厅的报告（《中小企业厅设置法》第4条第7款）和课征金减免制度中来自经营者的报告（第7条之2第10款至第12款，被称为“课征金减免申请”⇨第二章第五节三）。

2. 报告人的地位

本条第1款规定，“任何人”认为有违反《独占禁止法》规定的事实时，均可向公平交易委员会报告，要求采取适当措施。该条第2款规定，收到该报告的公平交易委员会“应对案件进行必要的调查”。

本法对报告的格式和样式并未进行规定，非书面的口头报告亦可，匿名报告亦可[但是，为了接收向报告人的（有关措施结果的）通知（第45条第3款）的，报告需要书面且显名]，对于有违法嫌疑的行为，报告时最好附上具体能证明该行为的资料。

公平交易委员会审查局信息管理室对于受理的报告，会进行包括补充调查在内的综合探讨。此外，由于公平交易委员会的审查资源有限,委员会被要求在考虑案件的重要程度和优先程度情况下进行政策性判断。公平交易委员会根据专业性、经验性的裁量来判断是否需要审查以及方法,不能认为公平交易委员会对报告人(申告人)负有具体调查义务或认为报告人享有具体措施请求权(报告人为受害者的情况下亦同)。

9-1 惠比寿食品企业组合案(最判昭 47.11.16 民集 26 卷 9 号 1573 页 = 7-6)

本案为原告根据申告事实就公平交易委员会不采取法律措施的不作为请求违法确认和赔偿因不作为造成的损害的案件。判决认为,本条第 1 款仅是促使公平交易委员会依职权启动审查程序的端绪的相关规定,并没有赋予报告人要求公平交易委员会采取适当措施的具体的请求权。

3. 对报告人的通知

1977 年修法追加了本条第 3 款,对于以显名方式摘要具体事实的书面报告,本条导入了向报告人通知公平交易委员会是否采取措施的机制。该机制是为了回应关心自己报告进展的报告人的期待的便宜之计,但是报告人即使对通知内容有不满也不能申请复议。在通知书中,除排除措施命令等法律措施外,采取警告等非正式措施的,也会记载该情况(《审查规则》第 29 条)。

另外,自 2000 年 10 月起,公平交易委员会内部设置了由 1 名委员和事务总长等构成的申告处理审理会,审理会根据对处理结果有疑问等的报告人的申请,设置了再检查的机构。

第 46 条 【垄断状态监管相关主务大臣的意见】(略)

第 47 条 【行政调查】①公平交易委员会为就案件进行必要的调查,可作出下列处分:

一 命令案件关系人或参考人出庭进行聆讯,或征求这些人的意见或报告;

二 命令鉴定人出庭进行鉴定;

三 命令持有账簿文件及其他物品的人员提交该物品,或保管提交的物品;

四 进入案件关系人的营业场所或其他必要的场所,检查其业务和财产状况、账簿文件及其他物品。

②公平交易委员会认为适当时,可根据政令规定,指定公平交易委员会的职员为审查官,进行前款规定的处分。

③依照前款规定让职员进行现场检查的,其应当携带证明身份的证明文件,并向关系人出示。

④第 1 款规定的处分权限不得解释为是为了进行犯罪搜查而被认可的权限。

第 48 条 【行政调查笔录的制作】(略)

1. 第 47 条的主旨

第 47 条规定了公平交易委员会在审查活动中可行使的行政调查权限。本法对不服从现场检查、提交命令、报告命令、聆讯等处分的人设置了罚则(第 94 条)。这是所谓的间接强制,而不是直接强制,因此行政调查权的行使不需要通过法官令状的许可。

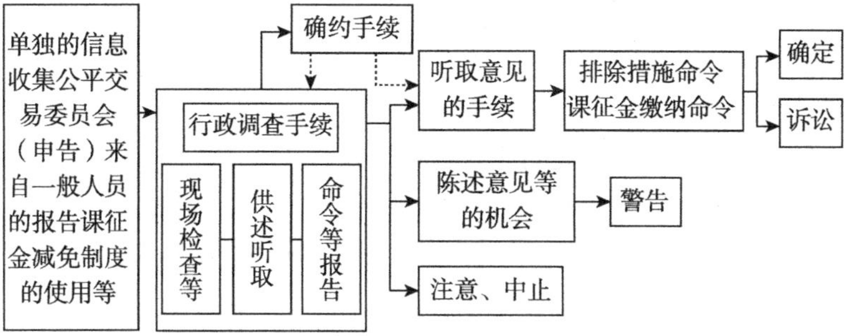

图9－1 涉嫌违反《独占禁止法》的案件的处理流程(行政调查)

资料来源:根据公平交易委员会《关于涉嫌违反〈独占禁止法〉案件的行政调查程序的概要》(2015年12月)所登载图表制作。

2. 审查官的权限

委员会就涉嫌违反《独占禁止法》的案件认为有必要进行行政调查时,会指定审查局(不包括犯则审查部)或地方事务所的职员为审查官进行该案件的审查(第47条第2款,审查员指定政令)。审查官为对案件进行必要的调查,可进行以下处分:

(1)出庭聆讯命令、报告命令(第47条第1款第1项);

(2)鉴定命令(同款第2项);

(3)提交命令、留置(同款第3项);

(4)现场检查(同款第4项)。

案件审查通常从审查官进入“案件关系人的营业场所或其他必要的地方”检查账簿文件等物品开始。为了进行该现场检查,审查官需要携带、出示审查官证(第47条第3款),交付记载了案件名、被怀疑事实的要旨和相关法律条款的书面文件(被怀疑事实等告知书)(《审查规则》第20条)。案件名被特定为如“对于某某产品制造商及其经销商以及该等组织的案件”。检查对象不限于“案件关系人”(与涉嫌违法行为相关的经营者、经营者团体及其役员等),也包括“参考人”(案件关系人以外的有涉嫌违法事实相关信息的人)。另外,案件关系人的场所不限于“营业场所”,只要认为有必要,经营者的役员等私人住宅等也可成为对象。

现场检查的结果是对于认为为了调查涉嫌违法事实必需的文件等物品可作出提交命令,进行留置。关于提交的物品,除妨碍审查的情况外,提交人可查阅、誊写(《审查规则》第18条)。

为了仔细检查经现场检查留置的物品,查明是否存在违法事实,审查官需要向案件关系人、参考人听取情况,制作笔录。在此情况下,可以通过出庭命令进行聆讯,制作聆讯笔录,但是通常进行任意的出庭请求,采用制作陈述笔录(《审查规则》第13条)的方法。制成这些笔录后,审查官可以向陈述人朗读以使其听见或让其阅览,确认无误时要求其签字盖章。

另外,对于关系人和参考人,除可提示报告事项、报告样式、发出报告命令外,还可以使用委托报告这种任意的方式。除此之外,还可以要求具有专业知识的人作为鉴定人出庭,并让其鉴定。

当审查官进行处分时,其需制作必要的笔录(第48条)。另外,对审查官的处分不服的,不服者可以在一周内向委员会提出异议(《审查规则》第22条),不能根据《行政复议审查法》(译者注:日语原文为《行政不服审查法》)提出复议(第70条之12)。此外,本法设置了与任意的陈述听证有关的举报制度。

案件审查结束时,制作明确地记录了端绪、审查经过、事实概要、相关法律条款和审查官意见的审查报告,由审查局局长向委员会报告(《审查规则》第23条)。

3. 围绕行政调查的各问题

由于行政机关进行的现场检查被解释为没有法官许可状即可进行(关于税务调查的川崎民商案 = 最大判昭47.11.22 刑集26

卷 9 号 554 页)，所以关于公平交易委员会的现场检查也一样，不适用《宪法》第 35 条。

另外，由于上述解释是以行政上的现场检查一般不涉及追究刑事责任为前提的，在公平交易委员会表明要积极落实刑事举报的方针，刑事追诉的现实可能性不断增大的情况下，也有意见认为应重新讨论与令状主义的关系，可以说这与 2005 年《独占禁止法》修改时导入的犯则调查程序有关(⇨第九章第五节)。

另外，也有意见指出公平交易委员会进行的聆讯是以刑罚威胁间接强制的产物，其与《宪法》第 38 条保障的拒绝自己负罪特权的关系存在疑问。关于这一点，在上述川崎民商案件的税务调查中，询问检查权的行使一般是以不追究刑事责任等为前提的，显示了合宪的解释，公平交易委员会的聆讯也可以作同样解释。

此外，本条第 4 款是在 1977 年《独占禁止法》修改时追加的规定，是在规定了行政调查权限的法律法规中插入的定型条款。公平交易委员会除具有作出排除措施命令等行政处分的权限外，还具有刑事举报的权限，而公平交易委员会的举报是提起公诉的条件(专属举报)，因此，公平交易委员会根据行政调查进行的举报与本款的关系如何定位存在疑问。一般认为，举报是公平交易委员会行使其作为行政机关的权限以实现《独占禁止法》目的的手段，但这不能解释为公平交易委员会在举报之前的调查是为了进行犯罪搜查。另外，关于行政调查和犯则调查的关系，请参照第九章第五节。

二、确约手续

第 48 条之 2 【申请认定排除措施计划的相关通知】公平交易委员会认为存在违反第 3 条、第 6 条、第 8 条、第 9 条第 1 款或第 2 款、第 10 条第 1 款、第 11 条第 1 款、第 13 条、第 14 条、第 15

> 条第 1 款、第 15 条之 2 第 1 款、第 15 条之 3 条第 1 款、第 16 条第 1 款、第 17 条或第 19 条的规定的事实的情况下，就构成该怀疑理由的行为，出于促进公平且自由竞争所需时，可以书面形式通知正在实施该行为的人下列事项。但是，进行了第 50 条第 1 款（包括在第 62 条第 4 款下准用之情形）规定的通知的，不在此限。
>
> 一　该行为的概要；
>
> 二　涉嫌违反的法律法规的条款；
>
> 三　可以申请下一条第 1 款规定的认定的事宜。

1. 本条的宗旨

本条规定了所谓的确约程序。确约程序，是指对于公平交易委员会认为合适的涉嫌违反《独占禁止法》的案件，正在接受调查的经营者等向公平交易委员会申请认定采取一定排除措施的计划（“排除措施计划”，关于以往的违法行为，为“确保排除措施计划”，以下统称确约计划），公平交易委员会判断该计划适当且履行会得到保障的，对该计划进行认定，迅速终结该案件，而无须在认定违法事实后作出排除措施命令（在课征金对象案件中为课征金缴纳命令）的程序。公平交易委员会发出听取意见的通知，以“认为是促进公平和自由的竞争所需”，向涉嫌违法行为人发出可申请认定确约计划的通知（确约程序通知）为前提。为了确保确约程序相关运用的透明度和经营者的可预见性，公平交易委员会制定了《确约程序相关应对方针》（2018 年 9 月 26 日，以下简称《确约应对方针》）。

2. 导入确约程序的背景

根据 2009 年《独占禁止法》的修改，不具备裁量性的课征金制度的对象行为类型大幅扩张,由于违法认定与课征金征缴直接相关,故该修改形成了回避认定违法的弊端。另外,将违法案件审查与相关经营者等置于合作的位置,而不是将其处理为对立(或单方面)的关系,将促进调查合作与迅速有效地审查和课征金缴纳联系起来的思考方式。在这种情况下,日本接受TPP(环太平洋伙伴关系)协定的竞争政策章节的规定,根据2016年12月成立的TPP协定整备法(《有关环太平洋合作关系协定缔结相关法律的完善的法律》)而修改了《独占禁止法》,导入了确约程序(伴随过渡至TPP11协定《环太平洋合作关系相关包括性和先进性的协定》,根据2018年6月通过的TPP协定整备法的部分修改,实施日期为TPP11协定生效日期当年的12月30日)。

3. 确约程序的对象的涉嫌违法行为

关于确约程序对象的涉嫌违法行为,虽然法律条文上没有明确限定,但是在《确约应对方针》中,核心卡特尔不是适用对象。这是因为,对于最严重的、以课征金和(在某些情况下)刑事处罚进行抑制是必不可少的核心卡特尔,不经排除措施命令就对违法进行认定或未征收课征金就终止违法案件审查,被认为不符合“为了促进公平和自由地竞争”。此外,基于同样的观点,在过去十年内就同一条款的违法行为接受法律措施且已确定的情形或应当进行刑事举报的重大恶性涉嫌违法行为,也不适用确约程序。在其他情况下,公平交易委员会根据个别具体案件分别判断。一般认为,对于不容易判断是否违法的行为类型,特别是当该涉嫌违法行为正在继续的情况下,为了迅速排除该涉嫌违法行为而采用确约程序是有意义的。

4. 确约程序的课题

在判断是否使用确约程序时,一般认为需要对包括该涉嫌违法行为的举证难易、有效的排除措施的内容等进行综合判断。从有效地抑制违法行为、形成《独占禁止法》的实体规则、救济受害者等角度看，轻易地适用确约程序存在问题。今后，在按照《确约应对方针》处理个别案件时，期待公平交易委员会在对与相关经营者等的意思沟通进行保密的同时，对确约程序对象的行为类型、案件选定、确约计划的内容、认定要件的解释、意见征集的方法、公布内容、确约程序中提出的资料的处理等相关实务也能进一步具体化、明确化。

此外，假如该涉嫌违法行为人不履行确约计划，公平交易委员会可取消认定，重新采取为了作出排除措施命令等的程序，但是本法对于不履行没有设置制裁。而且，确约程序对违法案件的处理，意味着公平交易委员会对课征金对象行为进行了实际上不征收课征金的裁量，那么这种处理是否遵循了（不认可公平交易委员会的裁量的）现行课征金制度的宗旨也有疑问。特别是针对排除型私人垄断和滥用优势地位，法律似乎只设想了根据确约程序仅处以排除措施而不处以课征金的情况，故应推进课征金制度修改。

第48条之3　【排除措施计划的认定】①收到前条规定的通知之人，自行计划实施排除构成怀疑理由的行为所需的必要措施时，根据公平交易委员会规则制定的内容，可制作其预备实施的措施（本条至第48条之5称为排除措施）的相关计划（本条至第48条之5称为排除措施计划），将该计划自该通知之日起60日内提交给公平交易委员会，对其申请认定。

②排除措施计划应记载下列事项：

> 一　排除措施的内容；
>
> 二　排除措施的实施期限；
>
> 三　其他公平交易委员会规则规定的事项。
>
> ③公平交易委员会在有第 1 款规定的认定申请时，认为申请人排除措施计划符合以下各项任一项时，应予以认定：
>
> 一　排除措施足以排除构成怀疑理由的行为；
>
> 二　预计排除措施确实会被实施。
>
> ④～⑨（略）
>
> 第 48 条之 4　【排除措施命令及课征金缴纳命令相关规定的适用除外】（略）

1. 排除措施计划的认定程序

收到来自公平交易委员会基于第 48 条之 2 项下发出的确约程序通知之人，可自通知之日起 60 日内向公平交易委员会申请认定记载了排除措施内容、实施期限等的排除措施计划。是否申请确约认定，是收到通知的经营者等的自主判断，其不会因不申请而被作不利处理。另外，正在接受调查的经营者等，可在收到确约程序通知前确认确约程序的对象，在收到通知后就确约计划的认定相关论点等要求获得说明。

2. 排除措施计划的认定要求和认定效果

公平交易委员会认为排除措施计划足以排除涉嫌违法的行为，且预估会被切实实施的情况下，可认定该计划。

确约计划中记载的确约措施的内容，是收到通知的经营者等对应个案具体探讨的内容，典型的确约措施的内容一般包括停止涉嫌违法行为、通知交易对象等、使使用者等周知、完善合规体制、变更合同、转让业务等、退还迫使交易对象等提供的财产、报告履行状况。公平交易委员会虽然是按各案件分别判断措施内容的充分性,但是会参考过去类似的排除措施命令案件的措施内容。此外,如果不能判断确约措施在实施期限内是否会被切实履行的,则不会认定确约计划(如需与第三方达成协议,原则上应在认定申请前取得与第三方的协议)。

公平交易委员会在判断提出申请的确约计划是否符合认定要件时,根据需要,除向第三方征求意见外,还对竞争经营者、交易对象等进行个别事实确认等。

当公平交易委员会认定确约计划时,与涉嫌违法行为有关的法律措施(排除措施命令和课征金缴纳命令)的相关规定不再适用。此外,该认定不是对该涉嫌违法行为的违法性进行的认定。

关于被认定的确约计划,公平交易委员会会公布该涉嫌违法行为的概要和被认定的确约计划的概要(关于撤回或驳回认定申请、撤销认定的,原则上不公布)。

> 第 48 条之 5　【排除措施计划的认定之取消】①公平交易委员会在有下列各项任一情形时,应通过决定撤销第 48 条之 3 第 3 款的认定:
>
> 一　认为未按照第 48 条之 3 第 3 款认定的排除措施计划实施排除措施的;
>
> 二　判明接受第 48 条之 3 第 3 款认定之人是基于虚假或不正当事实获得认定的。
>
> ②~④(略)

1. 撤销排除措施计划的认定的要件

公平交易委员会认为未按排除措施计划实施排除措施或者判明接受认定的人基于虚假或不正当的事实获得认定的,撤销认定。

2. 撤销排除措施计划的认定的效果

由于排除措施计划的认定被取消，故恢复到最初审查时的状态。公平交易委员会经过必要的审查和听取意见程序后，作出排除措施命令等。采取法律措施的除斥期间为违法行为终止后5年（第7条第2款但书等、第7条之2第27款等），但是在撤销确约计划的认定的情况下，无论除斥期间如何，自撤销起2年内均可采取法律措施（第48条之5第3款、第4款）。

> 第48条之6　【申请认定确保排除措施计划的相关通知】/第48条之7【确保排除措施计划的认定】/第48条之8【排除措施命令等相关规定的适用除外】/第48条之9【撤销确保排除措施计划的认定】（略）

即使违法行为已经消灭，公平交易委员会“认为有特殊必要时”，在该行为消灭后5年内，即可命令“周知措施及其他确保排除该行为的必要措施”（确保排除措施）（第7条第2款等⇨第二章第四节3）。第48条之6至第48条之9规定了对以前的行为也适用确约程序，就确保排除措施计划的认定、撤销设置了与排除措施计划相同的规定。

三、排除措施命令前的意见听取

> 第49条　【排除措施命令前的意见听取义务】公平交易委员会……计划作出排除措施命令时……需向应成为该排除措施命令收件人之人听取意见。

1. 意见听取程序的意义

在2013年《独占禁止法》修改后的违法案件处理程序中，日本废除了以前的事后审判程序，对排除措施命令直接开辟了司法审查的道路。充实命令前的事先程序,对于确保命令的合法性和妥当性,以及在充实事后的司法审查方面非常重要。

2013 年法律修改设置了相当于行政程序法上的听证(《行政程序法》第 13 条第 1 款第 1 项、第 15 条)的意见听取程序作为排除措施命令的事先程序,其具体程序、方法在本条进行了规定[也准用于课征金缴纳命令程序(第 62 条第 4 款),以下仅讨论不同之处]。关于具体手续,会在第 50 条解说,此处仅概览意见听取程序的全貌。

2. 意见听取程序的概要

公平交易委员会根据审查结果准备作出排除措施命令或课征金缴纳命令时,有义务向应成为命令对象之人通知预定的命令内容等,向其听取意见(第 49 条)。自通知起至意见听取结束止,收到通知之人(当事人)可要求阅览、誊写公平交易委员会认定事实的证据(第 52 条,关于誊写,仅限于该当事人、其雇员提交的证物及其陈述笔录)。

意见听取由公平交易委员会根据不同案件指定的职员(法律和意见听证规则上的“指定职员”,通常称为“意见听取官”)主持(第 53 条)。

在意见听取之日,审查官向当事人说明预定命令的内容、公平交易委员会认定的事实(在课征金缴纳命令中,包括命令缴付的课征金金额、课征金计算基础及课征金相关违法行为)及证明这些事实的主要证据、法律法规的适用,当事人可陈述意见、提出证据、向审查官发问,意见听取官也可向当事人发问,或请求审查官说明(第 54 条)。该意见听取是非公开的。

根据意见听取,意见听取官按日期制作载有当事人意见陈述等经过的笔录,明确当事人的陈述要点,同时附上已获提交的证据等。意见听取官在意见听取结束后及时整理案件论点制成报告，提交委员会。当事人可阅览笔录和报告(以上根据第58条)。委员会充分参考意见听取官制成的笔录和报告内容对命令进行决议(第60条)。

如此，命令前的意见听取程序与行政程序法上的听证程序几乎相同，但是从当事人不仅可以阅览听取中获认可的证据，还可以对自身公司证据(自身公司、员工提交的证物及员工陈述笔录)进行誊写的方面看，可以说更优厚。

但是，意见听取程序与2005年《独占禁止法》修改前的事先审判程序以及修改后的事后审判程序完全不同。鉴于违反《独占禁止法》的行为通常很复杂，难以通过直接证据进行事实认定，再加上违法行为的制裁较重，公平交易委员会需通过事先审慎的程序进行事实认定、法律适用等情况，以及从确保有效的监管和关系人的程序性保障的观点出发，2013年法律修改规定的意见听取程序是否充分也存在疑问。

公平交易委员会虽然制定了意见听取规则，但是意见听取程序具体内容的大部分是交给公平交易委员会进行运用的，期待形成有效的意见听取程序和实务习惯。

> 第50条 【意见听取的通知方式】①公平交易委员会在进行前条的意见听取时，应在意见听取日之前的一段相当的期间内，向应成为排除措施命令的收件人之人书面通知以下事项：
>
> 一 预定的排除措施命令的内容；
>
> 二 公平交易委员会认定的事实及对其适用的法律法规；
>
> 三 意见听取的日期和地点；
>
> 四 负责意见听取相关事务的组织名称和地址。

> ②（略）
>
> 第 51 条　【代理人的选任】（略）

第 50 条规定，关于先于排除措施命令进行的意见听取，通过记载有预定的命令内容、法律法规适用等的书面文件通知命令对象之人，同时告知其可在规定日期内进行意见陈述等，或作为替代可提出陈述书、证据，以及可以要求阅览、誊写证据的事宜。

> 第 52 条　【证据的阅览、誊写】①当事人从有第 50 条第 1 款规定的通知时起至意见听取结束止，就该意见听取相关案件，可向公平交易委员会请求阅览或誊写证明公平交易委员会认定的事实的证据（关于誊写的证据，仅限该当事人或其员工提出的证据或者记录了该当事人或其员工的陈述的公平交易委员会规则规定的证据）。在此情况下，除有可能损害第三方利益及其他正当理由外，公平交易委员会不得拒绝其阅览或誊写。
>
> ②前款的规定不妨碍当事人根据意见听取进展进一步要求阅览或誊写必要证据。
>
> ③公平交易委员会可就前两款的阅览或誊写指定日期及场所。

本条规定了相关当事人对公平交易委员会持有的证据的阅览、誊写权。可阅览、誊写之人为收到意见听取通知的当事人，从通知时起至意见听取结束止，其可进行本条项下的阅览、誊写。但是，考虑当事人被命令后为准备起诉而产生的阅览、誊写的需求，不应解释为在意见听取后不能进行任何阅览、誊写。

可阅览的证据被规定为“就该意见听取相关案件，证明公平交易委员会认定的事实的证据”。但是，该证据不局限于证明违法事实的积极证据,最好对公平交易委员会持有的消极证据也进行披露,以充实意见听取及其后的司法审查。

另外,可誊写的证据中,仅限于该当事人或其员工提出的证据以及相关陈述笔录(具体参见意见听取规则第 13 条第 1 款规定)。但是,很难认为同意阅览却不同意誊写的处理是必要且适当的。对此,必要时对应本条第 1 款后段即可解决。

当阅览、誊写可能损害第三方的利益或有其他正当理由时,公平交易委员会可以对其进行限制(第 52 条第 1 款后段)。可参考 2013 年修法前的案件记录的阅览、誊写相关规定(2013 年修法前的第 70 条之 15)的运用。公平交易委员会应参考到目前为止的阅览、誊写相关审查基准,以明确对经营者的秘密和个人隐私的处理。

> 第 53 条　【意见听取的主持】①意见听取由公平交易委员会根据个案指定职员(以下简称指定职员)主持。
>
> ②公平交易委员会就前款规定案件不得指定曾履行过审查官职务的职员及其他曾从事该案件调查相关事务的职员作为主持意见听取的职员。

意见听取程序由公平交易委员会根据个案指定职员(一般称意见听取官)主持。不能指定曾就该案件"履行过审查官职务的职员及其他曾从事该案件调查相关事务的职员"。在审判程序并存时,审判官一般被指定为意见听取官。

在行政程序法关于听证主持人的相关规定中,虽有除斥相关规定(《行政程序法》第 19 条第 2 款),但没有以曾担任该不利处分案件调查的职员为除斥事由的规定。在这方面,本条第 2 款的规定是适当的,在公平交易委员会事务总局的组织上,更明确地定位为意见听取官,同时规定其公正中立、独立行使职权的义务是适当的。此外,事务总局的职员还需增加有律师资格的人员(第35条第7款),期待此类人员充作意见听取官。

> 第54条　【意见听取之日的审理方式】①指定职员在听取意见日之初……应使审查官等……在意见听取日之初即向当事人说明预定的排除措施命令的内容、公平交易委员会认定的事实、第52条第1款规定的证据中的主要证据以及对于公平交易委员会认定的事实的法律适用。
>
> ②当事人可在意见听取日出庭,陈述意见以及提交证据,并在指定职员的许可下向审查官等发问。
>
> ③指定职员在意见听取日认为有必要的,可向当事人发问,敦促其陈述意见或提交证据,或者要求审查官等进行说明。
>
> ④意见听取期间的意见听取不公开。
>
> 第55条　【陈述书、证据的提出】/第56条【连续日期的指定】/第57条【当事人不出庭等情况下的意见听取的终结】(略)

第54条规定了意见听取程序的流程和意见听取官、审查官以及当事人的权限和职责。

一方面,意见听取官在意见听取日之初即要求审查官向当事人说明预定的排除措施命令内容、公平交易委员会认定的事实及证明该事实的证据中的主要证据、法律法规的适用(第54条第1款)。另一方面,当事人可陈述意见、提交证据,在意见听取官的许可下向审查官发问[第54条第2款。虽然保障的是口头的意见陈述权,但是也可用提交陈述书的方式代替(第55条)]。此外,意见听取官在其认为必要时可向当事人发问,敦促其陈述意见、提交证据,或要求审查官说明(第54条第3款。释明权)。

与此相反,没有规定审查官应如何应答。期待审查官诚实应答当事人的陈述、当事人及意见听取官的问题等。另外,如果审查官的说明内容未进行书面化,当事人在反论及将来的起诉上也会产生困难。

意见听取程序不公开(第 54 条第 4 款)。虽然一般认为当事人希望不公开,但也应留有可公开的余地。

> 第 58 条 【意见听取的笔录及报告】①指定职员制作载有意见听取日期的当事人意见陈述等经过的笔录,在该笔录中,应明确当事人对第 50 条第 1 款第 1 项及第 2 项所列事项的陈述要点。
>
> ②关于前款规定的笔录,当事人在意见听取日作出意见陈述等的,应按各日期制作相关笔录,该当事人没进行意见陈述等的,应在意见听取结束后迅速制作相关笔录。
>
> ③应在第 1 款规定的笔录中附提交的证据(如依照第 55 条规定提交了陈述书及证据时,则应提交陈述书及证据)。
>
> ④指定职员在意见听取结束后及时整理该意见听取相关案件论点,并制作载有该整理后的论点的报告,与第 1 款规定的笔录同时提交给公平交易委员会。
>
> ⑤当事人可要求阅览第 1 款规定的笔录和前款规定的报告。

本条是关于主持意见听取程序的意见听取官制作笔录及报告的规定。在按意见听取日期制作的记载了意见听取经过等的笔录中,记录了当事人的陈述要点,附加了当事人提出的证据。但是,考虑该笔录中应记载的内容仅限当事人陈述,不包含审查官的开头说明、对当事人及意见听取官的问题的回答,其意义大幅降低。审查官应负有以书面形式进行主要说明,或以书面形式进行确认的义务,该书面文件也应附在笔录中。

另外,在意见听取程序结束后迅速制作的报告中,记载了意见听取官整理的案件论点。在《行政程序法》的听证上,会记录主持人对于当事人的主张判断是否有理由的意见(《行政程序法》第24条第3款),在本条中,却没有意见听取官的判断、意见。这是由作为保障职权行使独立性的合议制机关的公平交易委员会的特性导致的。

关于意见听取官制作的笔录及报告,当事人可以阅览,故应解释为当然可以誊写,以及可以根据需要提出修改申请。

> 第59条 【意见听取的再次开始】(略)
>
> 第60条 【意见听取的笔录、报告的参酌】公平交易委员会进行排除措施命令的相关决议时,应充分参酌第58条第1款规定的笔录及同条第4款规定的报告的内容。

第60条规定委员会应充分参酌意见听取官制作的意见听取相关笔录及报告的内容,作出最终决定。在完善了意见听取程序的基础上,委员会完全独立于主持程序的意见听取官制作的笔录和报告而作出排除措施命令的决议是不适当的。但是,委员会的议决受到笔录和报告的限制在行政组织法或者委员长及委员独立行使职权(第28条)的观点上也存在疑问。第60条则是反映了意见听取程序的暧昧状态的规定。

另外,委员会在作出排除措施命令时,在排除措施命令中写明其对于意见听取官制作的报告中记载的有关案件论点的判断是适当的。因为如果排除措施命令记载的内容和之前的内容相同,当事人就无法得知委员会是基于什么考虑作出的该命令,在之后的司法审查中有可能产生障碍。

此外,委员会鉴于“意见听取结束后发生的情况”在其认为必要时，可命令意见听取官再次开始意见听取（第90条），但是应解释为委员会在认为意见听取不充分时可以命令再次开始意见听取。

四、排除措施命令和课征金缴纳命令

> 第61条　【排除措施命令的方式和生效】①排除措施命令以书面形式作出，排除措施命令中载有为确保排除违法行为或使违法行为被排除的必要措施以及公平交易委员会认定的事实和与之相对应的法律适用，委员长以及出席第65条第1款规定的合议的委员应在其上签字盖章。
>
> ②排除措施命令在排除措施命令誊本送达收件人时发生效力。

本条规定了排除措施命令作出的方式及其在排除措施命令誊本送达收件人时发生效力。

在排除措施命令中，正文除记载排除措施或确保排除措施外，还记载了作为其理由的认定事实以及法律法规的适用。对于以往的违法行为，公平交易委员会在"认为有特别的必要时"可作出确保排除措施的命令（第7条第2款）。在法律法规适用中，现在的实务是将认为必要的理由进行简明记载。

在通过审判程序进行的审决中，会显示支持认定的事实的证据、每个争论点的判断，在通过意见听取程序进行的排除措施命令中，也不妨碍记载该等事宜。公平交易委员会应着意充实排除措施命令中的记载，但现在的实务中只进行极少的记载。

> 第62条　【课征金缴纳命令的程序】①……缴纳命令……以书面形式作出，课征金缴纳命令中记载应缴纳的课征金金额、课征金的计算基础及课征金相关违法行为以及缴纳期限，委员长及

> 出席第65条第1款规定的合议的委员应在其上签字盖章。
>
> ②缴纳命令在课征金缴纳命令誊本送达其收件人时生效。
>
> ③第1款课征金的缴纳期限为自发出课征金缴纳命令誊本之日起7个月。
>
> ④(略)

本条规定了课征金缴纳命令作出的方式、效力等,同时规定就其程序准用排除措施命令的程序。

课征金缴纳命令中记载了应缴纳的课征金金额、课征金的计算基础及课征金相关违法行为和缴纳期限。

在现在的实务中,对于课征金对象案件,排除措施命令和课征金缴纳命令同时进行。这是因为公平交易委员会开始调查后,违法行为在事实上通常难以持续,违法行为的实施期间或违法行为期间的结束时间得以确定(违法行为持续的情况下,无法计算课征金,因此首先需要停止违法行为)。

> 第63条　【课征金缴纳命令后确定的罚金刑及其调整】/第64条【关于垄断状态下竞争恢复措施命令的程序】(略)
>
> 第65条　【命令、决定等的决议方法】①排除措施命令、课征金缴纳命令……的认定……应由委员长及委员合议。
>
> ②③(略)

公平交易委员会作出命令、认定排除措施计划等时,应由委员长及委员合议。虽然一般认为与该案或当事人有一定利害关系的委员长或委员参加合议并不合适,但是并未设置特别规定。效仿裁判中的除斥、回避制度是比较恰当的。在东芝化学审决撤销请求案件以后,在包括事务总局干部职员在内的公平交易委员会内部得以运用。

9－2 东芝化学审决撤销请求案（东京高判平6.2.25高民47卷1号17页）

本案是在采取事先审判制的时期，法院以在案件审查中担任事务局审查部长一职之人后来作为委员参加合议属于损害公平交易委员会的公平乃至其外观的事由为由，判决审决违法的案件。虽然2013年修法废除了审判制度，但是，被任命为委员的人之前与审查密切相关，或者存在身份或财产关系、有个人偏见、预判的言行的，会损害公平性外观，该判决主旨即使放在现在也有意义。

第66条　【合议的不公开】/第67条【公务所等的意见】（略）

五、行政程序杂则

第68条　【排除措施计划等的认定、排除措施命令后的行政调查】/第69条【课征金缴纳延迟的应对】/第70条【课征金的退还】/第70条之2【申请认可的驳回】/第70条之3【排除措施命令等的撤销等】（略）

六、紧急停止命令的申请

第70条之4　【紧急停止命令】①法院认为有紧急需要时，应公平交易委员会的申请……可向有涉嫌违法行为的人，命令其暂停该行为、表决权的行使或公司役员等的业务执行，或者撤销或变更该命令。

②(略)

1. 本条的宗旨

本条规定了公平交易委员会在违法案件审查中,通过法院的帮助暂停涉嫌违法行为。行政机关通过法院达到停止目的在日本法上是非常少见的(类似的还有《金融商品交易法》第192条中使用法院的禁止或停止命令的制度)。

2. 要件

申请紧急停止命令时,公平交易委员会需要举证存在“涉嫌违法的行为”以及“有紧急的需要”,但是这种举证被理解为阐明即可。

9-3 中部读卖杂志社案(东京高决昭50.4.30高民28卷2号174页【百60】= 5-18)

本案以如果放任杂志发行业者的涉嫌不当倾销行为,将导致层出不穷的中止购买与其竞争的杂志转而购买该杂志的情况,其他竞争对手也会采取同样的对抗手段,进而会阻碍该地区杂志销售业的公平竞争秩序,形成一种难以恢复的状况,因此,本案承认了紧急的必要性。

3. 案例

截至目前,除关于杂志销售相关不公平的交易方法案件提出的5件申请均得到认可外,虽然新日铁合并案(=同意审决昭44.10.30审决集16卷46页【百45】 4-12)也提出了申请,但是由于合并日期被推迟,申请被撤回;而在中部读卖杂志社案

（＝9－3）以后，紧急停止命令多年未得到充分使用。近年来的案例中，在有线宽带网络案（＝劝告审决平16.10.13审决集51卷518页【百11】2－1）的审查中，虽申请人以对方涉嫌实施排除型私人垄断或不公平的交易方法（差别对价或差别对待）为由申请了紧急停止命令，但由于被申请人停止了这一行为，所以申请被撤回。

第70条之5　【紧急停止命令的执行免除】（略）

七、送达

第70条之6　【应送达之文件】/第70条之7【关于送达的民事诉讼法准用】/第70条之8【公示送达】/第70条之9【使用电子信息处理组织的处分通知等】（略）

排除措施命令或课征金缴纳命令自送达收件人后方生效（第61条第2款、第62条第2款）。另外，根据《审查规则》、确约规则、意见听取规则，公平交易委员会负有将调查所需进行的处分的相关文件（报告命令书、出庭命令书等）、确约手续相关通知书和认定书、意见听取的通知书向对方送达的义务。关于文件的送达，基本准用民事诉讼法的规定，但在公告送达方面设计了单独的规定。

另外，关于外国送达，截至2002年《独占禁止法》修改，没有准用《民事诉讼法》中关于外国送达的规定，因为当时没有向外国经营者送达的计划。之后采用了向有文件受领权限的律师送达的简便方法，但是现在也出现了向外国经营者公告送达的案例（⇨第二章第三节四）。

八、程序杂项

> 第 70 条之 10　【对政令的委任】(略)
>
> 第 70 条之 11　【行政程序法的适用除外】对于公平交易委员会作出的排除措施命令、课征金缴纳命令……以及本节规定项下的认定、决定及其他处分(包括第 47 条第 2 款规定项下审查官的处分和本节规定项下指定职员的处分),不适用行政程序法(1993 年法律第 88 号)第 2 章和第 3 章的规定。

第 70 条之 11 规定,关于公平交易委员会为作出排除措施命令、课征金缴纳命令……以及其他处分而进行的程序,由于已在本法中进行了详细规定,所以不适用《行政程序法》第 2 章(对申请的处分)和第 3 章(不利处分)的规定(参见《行政程序法》第 1 条第 2 款)。这种处分包括审查程序中审查官的处分、事前意见听取程序中意见听取官的处分,但是不包括行政指导[关于公平交易委员会的警告,适用《行政程序法》第 4 章(行政指导)的规定]。另外,本节规定的处分以外的处分适用行政程序法。

> 第 70 条之 12　【审查请求的限制】对于公平交易委员会的排除措施命令、课征金缴纳命令……以及该节规定项下的认定、决定及其他处分(包括第 47 条第 2 款规定项下审查官的处分和本节规定项下指定职员的处分)或者其不作为,不得提出审查请求。

日本在制定对行政处分申请复议采取一般概括主义的《行政复议审查法》时,为了规定其例外,进行了追加规定(参照《行政复议审查法》第 1 条第 2 款)。

由于不能对排除措施命令等提出审查请求,故变成提起抗告诉讼。另外，关于审查官的处分，虽然可以向委员会申请异议（《审查规则》第 22 条），但是考虑其司法审查是在对命令的抗告诉讼中一并进行的，也出现了通过《行政案件诉讼法》直接讨论行政调查违法可能性的学说。

> 第 71 条　【设定不公平的交易方法的特殊指定的程序】/第 72 条【不公平的交易方法的指定方法】(略)/第 73 条【有关规制垄断状态的公开听证会】(删除)
>
> 第 74 条　【举报、不起诉处分的报告】①公平交易委员会按照第 12 章规定的程序通过调查得到违法心证时，应向检察总长举报。
>
> ②除前款规定外，公平交易委员会认为有违反本法规定的犯罪时，应向检察总长举报。
>
> ③对于前两项规定项下举报相关案件作出不提起公诉的处分，检察总长应及时通过法务大臣将其处分及其理由书面报告内阁总理大臣。

关于第 74 条，本条与公平交易委员会的《刑事举报和犯则调查方针》一起在第 96 条（专属举报）中解说（⇨第九章第四节）。

> 第 75 条　【参考人等的旅费/每日津贴】(略)
>
> 第 76 条　【公平交易委员会规则的制定】①公平交易委员会可以就其内部纪律、案件的处理程序与申报、认可或承认的申请以及其他事项相关必要程序制定规则。
>
> ②根据前款规定就案件的处理程序制定规则时……应留意确保应成为排除措施命令等……对象之人有陈述自己主张及举证机会等以确保该程序合法。

第76条遵循内阁府的外局委员会制定规则相关《内阁府设置法》第58条第4款的规定，规定了公平交易委员会的规则制定权，也被称为公平交易委员会的“准立法权限”。虽然行政机关当然可以在法律授权范围内进行行政立法，但是在制定案件处理程序相关规则时应注意确保合法程序也非常重要。

公平交易委员会制定的主要规则包括减免规则、审查规则、犯则调查规则、确约规则、意见听取规则、申报规则和公平交易委员会事务总局组织规程。

第三节　诉讼

一、对公平交易委员会的命令的抗告诉讼

1. 对公平交易委员会的命令的司法审查

2013年《独占禁止法》修改后，公平交易委员会的排除措施命令等的司法审查变得与一般的行政处分的司法审查相同，除以下两点外，抗告诉讼全面适用《行政案件诉讼法》的规定。一是相关抗告诉讼的被告为公平交易委员会[第77条，涉及公平交易委员会的委员长及委员独立行使职权(第28条)]。二是东京地方法院具有专属管辖权(第85条第1项)。

一直以来，对于公平交易委员会的命令，法律规定了复议人可向公平交易委员会请求审判，公平交易委员会经审判手续判断命令的合法性与适当性从而进行审决，复议人仅能对审决提起抗告诉讼。旧法设置了提起诉讼期间、东京高等法院的专属管辖、案件记录的送交、公平交易委员会的事实认定有实质性证据时该事实认定约束法院(“实质性证据法则”)、新证据的提出限制等各种各

样的"特别规定"(《行政案件诉讼法》第1条)。但是,随着审判制度的废除,对命令的司法审查几乎将全面按照《行政案件诉讼法》进行。

但是,在对公平交易委员会的命令进行司法审查时,照搬一般行政案件诉讼实务是否合适还需要探讨。

(1)原告适格

针对公平交易委员会的命令的取消诉讼,仅限"就请求取消具有法律上利益之人"(《行政案件诉讼法》第9条第1款)可以提起,对于命令对象以外之人,在何种范围内认可原告适格有一定问题。典型的如虽不是命令的对象但在命令中被认定为实施违法行为之人,以及主张命令的内容或者作为其前提的违法事实的认定不充分的受害人。关于前者,其有可能提出损害赔偿请求,因此应认为原告适格。问题是后者,近年来,在2013年修法前的事后审判制度下,关于主张自己是违法行为受害者的原告,出现了认可其就排除措施命令的取消审决提起取消诉讼的原告适格的判决[日本音乐著作权协会(JASRAC)审决取消请求案 = 东京高判平25.11.1审决集60卷(2)22页【百111】]。本案件首次认可命令对象以外的第三方原告适格。因为命令是命令排除措施等的内容,所以虽然2013年修法后不会再有此类取消诉讼,但是当命令对象提起取消诉讼时,被害人有可能作为第三方参加诉讼。

另外,还留下一个问题,即在公平交易委员会不作出命令的情况下,受害者及第三方可以提出哪些诉讼?即使受害者和第三方是实施第45条第1款规定项下报告涉嫌违法事实之人,但是不作为的违法确认的诉讼,一直以来被认为是不合法的(惠比寿食品企业组合案件 = 9-1)。此外,关于附义务的诉讼,因为本条报告不属于《行政案件诉讼法》第 3 条第 6 款第 2 项的“基于法令的申请”，所以按同款第 1 项的诉讼进行，但是否满足其要件（《行政案件诉讼法》第 37 条之 2）尚需讨论。

（2）命令执行的停止

关于命令执行的停止，在行政案件诉讼法上，采取不停止执行的原则（《行政案件诉讼法》第 25 条第 1 款），只有在“为了避免因处分的执行……导致发生重大损害有紧急需要时”才认可停止执行（同条第 2 款）。以往，除公平交易委员会依职权停止执行排除措施命令外，虽也设置了法院免除执行的制度，但其已作为废止审判程序的一环被删除。但是，有观点认为免除执行制度与取消诉讼相关，其删除并不应是必然的。另外，命令执行的停止也可能严重损害命令对象的利益。对于命令执行的停止，最理想的是最大限度地考虑行政案件诉讼法上停止执行的“重大损害”相关判断要素（《行政案件诉讼法》第 25 条第 3 款），从而进行灵活处理。在此前与排除措施命令有关的申请停止执行的案件中，均因未被认可存在为了避免重大损害有紧急需要而被驳回。

（3）审理和举证责任

最后讨论取消诉讼的审理，特别是举证责任。在公平交易委员会作出命令的行政过程中，法律设置了事前听取意见的程序，并要求公平交易委员会负有说明责任，公平交易委员会应在命令中记载认定的事实以及法律法规的适用等。进入取消诉讼阶段，适用当事人对等的原则是适当的，作出该命令的过程中不适用该基本原则是不恰当的。《行政案件诉讼法》也以民事诉讼基本原则中的辩论主义为基础，同时规定了职权证据调查（第 24 条），另外还设置了释明处分的特别规则（第 23 条之 2）。并且，公平交易委员会被赋予了第一次的事实认定和法律适用的权限，因此即使在取消诉讼中,其也被要求运用考虑该等内容的审理方法、主张和举证责任、文件提交义务。具体的运用因公平交易委员会如何运用意见听取程序而变化,故对意见听取程序的充实提出较高要求(⇨第二节三)。

此外,公平交易委员会的排除措施命令的具体内容在很大程度上取决于公平交易委员会的裁量(请求取消邮政分拣机串通投标审决案=最判平19.4.19审决集54卷657页【百96】)。关于裁量处分,"仅仅在超出裁量权范围或存在滥用裁量权的情况下……可予撤销"(《行政案件诉讼法》第30条),因此就排除措施的内容进行辩论变得比较困难。

2. 抗告诉讼的特别规定

> 第77条 【排除措施命令等相关抗告诉讼的被告】关于排除措施命令等相关行政案件诉讼法……第3条第1款规定的抗告诉讼,公平交易委员会为被告。

根据2004年修改的《行政案件诉讼法》,抗告诉讼的被告不是作出处分的行政厅,而是该行政厅所属的国家或公共机构(《行政案件诉讼法》第11条第1款第1项),故在公平交易委员会的处分相关抗告诉讼中,公平交易委员会继续作被告。这是因为公平交易委员会属内阁总理大臣管辖(第27条第2款),委员长及委员独立行使职权有保障(第28条),另外,公平交易委员会不涉及《法务大臣权限法》第6条项下法务大臣的权限(第88条)也出于同样考虑。

二、民事诉讼和刑事诉讼

作为对违法行为的民事救济,《独占禁止法》将与不公平的交易方法有关的请求停止侵害(第24条)和排除措施命令确定后的无过失损害赔偿请求(第25条)制度化,在《独占禁止法》第9章设置了程序上的特别规定。

关于请求停止侵害,本法设置了向公平交易委员会通知起诉、法院向公平交易委员会征求意见、公平交易委员会向法院陈述意见规则(第79条);提交文件命令的特殊规则(第80条);保密命令制度(第81条);管辖的特例(第84条之2)等特殊规则。另外,关于无过失损害赔偿请求,本法规定了法院就损害赔偿额向公平交易委员会征求意见(第84条)以及东京地方法院的一审管辖权(第85条之2)。

关于《独占禁止法》的刑事程序,本法也设置了管辖权的特例(第84条之3和第84条之4)。

> 第78条　【请求停止侵害诉讼中的提供担保命令】/第79条【向公平交易委员会通知请求停止侵害诉讼等】/第80条【请求停止侵害诉讼的文件提交等】/第81条【请求停止侵害诉讼中的保密命令】/第82条【保密命令的撤销】/第83条【请求阅览诉讼记录等的通知等】(略)
>
> 第84条　【关于损害金额的意见征求】(略)[⇨第七章第二节第26条3(1)]
>
> 第84条之2　【请求停止侵害诉讼的管辖】/第84条之3【刑事诉讼的一审裁判权】/第84条之4【刑事诉讼的管辖】/第85条【排除措施命令等相关抗告诉讼等的专属管辖】/第85条之2【损害赔偿相关诉讼的一审裁判权】/第86条【东京地方法院的合议体】/第87条【东京高等法院的合议体】/第87条之2【请求停止侵害诉讼的移送】/第88条【法务大臣权限法的适用除外】(略)

《独占禁止法》规定,公平交易委员会具有行政执法的权限。

在民事、刑事程序中，本法也采取公平交易委员会有一定参与的结构（该结构即公平交易委员会中心主义，具体表现为以公平交易委员会已确定的命令为前提的无过失损害赔偿请求、以公平交易委员会的举报为要件提起公诉），并将与之相关的诉讼的一审管辖权归属于东京高等法院（东京高等法院集中主义）。但是，2000 年修法导入的请求停止侵害中，地方法院为一审法院，2005 年修法后，刑事的一审裁判权从过去的东京高等法院变为地方法院。2013 年修法中，无过失损害赔偿请求的一审法院从东京高等法院变为东京地方法院。

有批判观点认为废止将《独占禁止法》相关各种诉讼的管辖权集中在东京高等法院的结构，变为采取地方法院或东京地方法院的结构，再加上公平交易委员会的审判制度的废止以及命令的司法审查相关 2013 年修法，会改变公平交易委员会作为准司法机关的性质。

第四节　刑事执行

一、总论

1. 刑事执行概要

《独占禁止法》虽然以公平交易委员会的行政执法为中心，但是也设置了刑事执行，特别是在 1977 年导入课征金制度以前，设置了刑事处罚作为违反《独占禁止法》的制裁。但是，对违反价格卡特尔等设置刑事处罚进行应对的方式不易被接受，且在 1974 年第一次石油危机时“罚一儆百”地对石油价格协定刑事案件进行了刑事追诉后，又新设了课征金制度，刑事执行难以开展的情况在持续。

但是，经过1989年至1990年的日美结构问题协议，公平交易委员会发表了表明积极进行刑事举报的《公平交易委员会关于违反〈独占禁止法〉的刑事举报的指针》（1990年6月20日，以下简称《举报方针》）。此后，日本还进行了数次强化刑事处罚的修改，并在2005年修法中，以强化刑事执行为目的导入了刑事调查程序。通过这些方式，虽然在《独占禁止法》的运用中，强化刑事执行的趋势不断增强，但是伴随刑事执行在理论上、实务上还有很多课题，很难说取得了充分成果。

2. 刑事处罚概要

在违反《独占禁止法》规定的行为中，本法对于不公平的交易方法以及企业结合没有规定刑事处罚。而对于除此以外的违反实体规定的行为，本法在第89条至第91条规定了刑事处罚。

第89条至第91条分别对经营者的私人垄断和不正当的交易限制以及经营者团体第8条第1项项下行为，即以"在相关市场实质性地限制竞争"为要件的违法行为，第90条对于签订以属于不正当的交易限制事项为内容的国际性协定、合同（第6条、第8条第2项），经营者团体对经营者数量的限制（第8条第3项），对经营者成员的机能、活动的不正当限制（第8条第4项）以及对于已确定的排除措施命令的违反，第91条对于有关银行及保险公司取得表决权等的限制的相关规定（第11条第1款）的违反，规定了刑事处罚。这些作为"犯则案件"成为犯则调查的对象（第101条第1款），也是专属举报制度（第96条）的对象，公平交易委员会的举报是提起公诉的条件。

特别地，关于经营者的私人垄断和不正当的交易限制以及经营者团体第8条第1项项下行为，其作为以实质性限制竞争为共同要件的严重违法,会被处以 5 年以下徒刑或 500 万日元以下的罚金(第 89 条)[也有可能是并罚(第 92 条)]。此外,根据两罚规定,本法对事业主处以 5 亿日元以下最重的罚金刑(第 95 条第 1 款第 1 项,第 95 条第 2 款第 1 项)。徒刑的上限因 2009 年修法从原来的 3 年提高到 5 年,因此公诉时效期限变为 5 年(《刑事诉讼法》第 250 条第 2 款第 5 项,《独占禁止法》第 95 条第 4 款),可能发生不能判处缓刑的情况(《刑法》第 25 条第 1 款)。

3. 刑事执行的现状

虽然《独占禁止法》有广泛的刑事处罚规定,但被认为属于本法刑事执法对象的实质上限定为价格卡特尔、数量限制/市场分割卡特尔、串通投标等固定的直接对竞争有重大且广泛影响的类型。

此外,刑事执行案件自 1990 年公平交易委员会首次表明积极执行刑事举报以来,只有 17 起(平均每年 0.6 起),并不能说非常多。特别是 2005 年修法后,虽然以加强刑事执行为目的导入了刑事调查程序,但刑事举报的数量增加得不多。另外,17 起案件均与不正当的交易限制之罪有关,其中 13 件为串通投标、接单调整(如表 9－1 所示)。

二、处罚规定

第 89 条 【不正当的交易限制等之罪】①属于下列任何一项的,处五年以下徒刑或者 500 万日元以下罚款:

一 违反第 3 条规定实施私人垄断或不正当的交易限制之人;

二 违反第 8 条第 1 项的规定,实质上限制了相关市场的竞争者。

②(略)

本条规定了以实质性地限制相关市场的竞争为要件的违法行为(企业结合除外)的相关处罚规则。

违反《独占禁止法》的犯罪具有身份犯的性质(要求有“经营者”身份之人)。因此,非经营者的自然人不是实行行为人,但事业主处罚的两罚规定(第95条)规定了“除处罚行为人外”,故为事业主实施违法行为的自然人及其事业主均会因该等规定被处罚(石油价格协定刑事案 = 最判昭59.2.24刑集38卷4号1287页【百35】[2-28][3-2])。

表9-1　1990年以后违反《独占禁止法》的刑事案件

编号	案件名	举报日期	违法行为	备注
1	业务用拉伸薄膜案	1991.11.6	业务用拉伸薄膜的价格卡特尔	《举报方针》公布后的第一起案件
2	贴纸串通投标案	1993.2.24	社会保险厅招标的贴纸串通投标	个人构成串通投标罪
3	下水道事业团串通投标案	1995.3.6	事业团招标的电气工程的串通投标	事业团职员为帮助犯
4	东京都水表串通投标(第一次)案	1997.2.4	东京都招标的水表的串通投标	
5	球墨铸铁管案	1999.2.4	球墨铸铁管的份额分配协议	
6	防卫厅石油产品串通投标案	1999.10.13	防卫厅招标的石油产品的串通投标	
7	东京都水表串通投标(第二次)案	2003.7.2	东京都招标的水表的串通投标	

续表

编号	案件名	举报日期	违法行为	备注
8	国土交通省钢桥上部工程串通投标案	2005.5.23	国土交通省招标的钢桥上部工程的串通投标	
9	旧道路公团钢桥上部工程串通投标案	2005.6.29	日本道路公团招标的钢桥上部工程的串通投标	公团役员等也是共同正犯
10	屎尿处理设施串通投标案	2006.5.23	市町村招标的屎尿处理设施工程的串通投标	犯则调查第一起案件
11	名古屋市营地铁串通投标案	2007.2.28	名古屋市交通局招标的地铁工程的串通投标	存在因申请减免课征金而排除追诉的情况
12	绿资源机构串通投标案	2007.5.24	机构招标的地址调查、测量设计业务的串通投标	机构原役员等也是共同正犯
13	镀锌钢板案	2008.11.11	镀锌钢板、钢带的价格卡特尔	存在因申请减免课征金而排除追诉的情况
14	用于产业机械的轴承案	2012.6.14	用于产业机械的轴承的价格卡特尔	存在因申请减免课征金而排除追诉的情况
15	北陆新干线融雪工程串通投标案	2014.3.4	北陆新干线融雪、除雪基地机械设备工程的串通投标	存在因申请减免课征金而排除追诉的情况

续表

编号	案件名	举报日期	违法行为	备注
16	东日本高速公路股份有限公司东北支部串通投标案	2016. 2. 29	铺路灾害恢复工程的串通投标	存在因申请减免课征金而排除追诉的情况
17	日本铁路公司(JR)东海中央新干线站台建设工程案	2018. 3. 23	JR 东海中央新干线站台建设工程相关接单调整	被首次举报的民用相关接单调整

注:根据公平交易委员会《2017 年年度报告》附属资料《举报案件一览》制作。

另外,即使是没有该身份之人,其也可能作为共犯成为处罚对象(《刑法》第 60 条、第 65 条)。在下水道事业团串通投标刑事案(东京高判平 8. 5. 31 高刑 49 卷 2 号 320 页【百 124】)中,招标人的职员将指名竞争投标物件的工程名、预算金额等告诉投标参加者,使预定承揽人的决定变得容易,该职员被作为帮助犯认定有罪。在旧道路公团钢桥上部工程串通投标刑事案(东京高判平 19. 12. 7 审决集 54 卷 809 页【百 126】)中,知悉承揽调整分配的招标人的役员等被作为共同正犯认定有罪。

不正当的交易限制罪的构成要件如第 2 条第 6 款对不正当的交易限制的定义所示,其解释与进行行政处分时的要件解释基本相同。但是,行政处分中违法行为的处理方法与刑事处罚中实行行为的处理方法,特别是在基于基本协议的串通投标、接单调整案件中,可能会存在不一致(在关于价格的协议作为不正当的交易限制的价格卡特尔案件中,通常不会发生这样的不一致)。在行政处分中,一般认为只要基本协议是“相互约束”行为,且正在进行基本协议项下的个别调整时,则认为违法行为也在继续。与此相反,在刑事处罚中,将基本协议作为“相互约束”的实行行为,以及将不正当的交易限制罪作为状态犯的立场看,在那个时点已经达到既遂,其后进行的基本协议项下的个别调整是不可罚的,产生了时效和共犯的问题。因此,虽然也有将不正当的交易限制罪解释为继续犯的判例[东京都水表串通投标(第1次)刑事案 = 东京高判平9.12.24 高刑50卷3号181页],但其也被指出存在理论上的难点。在现在的刑事实务中,一般将基本协议作为“相互拘束”,将其后的个别调整作为“共同实行”,构成总括的一个犯罪(防卫厅石油产品串通投标刑事案 = 东京高判平16.3.24 审决集50卷915页【百28】,钢桥上部工程串通投标刑事案 = 东京高判平19.9.21 审决集54卷773页【百125】)。关于这一点,亦可参考第二章第二节4(2)。

> 第90条　【违反确定排除措施命令等罪】属于以下各项之一的,处2年以下徒刑或300万日元以下的罚金:
>
> 一　(略)
>
> 二　违反第8条第3项或第4项规定的;
>
> 三　在排除措施命令……确定之后,不遵守该命令的。

本条第3项规定了对不遵守已确定的排除措施命令等之人的罚则(另可参见第95条第1款第2项)。因为排除措施命令在送达收件人后生效(第61条第2款),具有执行力,所以行为人在提起抗告诉讼申请停止执行而不被允许的情况下,其就有履行命令所要求措施的义务(关于违反确定前的排除措施命令,第97条规定了罚款)。

《景品表示法》被定位为《独占禁止法》的特别法,在违反已确定的排除措施命令被视为违反已确定的审决的时期，违反已确定审决而被处罚的案例（三爱土地案件 = 东京高判昭 46.1.29 判时 619 号第 25 页）只有 1 起，因此事实上并未得以运用。也有提案称应采取确保命令履行所需的行政上的金钱措施（履行强制金）制度。

第 91 条　【取得经营银行业、保险业的公司的表决权等的规制违反罪】/第 91 条之 2【违反申报等相关义务罪】/第 92 条【徒刑和罚金的并罚】/第 93 条【泄露秘密等罪】/第 94 条【拒绝行政调查等罪】/第 94 条之 2【拒绝一般调查等罪】/第 94 条之 3【违反保密命令罪】（略）

第 95 条　【两罚规定】①法人代表或者法人或人的代理人、雇员以及其他员工，就该法人或人的业务或财产，实施以下各项所规定的违法行为时，除处罚行为人外，也对法人或人处以各项规定的罚金刑：

一　第 89 条　5 亿日元以下的罚金；

二　第 90 条第 3 项[违反第 7 条第 1 款或者第 8 条之 2 第 1 款或第 3 款规定的命令（仅限命令停止违反第 3 条或第 8 条第 1 项的规定的行为的部分）的除外]3 亿日元以下的罚金；

三　（略）

②～⑥（略）

1. 事业主处罚规定的意义

《独占禁止法》除企业结合外，将“经营者”或“经营者团体”作为禁止规定的对象，在现代社会中，这些大部分是法人，其通过役员、员工等自然人的活动实施行为。公平交易委员会在行政执行时，法人或团体本身被作为违法行为的主体。与此相反，刑事处罚以自然人的行为为对象,其将法人或团体的行为作为犯罪处罚时,需要将其役员、员工等自然人的行为特定为违反《独占禁止法》的犯罪行为(实行行为)。之后,当役员、员工等就法人或团体的业务或财产实施违法行为时,根据"除处罚行为人外,也对法人(团体)处以各项规定的罚金刑"的两罚规定(第 95 条第 1 款、第 2 款),可对现实中有实行行为的自然人役员、员工等进行处罚的同时,处罚法人或团体。关于这样的事业主处罚的案件,判例中要求实施了该违法行为的役员、员工等在选任、监督上存在过失(最大判昭 32.11.27 刑集 11 卷 12 号 3113 页。最判昭 40.3.26 刑集 19 卷 2 号 83 页)。

2. 两罚规定中对法人的重罚

关于法人等处罚规定(两罚规定)中法定刑(罚金刑)的上限,日本曾以与自然人法定刑中的罚金刑的上限联动的形式规定了相同金额,对不正当的交易限制、经营者团体对竞争的实质性限制罪规定为 500 万日元。但是,由于法人、团体的处罚根据与实行行为的自然人有所不同,因此,分离上限金额的联动没有理论上的障碍,而且考虑罚金刑的影响力有很大差别,以及对自然人规定了徒刑,因此一般认为对两罚规定罚金刑的上限进行单独规定是适当且必要的。根据 1992 年修改的《独占禁止法》,不正当的交易限制罪等的罚金上限从 500 万日元提高到了 1 亿日元。此外,根据 2002 年修改的《独占禁止法》,鉴于作为经济活动基本规则的《独占禁止法》的重要性,为将罚金刑的上限提高到与其他经济法律法规相当的水平,罚金刑上限提高到了 5 亿日元。

应当指出的是,2005 年修法在违反已确定的有关不公平的交易方法的排除措施命令的禁令部分导入了对法人的重罚(本条第 1 款第 2 项)。这是因为对不正当的交易限制等违法行为采取了上限为5亿日元的法人重罚,就违反命令也可直接适用处罚规定,但是对于不公平的交易方法的违法行为却没有直接处罚的规定,因此对违反命令规定了上限为3亿日元的重罚。

> 第95条之2　【对法人代表人的罚则】对于在违反第89条第1款第1项、第90条第1项或第3项或者第91条的情况下,知悉违法计划,但没有对其防止采取必要措施,或者知悉该违法行为,但没有对其改正采取必要措施的该法人(违反第90条第1项或第3项的情况下该法人为经营者团体的除外)的代表人也处以该当各条罚金刑。
>
> 第95条之3　【对经营者团体代表人等的处罚】/第95条之4【经营者团体的解散宣告】(略)

从确保对法人等的刑事处罚规定的实效性角度看,本法设置了三罚规定,即对知悉违法计划、违法行为但未对其采取防止、改正必要措施的法人代表人、团体的役员、管理人等处以罚金刑(第95条之2、第95条之3)。但是,尚无运用实例。

三、举报

> 第96条　【公平交易委员会的专属举报】①对于第89条至第91条的罪行,需待公平交易委员会举报后进行讨论。
>
> ②~④(略)

1. 公平交易委员会的专属举报权限

公平交易委员会在取得犯则心证(第74条第1款)以及其他认为存在违反《独占禁止法》规定的犯罪时(第74条第2款),应向检察总长举报。虽然从字面看,该规定似乎被定义为义务规定,但一般理解为训示规定。另外,关于第89条至第91条的罪行(违反实体规定的罪行以及违反已确定的排除措施命令等的罪行)，公平交易委员会被赋予专属举报权限(第96条第1款)，非经公平交易委员会举报不能提起公诉。关于公平交易委员会举报的案件，在作出不提起公诉的处分时，本法设置了检察总长将其内容及其原因以书面形式通过法务大臣报告内阁总理大臣的程序(第74条第3款)。

2. 公平交易委员会的《刑事举报和犯则调查方针》

公平交易委员会在2005年10月，公布了修改的《刑事举报和犯则调查方针》。对于属于在相关市场实质性地限制竞争的行为，被认为对国民生活有广泛影响的恶性且重大的案件；有相当理由怀疑属于公平交易委员会实施行政处分不能实现法律目的的案件，该方针明确规定需要进行犯则调查，在获得符合这些犯则的心证的情况下进行举报。

另外，与课征金减免制度相关，公平交易委员会明确表示对于调查开始日前最初进行报告等被免除课征金的经营者及其役员、员工等，在具有应与该经营者作同等评价的事由的情况下，不进行举报。法务当局通过说明在行使追诉裁量权时充分考虑了调查开始前最初报告的自首等共通的有利情况，称措施减免制度有效地发挥了作用(法务省刑事局局长在修改法案的国会审议时的答辩)，被排除出公平交易委员会的举报对象的经营者等实际上被排除在刑事追诉的对象之外。笔者认为该等方针最好能通过某种方式明文规定。

3. 举报程序

实务上，公平交易委员会和检察厅就个别案件相关具体问题等设置了进行意见、信息交换的“举报问题协商会”，在该协商会上对刑事举报进行相关实质性调整。是否举报是公平交易委员会的专属权限，但是以前也存在公平交易委员会认为适合举报的案件由于没有知会检察当局而放弃举报的报道，也存在要求公平交易委员会更积极地进行刑事举报的意见。

> 第 97 条　【违反排除措施命令的罚款】/第 98 条【违反紧急停止命令的罚款】（略）/第 99 条【违反调查处分的罚款】（删除）/第 100 条【专利等的取消等的宣告】（略）

第五节　犯则调查

一、总论

1. 导入犯则调查程序的经过和理由

《独占禁止法》中的犯则调查程序，是指在考虑刑事举报的前提下，公平交易委员会的职员取得法官的许可状后进行临检、搜查、扣押，预定与刑事程序衔接的程序。犯则调查程序一直被灵活运用于国税犯则和证券交易犯则中，为了强化《独占禁止法》中的刑事执行，犯则调查程序在 2005 年修法时被导入。具体而言，本法追加了有关“犯则案件的调查等”的章节（第 101 条以下），规定了犯则案件的对象、犯则调查的程序。

导入犯则调查程序的理由有三：第一，强化刑事举报所需的调查能力（行政调查权限停留在间接强制上）；第二，消除伴随着行政调查存在的程序适当性上的疑义（现场检查和令状主义、聆讯和拒绝供述权）（第二节一第 47 条 3）；第三，使公平交易委员会的调查与刑事程序顺利衔接。

2. 犯则调查的性质

关于“犯则案件”(第 89 条至第 91 条的相关案件),公平交易委员会取得法官的许可状后,具有采取强制性的临检、搜查、扣押的“犯则调查”权限。所谓犯则调查,是指对于法律法规对违反处以刑事处罚的行为,在没有通常的刑事诉讼法项下的搜查的情况下,行政机关以举报为最终目标,发现、收集犯则人员及证据的程序,虽然其形式上是行政程序,但是实质上是接近刑事的程序。

3. 与行政调查的关系

事务总局审查局局长在接触到构成犯则案件端绪的事实时,向委员会报告(《犯则调查规则》第 4 条第 1 款),委员会对于其认为有必要的案件,指定事务总局审查局犯则审查部的职员(犯则案件调查职员)进行调查(《犯则调查规则》第 4 条第 3 款)。被指定的犯则案件调查职员虽然仅限于犯则审查部的职员(《犯则调查规则》第 2 条),但是这与犯则审查部的职员不得被指定为行政调查的审查官(审查官指定政令)一致,通过从组织上、权限上分离负责行政调查的部门和负责犯则调查的部门,以达成完善犯则调查权的宗旨。在行政调查过程中接触的事实被认为是犯则调查的端绪的情况下,禁止行政调查的审查官直接将该事实报告给犯则案件调查职员(《犯则调查规则》第 4 条第 4 款),这也是为了阻断两个部门之间的信息,以免招致犯则调查的信息收集是通过行政调查手段进行的疑义。

关于行政调查收集的证据和犯则调查收集的证据的流用,将行政调查过程中得到的信息作为端绪用于刑事调查,在上述程序性制约下是被允许的,另外,将经严格服从程序性规则的犯则调查得到的证据资料用于行政调查案件也被认为不存在脱离程序性保障的问题。

二、犯则调查程序

> 第 101 条 【质询、检查、收领等】①公平交易委员会职员(仅限于接受公平交易委员会指定的人员,以下本章中称委员会职员)在有必要调查犯则案件(第 89 条至第 91 条项下犯罪相关案件,以下在本章中亦同)时,可要求犯则嫌疑人或参考人(以下本款中称犯则嫌疑人等)出庭,质询犯则嫌疑人等,检查犯则嫌疑人等持有或遗弃的物品,或者收领犯则嫌疑人等任意提出或放置的物品。
>
> ②(略)
>
> 第 102 条 【临检、搜查、扣押】①委员会职员在有必要调查犯则案件时,可依据管辖公平交易委员会所在地的地方法院或简易法院的法官事先发行的许可状,进行临检、搜查或扣押。
>
> ②~⑤(略)

1. 犯则案件

虽然可能成为犯则调查对象的案件是本法第 89 条至第 91 条的犯罪相关案件,但是实际上限定为所谓的核心卡特尔案件。该犯则案件调查职员从事务总局审查局犯则审查部的职员中指定。

2. 犯则案件调查职员的权限和义务

犯则案件调查职员可任意调查,既可要求犯则嫌疑人或参考人出庭,也可提问、检查其持有或遗弃的物品,或者收领其任意提交或遗弃的物品(第 101 条第 1 款)。

此外,犯则案件调查职员可强制调查,取得管辖公平交易委员会所在地(紧急时为对象场所、物品所在地)法院的法官事先发行的许可状后,进行临检、搜查或扣押(第 102 条第 1 款)。请求该许可状时,犯则案件调查职员应提供其认为存在犯则案件的资料(第

102 条第 3 款）。犯则案件调查职员在行使临检、搜查等权限时，存在执行时间限制（第 104 条），并负有出示许可证（第 105 条）、让所有权者等的在场（第 109 条）等义务。犯则案件调查职员在行使权限时，负有携带身份证（犯则案件调查职员证）、根据请求进行出示的义务（本法第 106 条，《犯则调查规则》第 3 条）。此外，其也被要求制作记载结果的笔录，向接受质询之人或者在场之人（第 111 条）展示，以及收领或扣押时制作目录，向物品所有者等交付誊本（第 112 条）。另外，间接强制的强制调查权限是不被认可的。例如，犯则案件调查职员虽然可以对犯则嫌疑人等“质询”，但是不能强制其回答，本法对于不回答以及虚假陈述没有规定相关罚则。

犯则调查不同于局限于间接强制的行政调查，犯则调查是通过物理力量的行使来排除调查上障碍的直接强制的权限，在这方面其与刑事搜查相同，但不能约束犯则嫌疑人的人身。

3. 犯则案件调查的结束

犯则案件调查结束时，犯则案件调查职员向委员会报告其结果（本法第 115 条，《犯则调查规则》第 5 条），委员会取得犯则心证时向检察总长举报（第 74 条第 1 款）。在此情况下，如果有收领或扣押的物品的，委员会将其与目录一起接管，根据《刑事诉讼法》的规定，该物品视为被扣押（第 116 条第 3 款）。

> 第 103 条　【对从事通信事务之人的扣押】/第 104 条【临检、搜查、扣押的夜间执行的限制】/第 105 条【许可状的出示】/第 106 条【身份证明】/第 107 条【临检、搜查、扣押时的必要的处分】/第 108 条【处分中的出入禁止】/第 109 条【责任者等的在场】/第 110 条【警察的援助】/第 111 条【犯则调查笔录的制作】/

第 112 条【收领目录、扣押目录】/第 113 条【收领物品、扣押物品的处置】/第 114 条【收领物品、扣押物品的返还等】/第 115 条【向公平交易委员会报告】/第 116 条【举报时收领物品、扣押物品的交接义务】/第 117 条【行政程序法的适用除外】/第 118 条【审查请求的限制】(略)

译后记

《日本独占禁止法评注》一书得以出版并与国内各位读者相见,我们作为译者深感欣慰与荣幸。

日本《独占禁止法》自 1947 年制定以来,立足本国客观情况变化,吸收域外经验与学界探索成果,在美国反托拉斯法与欧盟竞争法之外走出了一条注重理论发展,灵活运用法解释论的道路。在此意义上,日本《独占禁止法》对我国反垄断法有着很高的参考价值。然而,目前介绍日本独占禁止法的专业书籍凤毛麟角,且大多年代久远,未及覆盖近年来日本《独占禁止法》的最新修改与案例等内容。

而本书作为日本早稻田大学土田和博教授、白鸥大学栗田诚教授、立教大学东条吉纯教授、大阪大学武田邦宣教授四位日本竞争法领域的重量级学者的共著,以对日本《独占禁止法》逐条讲解为主轴,穿插结合大量的经典案例、指南及主要学术观点展开叙述,如庖丁解牛般对繁杂的条文与法解释论予以宏观与微观结合、历史与最新动向的视角切换,进行了多维度而深入浅出的解释说明。本书在内容翔实的同时具有较高可读性,不仅可提供日本反垄断法律方面最新信息和学术动向,为我国学者了解日本《独占禁止法》全貌之导读所用,也适合国内读者从零开始学习了解日本《独占禁止法》。因此,我们选择将本书翻译到国内,以飨读者。

为对应日本《独占禁止法》的改动与日本竞争政策新动向,原作者在本书出版后又执笔了免费公开的电子版补遗。译者亦希望尽快将补遗部分进行翻译并分享给各位读者。

四名译者都曾在日本留学期间接受土田和博教授指导,在承担本书的翻译工作的过程中感到荣幸的同时亦深切体会到责任之重大与自身能力的局限。由于日本《独占禁止法》条文用词繁复,解释较为抽象,各位译者虽尽最大努力在还原原文精髓的同时确保可读性,但在翻译过程中难免存在种种问题。需要各位读者注意的是,本书在阅读中可能出现的各种问题之责任皆应归于译者。

最后,全体译者对四位作者能够允许将本书翻译出版深表感谢,并对法律出版社各位领导与编辑同志等的大力支持表达诚挚的谢意。

全体译者

2023 年 2 月

图书在版编目(CIP)数据

日本独占禁止法评注 / (日) 土田和博等著 ; 陈丹舟等译. -- 北京 : 法律出版社, 2024
(新时代法学学术文库 / 梁慧星主编)
ISBN 978-7-5197-8729-5

Ⅰ. ①日… Ⅱ. ①土… ②陈… Ⅲ. ①法律-研究-日本 Ⅳ. ①D931.3

中国国家版本馆 CIP 数据核字(2024)第 017228 号

日本独占禁止法评注
RIBEN DUZHAN JINZHIFA PINGZHU

[日]土田和博 [日]栗田诚 [日]东条吉纯 [日]武田邦宣 著
陈丹舟 王威驷 张 彪 徐 杨 译

策划编辑 似 玉
责任编辑 似 玉
装帧设计 李 瞻

出版发行 法律出版社
编辑统筹 法律应用出版分社
责任校对 李 军
责任印制 刘晓伟
经 销 新华书店

开本 A5
印张 13.625 **字数** 340 千
版本 2024 年 2 月第 1 版
印次 2024 年 2 月第 1 次印刷
印刷 北京盛通印刷股份有限公司

地址:北京市丰台区莲花池西里 7 号(100073)
网址:www.lawpress.com.cn
投稿邮箱:info@lawpress.com.cn
举报盗版邮箱:jbwq@lawpress.com.cn
销售电话:010-83938349
客服电话:010-83938350
咨询电话:010-63939796

书号:ISBN 978-7-5197-8729-5 **定价**:86.00 元
凡购买本社图书,如有印装错误,我社负责退换。电话:010-83938349